MIX
Papier aus verantwortungsvollen Quellen
Paper from responsible sources
FSC® C105338

Haftungsausschluss:

Die Ratschläge im Buch sind sorgfältig erwogen und geprüft. Alle Angaben in diesem Buch erfolgen ohne jegliche Gewährleistung oder Garantie seitens des Autors und des Verlags. Die Umsetzung erfolgt ausdrücklich auf eigenes Risiko. Eine Haftung des Autors bzw. des Verlags und seiner Beauftragten für Personen-, Sach- und Vermögensschäden oder sonstige Schäden, die durch die Nutzung oder Nichtnutzung der Informationen bzw. durch die Nutzung fehlerhafter und/oder unvollständiger Informationen verursacht wurden, ist ausgeschlossen. Verlag und Autor übernehmen keine Haftung für die Aktualität, Richtigkeit und Vollständigkeit der Inhalte und ebenso nicht für Druckfehler. Es kann keine juristische Verantwortung und keine Haftung in irgendeiner Form für fehlerhafte Angaben und daraus entstehende Folgen vom Verlag bzw. Autor übernommen werden.

Sollte diese Publikation Links auf Webseiten Dritter enthalten, so übernehmen wir für deren Inhalte keine Haftung, da wir uns diese nicht zu eigen machen, sondern lediglich auf deren Stand zum Zeitpunkt der Erstveröffentlichung verweisen.

Bibliografische Informationen der Deutschen Nationalbibliothek

Die Deutsche Nationalbibliothek verzeichnet diese Publikation in der Deutschen Nationalbibliografie; detaillierte bibliografische Daten sind im Internet über http://dnb.dnb.de abrufbar.

1. Auflage 2024
© 2024 by Remote Verlag, ein Imprint der Remote Life LLC,
3833 Powerline Rd., Suite 301-C, 33309 Fort Lauderdale, Fl., USA

Alle Rechte vorbehalten. Vervielfältigung, auch auszugsweise, nur mit schriftlicher Genehmigung des Verlages.

Projektmanagement: Melanie Krauß
Lektorat und Korrektorat: Heike Maillard, Markus Czeslik, Luise Hartung
Umschlaggestaltung: Zarka Bandeira
Satz und Layout: Verena Klöpper
Abbildungen im Innenteil: © Marie-Louise Schäfer (Kapitel 7), © Vera Meinert & Katarina Körner (Kapitel 25)

ISBN Print: 978-1-960004-64-2
ISBN E-Book: 978-1-960004-65-9

www.remote-verlag.de

Dr. Sung Han
Dr. Sabrina Han
Carena Scheunemann

NIMM DEINE KARRIERE IN DIE HAND

Ein Fahrplan zum Erfolg für junge Berufseinsteiger

www.remote-verlag.de

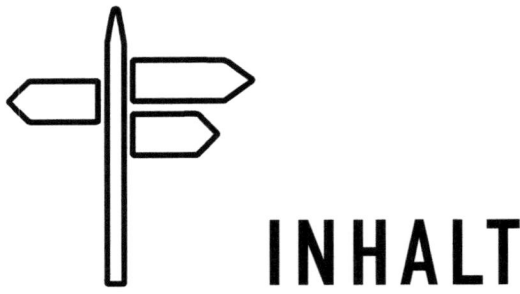

INHALT

Vorwort	6
Deine Ausrüstung	**10**
1. Mut als Treibstoff für deine Karriere	12
2. Mut zur Identität	20
3. Mut zur Chancengerechtigkeit	29
Die Route planen	**38**
4. Mutige Schritte auf dem Weg zum Erfolg	40
5. Mut im Alltag: Kleine Schritte, große Wirkung	49
6. Große Veränderungen in kleine Schritte zerlegen und erfolgreich meistern	58
7. Einfach.machen.	68
Die Verkehrsmittel	**76**
8. Stärken erkennen und nutzen	78
9. Mut zur Veränderung im Einklang mit Wurzeln und Werten	86
10. Soziale Mobilität: Türen öffnen, für sich und andere	94
11. Mut. Machen. Aber was?	105
12. Deine Transformation mutig mitgestalten	113

Deine Verbindungen	**122**
13. Freundschaften, Engagement und Vergebung als Schlüssel zum Erfolg	124
14. Konflikte verstehen	134
15. Die Macht der Vorbildfunktion	144
Umsteigen	**150**
16. Vom Schulabbruch zum Doktortitel	152
17. Wie du deinen Kurs neu ausrichtest	162
18. Erfolgreich scheitern	173
19. Vom Arzt zum Unternehmer	179
20. Nachhaltige Bauwende	188
Ankommen	**196**
21. Menschenzentrierte Führung für die Zukunft	198
22. Mut zu gehen, wenn es am schönsten ist	207
23. Mut zahlt sich aus	216
24. Wie realisiere ich meinen Traum?	227
25. Nimm dein Glück selbst in die Hand	237
Schlusswort	247
Ein herzliches Dankeschön	250
Dein Team	253
Quellen	260

VORWORT

Stell dir vor, du hast einen Fahrplan in der Hand, der dir hilft, deinen Weg zum Erfolg zu finden. Jeder Schritt, den du machst, ist gut durchdacht und auf deine Ziele abgestimmt. Genau das soll dieses Buch für dich sein – ein Fahrplan, der dir zeigt, wie du deine Träume verwirklichen kannst. Zum 25-jährigen Jubiläum des Alumnivereins des Studienförderwerkes Klaus Murmann der Stiftung der Deutschen Wirtschaft (sdw Alumni e.V.) haben wir dieses Werk mit einem besonderen Ziel verfasst: Wir wollen junge Erwachsene wie dich unterstützen, mutig den ersten Schritt in eine erfolgreiche Karriere zu wagen.

Mutig sein beginnt nicht mit Handeln, sondern mit Denken. Bei der Zahlenreihe 2, 4, 6, 8, 10, 12 würdest du wahrscheinlich 14 ergänzen. Doch was, wenn die Regel nur besagt, dass jede Zahl größer als die vorherige sein muss? Dann wären auch 13, 23 oder sogar 789 korrekte Antworten. Das Offensichtliche infrage zu stellen und gewohnte Denkweisen zu durchbrechen, erfordert manchmal Mut. Denn nur so können wir alternative Lösungen erkennen und neue Wege einschlagen.

Mut ist der Schlüssel, um aus der Masse hervorzustechen und deine Karriere nach deinen Vorstellungen zu gestalten. Mut bedeutet, deine Wahrnehmung zu hinterfragen, dein Denken herauszufordern und dich selbst kritisch zu reflektieren. Das ist besonders wichtig in unserer heutigen Gesellschaft, in der Algorithmen und Informationsblasen unsere Sichtweisen prägen.

Der stoische Philosoph Epiktet erkannte vor fast 2.000 Jahren, dass es Dinge gibt, die wir beeinflussen können, und solche, die außerhalb unserer Kontrolle liegen. Was bedeutet diese alte Weisheit für uns konkret? Sie bedeutet, dass wir unser Schicksal aktiv gestalten können, indem wir uns auf das konzentrieren, was wir tatsächlich beherrschen: unser Denken und Handeln.

Dieses Buch soll dir helfen, den Mut zu finden, ins konkrete MACHEN zu kommen. Die Autorinnen und Autoren – erfolgreiche Absolventinnen und Absolventen unserer Stiftung und Mitglieder in unserem Ehemaligenverein, einem lebenslangen Netzwerk – teilen ihre wertvollen Erfahrungen und Ratschläge. Sie zeigen, wie Mut als Treibstoff für deine Karriere wirken kann, wie du deine Stärken erkennen und nutzen kannst, wie du erfolgreich mit Rückschlägen umgehst und wie du durch Netzwerken und Mentoring wertvolle Verbindungen knüpfst.

Unser Ziel ist es, dich zu ermutigen, deine Karriere und deinen Lebensweg aktiv zu gestalten. Wir möchten dich in die Lage versetzen, Chancen zu erkennen und sie mutig zu nutzen. Lass dich von den Erfahrungen und Erfolgen anderer inspirieren und motivieren. Denn Erfolg ist kein Zufall, er ist das Ergebnis von harter Arbeit, kluger Planung und dem Mut, neue Wege zu gehen. Denn es gibt nicht DIE Karriere oder DEN Erfolg. Nimm dein Leben selbst in die Hand! Sei du selbst und finde deinen Weg!

Wir wünschen dir viel Freude beim Lesen und viel Erfolg auf deinem Karriereweg

Dr. Sung Han   Dr. Sabrina Han   Carena Scheunemann

SO NUTZT DU DEINEN FAHRPLAN AM BESTEN

Unser Buch ist mehr als nur eine Sammlung von Geschichten und Erfahrungen – es ist ein Fahrplan für deine persönliche und berufliche Entwicklung.

Es soll dein persönlicher Begleiter werden und Platz bieten für deine Gedanken: markiere, notiere, skizziere, ergänze! Nutze dein Buch und gestalte es individuell mit deinen eigenen Ideen aus!

MACHE ZWISCHENSTOPPS

Lies nicht alles auf einmal. Die 25 Kapitel sind unabhängig voneinander und müssen nicht in einer bestimmten Reihenfolge gelesen werden. Picke dir deine Lieblingsthemen oder deine Lieblingsautorinnen und -autoren heraus und konzentriere dich auf das, was dich am meisten interessiert. Die einzelnen Kapitel sind nicht lang — viele haben nur wenige Seiten. Sie eignen sich perfekt für kurze Leseeinheiten:

- Beim Frühstück oder einer Tasse Kaffee: Beginne deinen Tag mit einem kurzen, inspirierenden Text.
- Vor dem Schlafengehen: Beende deinen Tag mit positiven Gedanken und Inspirationen.
- Während eines Staus im Auto (natürlich nur auf dem Beifahrersitz!): Nutze die unfreiwillige Pause sinnvoll und teile anschließend deine Gedanken mit den anderen. Du wirst überrascht sein, wie schnell Zeit und Stau vergehen.
- Oder auf der Toilette. ;)

Zur Erweiterung deines Horizonts findest du am Ende eines jeden Kapitels praktische Tools:

- Erreichenswert – Fragen und Ziele, die dich ganz konkret weiterbringen.

- Umsetzenswert – praktische Tipps und Anleitungen für deine nächsten Schritte.
- Wissenswert – spannende Quellen und Ideen, die den Umfang des Kapitels sprengen würden.
- Nachdenkenswert – theoretische Fragen und Ideen, die dir eine neue Perspektive bieten.

WERDE KREATIV

Setze deine eigenen Ideen um und arbeite aktiv mit dem Buch:

- Reflektiere: Denk über die gelesenen Inhalte nach und überlege, wie du sie in deinem Leben anwenden kannst.
- Diskutiere: Teile deine Gedanken und Ideen mit Menschen aus deinem Umfeld.
- Erstelle eine Mindmap: Veranschauliche die Hauptpunkte und deine Gedanken dazu visuell.

NUTZE DIE VIELFALT DES BUCHES

Jedes Kapitel beleuchtet das Thema »Mut und Machen« aus einer eigenen Perspektive. Durch diese Vielfalt kannst du immer wieder neue Impulse und Ideen gewinnen. Lass dich von unseren Erfahrungen und Geschichten inspirieren, finde deine eigenen mutigen Wege nach deinem persönlichen Fahrplan für Wachstum und Erfolg.

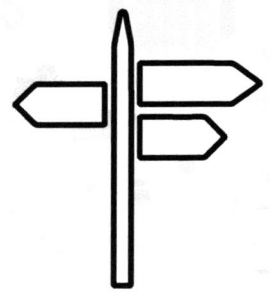

DEINE AUSRÜSTUNG

» Mut bedeutet nicht
die Abwesenheit von Angst,
sondern die Entschlossenheit,
trotz dieser Angst
zu handeln «

Romy Möller ist Leadership-Coachin,
ehemalige Lehrerin, Mountainloverin und immer Visionärin.

1. MUT ALS TREIBSTOFF FÜR DEINE KARRIERE
Romy Möller

MUT TUT GUT! WOW, DU BIST ABER MUTIG

20. März 2019 – Als ich aufwachte, strahlte die Sonne, der Himmel war blau und ich gönnte mir noch ganz in Ruhe einen Kaffee im Bett. Eine innere Zufriedenheit stieg in mir auf. Mit jedem Schluck Kaffee fühlte ich mich mehr bei mir angekommen. Während ich da so saß, spürte ich noch einmal tief in mich hinein, auf der Suche nach einem Gefühl: Irgendwo muss sie doch sein, diese Angst; die Angst, dass ich scheitern könnte; die Angst um meine Existenz; die Angst, dass ich irgendwas nicht beachtet habe – ich konnte sie aber nicht finden.

Es war mein letzter Arbeitstag. Ich hatte meinen sicheren Job gekündigt und stand nun vor meinem Aufbruch in die Selbstständigkeit als Coach.

Ein paar Stunden später erklärte ich bei meiner Abschiedsfeier meinen Kollegen: »Ich werde bald 30, daher musste ich mich jetzt entscheiden. Manche gründen eine Familie, ich habe mich fürs Business entschieden.« So brachte ich sie zum Lachen.

Es fiel mir nicht schwer loszulassen, Struktur, Sicherheit und Status aufzugeben. Kollegen kamen auf mich zu und wünschten mir für meine Zukunft und für meine Pläne alles Gute. Sie bewunderten mich für meinen Mut, diesen Schritt zu wagen.

Tatsächlich wusste ich nicht, wie ich darauf reagieren sollte – ich fühlte mich keineswegs mutig. Ich musste auf mein Herz hören. Ich konnte meine Leidenschaft fürs Coaching nicht mehr unterdrücken. Jedes Mal, wenn ich andere Menschen inspirieren, berühren oder zum Neudenken anregen konnte, explodierte eine Wundertüte an Glücksgefühlen in meinem Körper. Ich bin fast süchtig danach geworden.

Außerdem mochte ich meinen Job zwar, und ich arbeitete gern an meinen Projekten, aber irgendwie hatte meine Arbeit ihren Reiz verloren. Ich hatte viel gelernt, viel ausprobiert, aber ich brauchte etwas Neues. Ich hatte das Gefühl, in einem Glashaus zu sitzen und zuzusehen, wie draußen die Welt blühte. Ich wollte hinaus, ich wollte diese bunte Welt entdecken und gestalten. Neue Perspektiven zogen mich magisch an und mein altes Arbeitsleben ließ mich in Ruhe gehen. Das hatte für mich nichts mit Mut zu tun; ich bin einfach meinen Weg weitergegangen.

WAS IST MUT?

Mit Mut verbinden wir Personen, die bewusst ein Risiko eingehen — ein finanzielles, soziales oder auch ein körperliches Risiko. Sie wagen etwas, probieren etwas Neues aus, treffen eine wichtige Entscheidung, stoßen eine Veränderung an oder machen sich verletzlich — und verlassen so ihre Komfortzone. Sie machen einen Schritt ins Ungewisse.

Das Wort Mut stammt von dem indogermanischen Begriff »mo« ab, der für »sich mühen, starken Willens sein« steht.[1] Dieser Wille, die starke Motivation, lässt uns handeln, trotz eines Risikos oder obwohl wir Angst haben. Das hat Francois Mitterrand mit diesen Worten ausgedrückt: »Mut bedeutet nicht, keine Angst zu haben, sondern, diese Angst zu überwinden.«[2]

Demnach spielen beim Mut zwei Aspekte eine Rolle:

- Das Risiko oder die Angst, die wir persönlich mit einer Handlung verbinden
- Unser eigenes Vertrauen, dass wir es schaffen werden, und die Motivation für diesen Schritt

Mut ist etwas Subjektives: Für meine Kollegen war ich mutig, gleichzeitig habe ich mich selbst bei diesem Schritt nicht als mutig empfunden. Weshalb war das so?

Schon bevor ich meine Stelle kündigte, hatte ich oft gemerkt, dass mir Sicherheit weniger wichtig war als Freiheit und Selbstverwirklichung. Darüber hinaus hatte bisher auch alles irgendwie geklappt. Natürlich war mein Leben nicht immer einfach gewesen, aber ich hatte stets eigene Wege gefunden, und das hatte mein Selbstvertrauen gestärkt. Aufgrund meiner Erfahrungen war ich auch diesmal »gesprungen« — nach dem Motto: »Was soll schon passieren, ich werde schon nicht unter der Brücke landen«. Dieser Schritt war für mich nicht mit Angst verbunden, ich ging kein großes Risiko ein, sondern ich spürte eher einen gesunden Respekt vor der Herausforderung, der mich wachsam werden ließ, aber nicht lähmte.

In einer anderen Situation fühlte ich mich allerdings mutig, als ich nämlich einen Freund nach der Telefonnummer seines Kollegen gefragt hatte, weil ich diesen attraktiv fand. Mein Herz klopfte bis zum Hals und meine Gedanken kreisten vorher wie wild im Kopf: »Was denkt dann mein Freund? Was denkt sein Kollege? Mache ich mich damit verletzlich?« Und zack, drehte sich das Gedankenkarussell, das mich immer mehr mit Angst verband. Nie im Leben hätte ich mich getraut, den Kollegen persönlich anzusprechen — dafür hätte mein Mut nicht ausgereicht.

Vielleicht schmunzelst du bei diesem Beispiel innerlich und denkst: »Romy, der Schritt, dich selbstständig zu machen, ist doch viel mutiger, als das Risiko einzugehen, von jemandem einen Korb zu bekommen.« Doch Mut ist individuell und hängt viel von den Erfahrungen, dem Selbstvertrauen und den Ressourcen ab, die eine Person mitbringt.

WIE KANN ICH MUTIGER WERDEN?

Zwei Komponenten spielen beim Mut eine Rolle – die Bremskraft durch die Angst bzw. das Risiko und die Antriebskraft durch unser Vertrauen und unsere Motivation.

Je größer die Angst oder je mehr wir uns des Risikos bewusst sind, desto mehr Mut brauchen wir, um dennoch zu handeln. Wenn wir sie so beeinflussen, dass sie uns kleiner erscheinen, wird es uns leichter fallen zu handeln.

Daher ist es wichtig, unsere Angst genauer anzuschauen. Wodurch entsteht sie?

Sie hängt davon ab, wie viel für uns persönlich auf dem Spiel steht. Je mehr wir »verlieren« können, desto intensiver ist die Angst. Dann ist es manchmal hilfreich, den ersten Schritt ein wenig zu verkleinern. Manchmal ist er einfach zu groß und katapultiert uns aus unserer Komfortzone direkt in die Panikzone anstatt in die Lernzone.[3] Frag dich daher: Was ist für dich machbar? Wie kannst du die Komfortzone ein wenig verlassen, um zu lernen und mutiger zu werden?

KOMFORTZONE:	LERNZONE:	PANIKZONE:
Altbekanntes und Wohlbefinden	Neues und Herausforderungen	Kontrollverlust und Panik

Außerdem hängt die Angst von unseren eigenen Erfahrungen und unserer Sensibilität ab. Manche Menschen sind risikoaffiner, manche sind behutsamer. Dabei ist eins wichtig: Alles ist okay! Angst zu haben ist ganz normal und du solltest dich dafür nicht verurteilen. Schenk dir stattdessen Selbstmitgefühl und frag dich in der Situation vor allem, worauf dich die Angst hinweisen möchte. Welchen Aspekt hast du noch nicht beachtet, welches Bedürfnis steckt hinter der Angst?

Manchmal können uns diese inneren Stimmen daran hindern, zur Ruhe zu kommen. Wenn dies der Fall ist, solltest du deine Gedanken gut beobachten und reflektieren, denn meistens entsteht dort die Angst: Sind meine Gedanken rational oder irrational? In welchen Fällen haben sich meine Vermutungen bestätigt?

Eine gute Übung, die du machen kannst, wenn die eine oder andere innere Stimme laut wird, ist die folgende: »Was ist« vs. »Interpretation«.

Schreib getrennt auf:

- Was wirklich ist, das heißt die reinen Daten und Fakten
- Deine Interpretationen

Denn nicht die Tatsache an sich löst etwas in dir aus, sondern wie du sie bewertest. Durch diese »Gedankenhygiene« kannst du deine Gedanken bewusst wahrnehmen und regulieren, um andere emotionale Reaktionen hervorzurufen.

Darüber hinaus sind wir mutiger bzw. brauchen wir weniger Mut, wenn wir ein hohes Selbstwirksamkeitserleben haben, d. h., wenn wir überzeugt sind, dass wir schwierige Situationen meistern können, oder uns unsere Motivation klar ist.

Zum einen wirkt sich ein reflektiertes Selbstkonzept positiv auf das eigene Selbstwirksamkeitserleben aus. Das Selbstkonzept ist das Bild, dass wir von uns selbst haben, es beinhaltet Fähigkeiten, Stärken, Einschätzungen, Vorstellungen und Bewertungen. Demnach solltest du dich mit dir selbst auseinandersetzen, um dir deiner eigenen Ressourcen bewusst zu sein.

Hilfreiche Fragen sind:

- Was sind deine Stärken?
- Was ist dir persönlich wichtig?
- Welche Herausforderungen hast du schon gemeistert?
- Was denkst du über dich selbst?

Zum anderen spielt unsere Motivation eine große Rolle: Wozu möchte ich etwas machen? Worum geht es mir wirklich? Wenn uns das selbst klar ist, kann dies eine unheimliche Kraft sein, die uns Angst überwinden lässt. Eine hilfreiche Übung dafür ist »5-mal Warum«: Wenn du etwas machen möchtest, stell dir zunächst die Frage: »Warum möchte ich das?« Wenn du darauf die Antwort hast, frag dich wiederum: »Warum möchte ich das?« Dadurch dringst du immer tiefer in das Warum ein und kannst deine tiefer liegende Motivation erkunden.

Ein weiterer Aspekt, der uns mutiger werden lässt, ist Unterstützung. Wenn wir Personen kennen, die wir etwas fragen können, die uns bei manchen Dingen helfen oder die uns inspirieren, trauen wir uns manches, was wir »allein« nicht machen würden. Mach dir somit dein eigenes Netzwerk bewusst und such dir Vorbilder, an denen du wachsen kannst.

Ganz zum Schluss möchte ich dir noch eine Frage mitgeben, die ich mir immer wieder stelle, wenn es um das Thema »Mut & Machen« geht: Was ist das Schlimmste, was passieren kann? Könnte ich damit leben? Manchmal hilft es uns, die Perspektive zu wechseln, uns nicht zu fragen, weshalb wir etwas zu tun sollten, sondern weshalb nicht.

NACHDENKENSWERT

- Was bedeutet für DICH Mut?
- Wo warst du schon mal mutig?
- Wo warst du nicht mutig?
- Wo wünschst du dir momentan mehr Mut?
- Was wäre anders, wenn du mutig wärst, woran würdest du es erkennen?

UMSETZENSWERT

Je häufiger wir aus unserer Komfortzone herausgehen, desto mehr Vertrauen und Mut sammeln wir. Überleg dir daher drei kleine Möglichkeiten, wie du in den nächsten Tagen deine Komfortzone verlassen kannst. Es muss nichts Großes sein, die kleinen Schritte machen schon einen Unterschied.

ERWÄHNENSWERT

Such dir Vorbilder, die dich inspirieren – durch persönliche Begegnungen, Bücher oder Podcasts. Einen Podcast, den ich sehr lange gern gehört habe, der aber 2021 die letzte Folge veröffentlicht hat, war »Rolemodels«:

https://www.rolemodels.co/podcast/

» Mut zur Identität bedeutet, die vielfältigen Facetten deiner Geschichte zu umarmen und daraus eine kraftvolle und einzigartige Lebensgeschichte zu weben. «

Irina ist Kulturwissenschaftlerin mit einer Leidenschaft für Naturerfahrungen und Reflexionen über die Herausforderungen dieser Welt.

2. MUT ZUR IDENTITÄT
Irina Vogelsang

DAS MIGRANTENKIND IN MIR

Heute musste ich wieder über meine Identität nachdenken. Beim Joggen hörte ich den Aussiedler-Podcast »Steppenkinder«. Er berührte meine nach Zugehörigkeit suchende Seele. All diese Biografien, die meiner so stark gleichen und doch so anders sind! Dabei hatte ich für einige Zeit mit meiner wirren Identität Frieden geschlossen. Ich hatte eine vorläufige Ordnung in mir gefunden, zumindest eine alltagstaugliche. Plötzlich war dieses Gefühl wieder da: ein Verlorensein in einer diffusen Trauer.

Nie werde ich nach meinen Heimaten gefragt, immer nur nach der einen Heimat. Ich antworte dann meistens: »Meine Heimat ist meine Großmutter.« Nicht umsonst heißt es, das Erzählen und das Erinnern würden dazu beitragen, dass Menschen ihre eigene Lebensgeschichte verstehen und Sinn daraus schöpfen. Sie können dadurch ihr Selbstkonzept — also wie sie sich selbst sehen — verstehen und formen. Meine Großmutter erzählt von ihrem langen Kampf um Anerkennung als Deutschstämmige in der ehemaligen Sowjetunion. Ihre Vorfahren wanderten von Deutschland in das zaristische Russland aus. Auf Familienfeiern erzählen Omas Lieder in den Sprachen Deutsch, Ukrainisch und Russisch von unerfüllter

Liebe, Armut, Verschleppungen, Kinderarbeit und Deportation aus der ukrainischen Donezk-Region nach Kasachstan unmittelbar nach dem Beginn des Zweiten Weltkrieges. Irgendwann – als es für sie als Deutsche erlaubt war – migrierte sie mit ihrer Familie weiter nach Tadschikistan, wo schließlich ich auf die Welt kam. Aufgrund solcher »Leidensgeschichten« ließ Deutschland die Russlanddeutschen zurückkehren. Sie durften nach dem Mauerfall in ihre »historische Heimat« einreisen und dort ein neues Leben aufbauen. So auch ich als »Mitgebrachte« – mit einem mehrjährigen Umweg über Russland. Ich lebe also heute ihretwegen in Europa. Sie ist meine Heimat, ihre Geschichten nähren meine Identität. Und weil diese personifizierte Heimat sich dem Lebensende naht, holt mich die Angst ein, die vertrauten Geschichten und die dadurch entstandene sichere Welt in mir könnten verschwinden. Heimatverlust droht.

LEBEN ZWISCHEN DEN KULTUREN

Viele Menschen haben eine Migrationsgeschichte, sind zwischen mehreren Kulturen aufgewachsen. Vielleicht musstest auch du mehrfach im Leben geliebte Menschen, Bräuche, Düfte oder Landschaften verlassen. Dieses Gefühl der Nichtzugehörigkeit kann als Bereicherung und als Ballast empfunden werden. Intuitiv wissen wir, dass jede gemachte Lebenserfahrung uns nie verlässt. Es bleibt also nur ein Weg: daran zu wachsen. Die Geschichte meiner Großmutter ist eine sehr schmerzhafte und das ständige Zusammensetzen von Gegensätzen kostet manchmal sehr viel Kraft. Ich muss mir also dringend die Frage beantworten, warum es sich trotzdem lohnt, ständig auf der Suche nach Zugehörigkeit zu bleiben.

»IDENTITÄT« – WAS IST DAS?

Vereinfacht gesagt gilt Identität in der Psychologie als die wahrgenommene innere Einheitlichkeit einer Person.[4] Es sind also die Antworten auf Fragen wie: »Wer bin ich?«, »Wie passe ich in die Gesellschaft?« und »Wer will ich sein?«. Grundsätzlich sind Identitätskrisen, begriffen als zeitlich begrenzte unsichere Selbstbilder, ein wichtiger Bestandteil der menschlichen Entwicklung, gerade im Jugendalter. Das betont beispielsweise der in der Identitätsforschung bedeutende Psychoanalytiker Erik Erikson[5].

Die Bewältigung dieser Krisen sorgt im besten Fall für inneres Wachstum und führt zu einem gesunden Selbstkonzept.

Es scheint jedoch, dass das Bedürfnis, einen Platz in dieser Welt zu finden, zu einem weitverbreiteten Phänomen geworden ist. Diese Suche beschäftigt nicht nur Jugendliche oder Menschen mit Migrationserfahrungen, sondern betrifft eine Vielzahl von Menschen. Der Soziologe Ulrich Beck[6,7] beschreibt diese Entwicklung eindrücklich. Er erforscht sie als Teil eines «Pluralisierungsphänomens», also eines Phänomens der Vielfalt in einer zunehmend globalisierten Welt, in der Prozesse der Individualisierung zunehmen. Diese Dynamik ist zentral für die Zeitdiagnose. Durch den Anstieg individueller Freiheiten und die Erosion traditioneller Bindungen entsteht eine größere Unsicherheit. Menschen können ihr Leben nicht mehr wie selbstverständlich auf traditionellen Wertesystemen aufbauen und sind zunehmend gezwungen, selbst Entscheidungen zu treffen. Diese zunehmende Freiheit bringt jedoch auch die Verpflichtung mit sich, die eigene Identität aktiv zu konstruieren, oft losgelöst von familiären und kulturellen Wertesystemen. Es ist daher nicht verwunderlich, dass heute Fragen der Identität in den Medien, in der Politik, in der Wirtschaft, in verschiedenen wissenschaftlichen Disziplinen sowie im individuellen Leben der Menschen weltweit eine enorme Präsenz haben.

DEINE IDENTITÄT – DEINE PATCHWORK-DECKE

Es gibt eine Vielzahl von Identitäts-Konzepten, die sich teilweise widersprechen oder ergänzen. Einige betonen die positiven Aspekte der oben beschriebenen Diversifizierung und Dezentrierung des Subjekts, die Vielfalt und Loslösung von einem festen Zentrum der Person. Andere weisen auf deren potenziell zerstörende Komponenten wie »Identitätsstress« hin. Ich habe mich hier für eine mutmachende Idee zur Identität entschieden, formuliert von dem Sozialpsychologen Heiner Keupp[8].

Stell dir deine Identität als eine Patchwork-Decke vor. Sie besteht aus verschiedenen kulturellen, sozialen, ethnischen und persönlichen Elementen. Deine Identitätsdecke ist also weder statisch noch vorbestimmt. Sie ist ein mehrdimensionales, fragmentiertes und lebendiges Kunstwerk, das sich im Laufe des Lebens weiterentwickelt und verändert.

So wie ein Schneidermeister sorgfältig und mit Liebe zum Detail seine Decke näht, fügst auch du neue Erfahrungen und Zugehörigkeiten zu deinem Selbstbild hinzu. Es geht darum, widersprüchliche Teile in das Ganze zu integrieren und als Teil davon anzunehmen. Das dynamische Zusammenspiel der Identitätsflicken ergibt ein einzigartiges und facettenreiches Identitätsmuster. Neue Heimaten sind wie frische Stoffstücke, die deine Patchwork-Decke ergänzen und dein Selbstbild mitformen. Heimat kann sowohl physische als auch emotionale, soziale, kulturelle, spirituelle und sogar virtuelle Dimensionen umfassen. Es muss also nicht nur ein geografischer Ort sein. Vielmehr ist sie ein Geflecht aus dir wichtigen Beziehungen, Erinnerungen, Gefühlen und kulturellen Verbindungen, die alle zusammen das Gefühl von Heimat ausmachen. Dieses Gefühl kann sich im Laufe des Lebens mit deiner Identitätsdecke wandeln. Diese Decke ist kein isoliertes Phänomen, sondern in Kontexte eingebunden. Deine Innenwelt und deine Außenwelt befinden sich in einer permanenten Passungsarbeit.[9]

So wie ein Schneider darauf achtet, dass die Stoffstücke harmonisch zusammenpassen, sorgst du dafür, dass die verschiedenen Aspekte deiner Identität gut integriert sind und ein stimmiges Ganzes ergeben. Sind die einzelnen Flicken der Identitätsdecke passend und gut miteinander verbunden, ist es möglich, das nächste Stück hinzuzufügen. Das macht dich handlungsfähig. Die Suche nach einer kohärenten Lebensgeschichte, die auch die verschiedenen Aspekte deiner Heimat umfasst, ist grundlegend für die menschliche Natur und spielt eine wichtige Rolle bei der psychologischen Entwicklung und dem Wohlbefinden.[10] Die Stimmigkeit oder Sinnhaftigkeit wird allerdings individuell sehr unterschiedlich empfunden. Die eine Person nimmt sich als ein klassisch gewebtes Patchwork-Kunstwerk an. Die andere ist als »Crazy Quilt«, also eine völlig wirre, vielfältige und kleinteilige Patchwork-Decke glücklich. Und zwischen beiden gibt es eine gigantische Spannbreite.

IDENTITÄTSARBEIT: TRAU DICH, WURZELN UND FLÜGEL ZU HABEN

Die Identitätskonstruktion liegt nicht immer in der Hand der einzelnen Individuen. Gesellschaftliche Aspekte wie Machtverhältnisse und Ressourcenverteilung spielen eine bedeutende Rolle. Sie nehmen uns manchmal gar den Mut zur Verantwortung für uns selbst. Gerade deshalb wirkt das Konzept der Patchwork-Identität sehr motivierend. Es zeigt, dass wir unsere Identität flexibel anpassen können. Du kannst mitbestimmen, welche deiner Identitätsmerkmale du betonen und an welchen du weiterarbeiten möchtest. Du kannst situativ bestimmte Identitätsmerkmale als Strategie nutzen. Zudem bist du fähig, eine unglaubliche Vielfalt in dir zu vereinen, ohne daran zu zerbrechen.

Dafür musst du die Muster, Farben und Materialien deiner Identitätsdecke kennen, mit ihnen einverstanden sein und eine ihnen entsprechende Rolle in der Welt finden. Deine Identität wird zu deinem Motor, wenn du den Mut aufbringst, aktiv an deiner Identitätsdecke zu weben, sie zu formen und zu pflegen. So, wie es verschiedene Identitätsmuster gibt, gibt es auch unterschiedliche »Webtechniken« der Identitätskonstruktion. Jeder Mensch arbeitet auf seine Weise und zumeist unbewusst an sich selbst. Meine persönlich erprobten Wege der Identitäts- bzw. Biografiearbeit will ich hier für dich kurz zusammenfassen. Vielleicht helfen sie dir, dich bewusst auf deine Identitätsdecke einzulassen und das schöpferische Potenzial bei ihrem Entwurf und der Umsetzung zu entdecken.

PRAKTISCHE WEGE DER IDENTITÄTSARBEIT

1. Vergangenheit und Zukunft reflektieren: Kenne dein bisheriges Deckenmuster, um Selbstbewusstsein und eine passende Vision für die Zukunft zu entwickeln. Deine Vorstellungen von Geschichte, Gegenwart und Zukunft interagieren bei allem, was du tust. Deine bisherige Identität ist wie ein Buch, das du im Leben wiederholt lesen kannst und aus dem du jedes Mal andere nützliche Aspekte für die jeweilige Gegenwart herausziehst.
2. Selbstreflexion betreiben: Reflektiere deine Lebenserfahrungen, Werte, Überzeugungen, Stärken und Schwächen. Nutze Schreiben und Visualisieren als Techniken. Biografien anderer Menschen können eine Inspirationsquelle für richtige Fragen an dich selbst sein.
3. Identitätsdecke erkunden: Aus Vorwissen können neue Interessensgebiete entstehen. Nutze die Ahnenforschung und schau über den Tellerrand. Nutze die unerschöpflichen Möglichkeiten der informellen Bildung. Ich bevorzuge es, ins Museum zu gehen, um Aspekte

meiner Identität zu erforschen. Es gibt keine andere Institution, die der Identitätsarbeit so dienlich ist wie ein Museum. Dort werden wir, ohne zu verreisen, mit neuen Weltbildern konfrontiert und können uns in ihnen verorten. Dort lässt sich sowohl die Vergangenheit als auch die Zukunft in der Gegenwart gut reflektieren.

4. Aus gewohnten Strukturen ausbrechen: Es ist entscheidend, positive Erfahrungen mit deinen Ich-Merkmalen zu sammeln. Das, was wir sind, kann je nach Kontext ein unterschiedliches Feedback auslösen. Meine Migrationserfahrungen waren an meiner Universität eher positiv konnotiert, während sie in anderen Situationen zu Diskriminierungen führten. Die Distanz zu Menschen, denen es wie mir ergangen war, half mir, meine positiven Seiten zu entdecken. Damit konnte ich die zahlreichen Migrationserfahrungen in meine Identität integrieren und sie als etwas Einzigartiges anerkennen.

5. Sprachen bewahren: Die Sprache deiner Umgebung ermöglicht dir, gegenwärtige Herausforderungen anzunehmen. Die Sprache deiner Eltern kann eine wertvolle Brücke zu deinen Wurzeln sein. Bewahre sie wie einen Schatz, auch wenn manche Sprachen in unserer Gesellschaft als prestigeträchtiger gelten als andere. Sie prägen unsere Art zu denken. Wenn du in den Sprachen deiner Familie kommunizierst, öffnest du die Türen zu den kulturellen Besonderheiten deiner Herkunft. Mehrsprachigkeit ist zudem auch im Beruf kostbar.

6. Soziale Interaktion schätzen und initiieren: Suche Begegnungen in Gesprächen[11], indem du durch das Erzählen deine eigene Identität entdeckst. Menschen inspirieren, spiegeln, grenzen dich ab. Sie validieren deine Gedanken und Gefühle, fordern deine Überzeugungen heraus, unterstützen dich in schwierigen Zeiten und erweitern deinen Horizont. Durch intensive Erfahrungen mit Menschen wird deine Einzigartigkeit erkannt und wertgeschätzt. Bekannte, Freunde, Nachbarn, Familienmitglieder, Kollegen und oft nur zufällige Kontakte unterstützen dich bewusst oder unbewusst auf der Suche nach deinem einmaligen Patchwork-Muster. Sie helfen dir, dein Selbst zu erkennen, verschiedene Rollen zu erfüllen, dich selbst darzustellen und ein Gemeinschaftsgefühl zu erleben. Menschen sind die entscheidende Ressource bei deiner Identitätsarbeit.

WARUM ES SICH LOHNT, SICH AUF IDENTITÄTSSUCHE ZU BEGEBEN

Die Suche nach deiner Identität gibt dir die nötige Orientierung und die Kraft, deinen eigenen Platz in der Welt zu finden. Sie ermöglicht es dir, dich selbst besser zu kennen und deine Stärken zu erkennen. Hier sind einige weitere Gründe, warum sich Identitätsarbeit lohnt:

1. Selbstbewusstsein und Selbstakzeptanz: Du lernst, dich selbst zu schätzen und zu akzeptieren, wer du bist.
2. Resilienz: Du entwickelst die Fähigkeit, schwierige Lebenssituationen besser zu bewältigen.
3. Authentizität: Du kannst authentisch leben und Beziehungen aufbauen, die auf echtem Verständnis basieren.
4. Autonomie: Du gewinnst die Fähigkeit, eigenständige Entscheidungen zu treffen.
5. Kreativität und Wachstum: Du wirst inspiriert, neue Wege zu gehen und dich weiterzuentwickeln.

Durch das Schreiben dieses Textes – als eine Form des Erzählens – wurde mir meine Identität klarer. Vor allem habe ich erkannt, dass ich keinen Heimatverlust zu befürchten habe, denn ich habe längst viele neue Heimaten in mein »Crazy Quilt« integriert. Breite deine Flügel aus und begib auch du dich mutig auf die Suche nach deiner Identität! Lass dich von deiner Vergangenheit inspirieren und gestalte aktiv deine Zukunft. Die Reise zu deinem Selbst ist jede Anstrengung wert – für ein erfülltes, selbstbestimmtes und authentisches Leben.

UMSETZENSWERT

Schließ die Augen und stell dir vor, du bist eine Patchwork-Decke: Welche Farben und Muster sind darin verwoben? Identifiziere Elemente, die bspw. deine Herkunft, wichtige Lebenserfahrungen, deine Werte oder Zukunftsvisionen repräsentieren. Zeichne diese auf. Achte auf wiederkehrende Themen. Überlege, wie diese Aspekte zusammenwirken und dein Selbstbild prägen. Vielleicht ergeben sich daraus Ideen, wie du diese Muster weiterentwickeln oder anpassen kannst. Hänge deine Zeichnung an einem sichtbaren Ort auf und erweitere sie kontinuierlich.

ERWÄHNENSWERT

- Kübra Gümusay: »Sprache und Sein«, Hanser Berlin 2020
- Zur Inspiration zum Thema Identität ein YouTube-Video: Dananjaya Hettiarachchi – World Champion of Public Speaking 2014

WISSENSWERT

Professionelle Hilfe in Form von Beratung, Gruppentherapie, Workshops oder Psychotherapie kann ein wesentlicher Bestandteil der Identitätsarbeit sein. Niemand muss die belastenden Symptome, die aus permanentem Identitätsstress entstehen können, allein bewältigen.

» Chancengerechtigkeit erfordert den Mut, neue Wege zu gehen «

Christina liebt es, zu reisen und neue Kulturen – auch durch die jeweilige Küche – zu entdecken. Dem Kölschen Karneval bleibt sie aber auch aus der Ferne verbunden.

3. MUT ZUR CHANCENGERECHTIGKEIT
Christina Langer

MUT – EIN WORT MIT VIELEN BEDEUTUNGEN

Für jeden von uns bedeutet »mutig sein« etwas Unterschiedliches: Für mich mag das ein Jahr in einem fremden Land sein, für andere der Einstieg ins Studium oder in die erste Anstellung, für dich kann es wieder etwas ganz anderes bedeuten, z. B. das Ausprobieren einer neuen Sportart. All diese Situationen teilen eine Eigenschaft: Du brauchst Mut, um eine neue Aktivität, eine neue Situation, eine neue Herausforderung anzugehen. Und was wir als »neu« empfinden, hängt stark davon ab, was wir gewohnt sind. Deswegen spielt Chancengerechtigkeit für mich eine entscheidende Rolle, wenn wir über Mut sprechen.

WARUM WIR ÜBER CHANCENGERECHTIGKEIT REDEN, WENN WIR ÜBER MUT NACHDENKEN

Chancengerechtigkeit bedeutet, dass jeder Mensch, unabhängig von seinem Hintergrund, den gleichen Zugang zu Ressourcen und Entwicklungsmöglichkeiten hat.[12] In meinem Verständnis beschreibt Chancengerechtigkeit einen optimalen Zustand, bei dem jede Person zu Beginn des

Lebens über gleiche Möglichkeiten verfügt, die sie oder er nach den eigenen Wünschen und Fähigkeiten nutzen kann. In der Realität wird dieser Zustand durch Faktoren wie beispielsweise das Geschlecht, die (soziale oder ethnische) Herkunft, die finanzielle Situation oder die Erfahrungen der Eltern stark beeinflusst, sowohl positiv als auch negativ. Konkret heißt das, dass manche Personen bessere Voraussetzungen mitbringen, bestimmte Ziele zu erreichen, als andere. Wenn unsere Möglichkeiten begrenzt sind, brauchen wir mehr Mut, um diese Grenzen zu überwinden und neue Situationen zu meistern. So wird eine junge Erwachsene aus einem nicht akademischen Haushalt mehr Mut benötigen, um ein Studium zu beginnen, denn die Eltern können nicht von ihren Erfahrungen an der Universität erzählen und ihr Kind inhaltlich nicht so gut unterstützen. Für diese junge Erwachsene ist die Universität eine völlig neue Welt. Mut ist daher das, was jedem Einzelnen von uns hilft, die beschriebenen Grenzen zu überwinden und unsere Lebenssituation zu verändern.

In diesem Kapitel möchte ich dich durch die Erzählung meiner eigenen Erfahrungen dazu einladen, dir Gedanken zu den Situationen zu machen, in denen du Mut brauchst. Dadurch möchte ich dich begleiten, über deine eigenen Möglichkeiten nachzudenken und zu erkennen, wo du dir Chancen härter erarbeiten musstest. Gleichzeitig will ich dich ermutigen, dich in deinem Umfeld für Chancengerechtigkeit einzusetzen.

ETWAS NEUES AUSPROBIEREN

Als Kind bin ich in einem kleinen Dorf im Rheinland aufgewachsen. Unsere behütete Dorfgemeinschaft bot eine überschaubare Anzahl an Freizeitmöglichkeiten: Es gab einen Sportverein und einen Chor, wir konnten Freunde treffen. Für mich waren das »normale« Aktivitäten, aber wenige neue Herausforderungen. Früh merkte ich, dass ich sehr gern neue Sprachen lerne und neue Kulturen entdecke. Aber ein Studium und ein Beruf in der internationalen Politik waren in meinem Umfeld nicht das Naheliegendste. Als ich für ein Praktikum beim Auswärtigen Amt in Genf ein Führungszeugnis beantragen wollte, musste die Sachbearbeiterin der örtlichen Verwaltung erst einmal recherchieren, was zu tun ist – so etwas hatte wohl noch niemand aus unserem Städtchen gemacht.

Nach der Schule beschloss ich, ein Jahr als Au-pair in Frankreich und Spanien zu arbeiten. Ein Freiwilligendienst in Südamerika, Afrika oder Asien kam damals für mich nicht infrage, das war viel zu weit weg von dem, was ich gewohnt war. Meine Entscheidung, einen deutsch-französischen Studiengang in Politikwissenschaft zu wählen, in dem ich in Frankreich wie eine Französin bewertet wurde, erforderte viel Mut. In meinem Studium gab es viele, die in ihren Familien oder Schulen an den deutsch-französischen Austausch gewöhnt waren. Dadurch wurde mir meine rein deutsche Kindheit und Jugend sehr bewusst. Während der Studienzeit entwickelte ich immer mehr Selbstvertrauen im Bereich der internationalen Politik und in der französischen Sprache. Über verschiedene Stellen konnte ich schon einmal in die Welt der internationalen Entwicklungszusammenarbeit schnuppern.

Über meine gesamte Studienzeit wurde ich im Rahmen eines Stipendiums nicht nur finanziell, sondern auch ideell gefördert. Um mich auf ein Stipendium zu bewerben, benötigte ich auch eine gute Portion Mut. In meinem Umfeld kannte ich niemanden, der ein Stipendium hatte – für mich war diese Möglichkeit also ganz neu. Die sdw begleitete mich seit dem Beginn meines Studiums auf diesem Weg und ermöglichte mir nicht nur das Studium an einer privaten Hochschule in Frankreich. Sie brachte mich auch mit Mut-Machenden zusammen, die in verschiedensten Lebensbereichen Mut bewiesen und sich für soziale und unternehmerische Ideale einsetzten, um etwas an die Gesellschaft zurückzugeben. Diese großartige Unterstützung inspirierte mich, auch weiter über meine eigenen Grenzen hinauszuwachsen und mich gesellschaftlich zu engagieren. Beispielsweise nahm ich als Teil einer sdw-Delegation an einem UN-Planspiel in New York teil und konnte so einen Einblick in die internationale Diplomatie gewinnen, die sich gemeinsam für eine nachhaltige Entwicklung einsetzt. Ohne die anderen Teilnehmenden meiner Gruppe hätte ich mir das nicht zugetraut. Darüber hinaus bin ich sehr dankbar für den Erfahrungsaustausch mit anderen Stipendiatinnen und Stipendiaten, wenn ich mich wieder in eine neue Herausforderung stürze: Mit jemandem zu sprechen, der schon ähnliche Erfahrungen gemacht hat, macht den geplanten Schritt vertrauter. Stipendien können einen wertvollen Beitrag zur Chancengerechtigkeit leisten, da sie Türen öffnen, die zuvor verschlossen schienen, und Menschen aus verschiedenen Kontexten vernetzen.

Am Ende meines Studiums brauchte ich dann noch einmal Mut: Ich verschob die Abgabe meiner Masterarbeit um ein Jahr, um in Kenia ein Praktikum bei der UN-Migrationsorganisation zu absolvieren. Auch dabei wurde ich über ein Stipendienprogramm gefördert, ohne das ich ein solches Praktikum nicht hätte machen können. Für mich war dies die erste Reise in den Globalen Süden, und damit wieder eine ganz neue Situation: Ich musste Visa beantragen, mich auf Krankheiten wie Malaria vorbereiten, in ein Land reisen, in dem ich nur für die ersten drei Wochen ein Hotel gebucht hatte und niemanden kannte. Vor dem Abflug hatte ich großen Respekt vor dieser neuen Herausforderung, konnte dann aber von meiner Zeit in Kenia unglaublich viel mitnehmen.

Diese Erfahrungen zeigen, welche Bedeutung »mutig sein« für mich persönlich hat: Es heißt für mich, mich in kleinen Schritten aus dem behüteten Dörfchen hinaus zu einer Masterabsolventin mit deutsch-französischem Doppelabschluss und internationaler Berufserfahrung zu entwickeln. In all diesen Etappen meines bisherigen Lebens hat sich das »mutig sein« immer gelohnt. Denn wer sich traut, sich mit Neuem auseinanderzusetzen, wird daraus viel lernen und daran wachsen. So werden mir die nächsten Auslandsaufenthalte deutlich leichter fallen, weil es für mich nicht mehr so neu ist, in einem nicht europäischen Land zu leben.

Für dich mag »mutig sein« vielleicht etwas ganz anderes bedeuten. Ich kann dir folgenden Rat geben: Denk einmal darüber nach, was für dich normal und was neu ist. Dadurch kannst du viel darüber lernen, welche Hürden du ganz persönlich überwinden musst. Mir hat dieses Bewusstsein sehr geholfen, meine eigenen Herausforderungen, aber auch Erfolge besser zu verstehen. Ich habe gelernt, mich weniger mit anderen zu vergleichen und nicht so kritisch mit mir zu sein, wenn mir etwas nicht so leichtfällt wie anderen.

FÜR EINE GLOBALE CHANCENGERECHTIGKEIT

Für mich sind es »nur« neue Situationen im Ausland, die mir Mut abverlangen. Dass ich solche Erfahrungen überhaupt machen kann, ist ein großes Privileg. Dessen bin ich mir bewusst. Denn nicht jeder hat so gute Startvoraussetzungen wie ich. Besonders während meiner Zeit in Kenia ist mir das bewusst geworden, denn in Kenia sind die Entwicklungsmöglichkeiten aus meiner Perspektive sehr ungleich verteilt. Gerade in der Hauptstadt Nairobi gibt es hervorragende Schulen und Jobs, aber ich durfte auch eine Schule auf dem Land besuchen, in der die wenige Solarenergie hauptsächlich für Licht in den Klassenräumen genutzt wurde. Gerade weil ich in meiner privilegierten Situation schon den Einfluss der eigenen Herkunft auf mein Leben verspüre und ich durch meine Erfahrungen im Ausland andere Lebensrealitäten sehen konnte, setze ich mich beruflich für eine globale Chancengerechtigkeit ein. Ich möchte meinen Beitrag dazu leisten, Menschen weltweit alle Möglichkeiten für ihre Entwicklung zu eröffnen, damit die Hürden zum »mutig sein« weniger hoch sind.

Seit einem Jahr arbeite ich deshalb im Bereich der internationalen Entwicklungszusammenarbeit. Für mich heißt das einerseits, mich für die Umsetzung der Menschenrechte einzusetzen. Denn nur wenn jeder Mensch diese Rechte genießen kann, kann globale Chancengerechtigkeit erreicht werden. Andererseits unterstütze ich mit meiner Arbeit auch Projekte, die ein gemeinsames Lernen und persönliches Wachstum ermöglichen. Die Arbeit in diesem Kontext, aber auch generell gesellschaftliches Engagement, erfordert ganz sicher Mut: Die großen Herausforderungen unserer Zeit wie anhaltende bewaffnete Konflikte, Migration und der Klimawandel sind komplex und lassen sich nicht einfach lösen. Die tägliche Konfrontation mit schlechten Nachrichten aus aller Welt kann belastend sein. Aber diese Herausforderungen begrenzen die Chancen der Betroffenen. Kinder, die vor Konflikten oder Dürren fliehen, werden es nicht so einfach haben wie ich, einen guten Bildungsabschluss und einen spannenden Beruf zu finden. In Konfliktregionen fehlt oft die Infrastruktur, um zur Schule zu gehen, teilweise müssen Kinder während der Schulzeit arbeiten oder ihre Familien anders unterstützen. Deswegen ist es umso wichtiger, dass wir Mut aufbringen und uns für eine gerechtere Gesellschaft einsetzen. Und gerade in dieser Zeit, in der so viele neue, vielfältige Ansätze entwickelt werden, haben wir allen Grund, Mut zu haben.

Weltweit machen wir große Fortschritte, aber die Vorteile dieser Entwicklung sind ungleich verteilt. Diese Ungleichheit lässt sich nicht ausgleichen, wenn wir an den bestehenden Strukturen festhalten. Wir müssen kritisch über neue Lösungen nachdenken und offen für Möglichkeiten aus verschiedensten Bereichen (etwa dem sozialen, rechtlichen, wirtschaftlichen, kulturellen und technologischen) sein. In meiner bisherigen Berufserfahrung haben mich besonders neue, innovative Ansätze inspiriert. Beispielsweise kann Kunst Betroffenen von Konfliktkontexten eine Möglichkeit geben, sich mit dem Erlebten auseinanderzusetzen. Die Nutzung von Lern-Apps kann es ermöglichen, Wissen für mehr Menschen niedrigschwellig zugänglich zu machen.

MUT MACHEN

Ich möchte dich mit diesem Kapitel auch motivieren, dich in deinem persönlichen Umfeld für Chancengerechtigkeit einzusetzen. Vielleicht hattest du wie ich das Glück, in ein relativ gutes Umfeld hineingeboren zu werden. Mit diesen Privilegien geht für mich aber auch die Verantwortung einher, andere zu unterstützen, die nicht so viel Glück hatten. Wenn ich eine Sache aus meiner Zeit bei der sdw mitnehme, dann ist es, dass wir uns auch im Kleinen für eine bessere Gesellschaft einbringen können. Vielleicht beschäftigst du dich mit ähnlichen Themen wie ich und setzt dich in deinem Alltag für ein klimafreundliches Leben oder für eine gute Integration geflüchteter Menschen in deiner Stadt ein. Vielleicht wirken diese internationalen, komplexen Themen für dich aber auch zu abstrakt. Wenn du über deine Herkunft und dein Leben nachdenkst, werden dir sicher Hürden einfallen, die du selbst schon überwunden hast und bei denen du anderen helfen kannst. Ich möchte dich dazu ermutigen, anderen bei neuen Situationen und Herausforderungen Mut zu machen. Das kann auch schon auf kleinster Ebene sein: Du kannst etwa einem Kind aus deiner Nachbarschaft dabei helfen, besser in der Schule zurechtzukommen, oder eine Freundin oder einen Freund ermutigen, sich auf ein Praktikum zu bewerben, das unerreichbar scheint. Ich nehme mir beispielsweise immer gern die Zeit, interessierten Schülerinnen und Schülern und Studierenden als Mut-Macherin mit meinen Erfahrungen zur Seite zu stehen. Wenn wir alle einen kleinen Beitrag dazu leisten, jeder Person in unserer Stadt, unserem Land und auf unserem Planeten die gleichen Möglichkeiten zu eröffnen, dann ist viel erreicht.

Ich hoffe, dir mit diesem Kapitel dabei geholfen zu haben, besser zu verstehen, was Mut für dich ganz persönlich bedeutet. Wenn du darüber nachdenkst, woher du kommst und wie weit du schon gekommen bist, kannst du deine eigenen Erfolge besser feiern. Aber gerade wenn du dir deiner mutigen Schritte bewusst wirst, solltest du nicht vergessen, dass anderen gerade an diesen Punkten der Mut fehlen kann, die eigenen Grenzen zu überwinden. Genau dann ist es an der Zeit, deine Erfahrungen mit ihnen zu teilen und selbst zur Mut-Macherin oder zum Mut-Macher zu werden.

WISSENSWERT

Wenn du mehr darüber wissen willst, wie sich die Welt positiv entwickelt und warum diese Vorteile ungleich verteilt sind, empfehle ich dir die folgenden zwei Quellen:

- Das Buch »Factfulness« von Hans und Ola Rosling und Anna Rosling Rönnlund. Inspirierende TED-Talks zum Thema kannst du auch auf YouTube finden.
- Die Webseite Ungleichheit.info mit tollen Visualisierungen zur Verteilung von Privilegien.

NACHDENKENSWERT

Denke einmal über deinen eigenen Werdegang nach:

- In welchem Kontext bist du aufgewachsen?
- Welche Situationen hast du schon mutig gemeistert?
- In welchen Situationen brauchst du aktuell Mut?
- Welche Personen sind in deinem Leben Mut-Macherinnen und Mut-Macher?

UMSETZENSWERT

Unterstütze eine Person in deinem Umfeld, indem du ihr oder ihm durch deine eigenen Erfahrungen Mut machst. Zum Beispiel:

- Erzähle einem Studierenden am Anfang des Studiums, wie du dich für dein Studium entschieden hast und wie du gut lernen konntest.

- Falls du Stipendiatin oder Stipendiat bist: Ermutige Interessierte, sich zu bewerben!
- Erzähle Freundinnen und Freunden, wie du es geschafft hast, Mut aufzubringen, etwas Neues auszuprobieren.

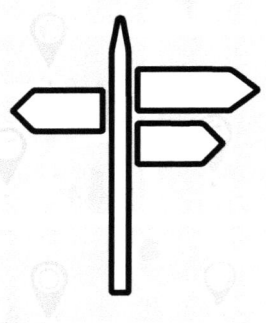

DIE ROUTE PLANEN

»

Der Glaube an sich selbst
kann Berge versetzen, auch
wenn die Welt dir sagt, es sei
unmöglich – sei wie die
Hummel, die fliegt,
weil sie nicht weiß,
dass sie es nicht kann.

«

Alexander ist ein Optimist, hat in seinem Leben oft naiv Dinge einfach gemacht und damit viel Erfolg gehabt.
Er liebt Menschen und hat darin seine Bestimmung gefunden, andere zu inspirieren und ihnen Mut zu machen, neue Dinge auszuprobieren.
Heute ist er Experte, Coach und Trainer für alles, was Kommunikation betrifft.

4. MUTIGE SCHRITTE AUF DEM WEG ZUM ERFOLG
Alexander Wurz

GEFAHR IST EINE REALITÄT – ANGST IST EINE WAHL ...

Wenn ich auf mein Leben zurückblicke, dann hat mich dieser Spruch sehr oft (unbewusst) geleitet. Man kann es auch weniger dramatisch ausdrücken und den Begriff »Gefahr« durch »Risiko« ersetzen. Du kennst das vielleicht: Oft stehen wir vor einer Entscheidung, haben aber nicht immer den Mut, die riskantere und gewagtere Wahl zu treffen.

Als Kind war ich ruhig, introvertiert und eher ein Mitläufer. Ich war deshalb bei der Erstellung meiner Liste für dieses Kapitel erstaunt, wie oft ich die riskantere, unlogischere, unvernünftigere, ja mutigere Entscheidung in meinem Leben getroffen habe.

Ob Fallschirmsprung, Gleitschirmfliegen, Sprung aus 13 Metern ins Wasser, Studium als Arbeiterkind, Wahl des Studienortes, Bewerbung bei der sdw, Vorträge vor 150 Personen als junger Student, Auswandern, Jobauswahl oder Sprung in die Selbstständigkeit – jedes Mal war es einfach ein tolles Gefühl und eine unglaubliche Erfahrung!

Als ich so um die 30 war, hatte sich mein Selbstbewusstsein exponentiell entwickelt und mich zu einer wirklich glücklichen und selbstbestimmten Person gemacht. Und die oben erwähnten Momente, in denen ich Mut zum Risiko bewiesen hatte, waren dabei jeder für sich ein kleines wichtiges Puzzleteil für mich. Das war mir damals natürlich überhaupt nicht klar, macht aber rückblickend Sinn.

Deshalb versuche ich hier beispielhaft, ein paar dieser Erlebnisse näher zu beschreiben. Ich denke, die Kernmechanismen ähneln sich bei den anderen Entscheidungen.

DER SPRUNG INS UNGEWISSE: DIE DOPAMINEXPLOSION

Ich beginne mit einem privaten Ereignis: Ich war beim Schwimmunterricht in der Schule das einzige Kind, das sich nie getraut hat, vom Drei-Meter-Brett zu springen. Mehrmals stand ich am Brett, drehte aber wieder um und ging hinunter. Natürlich wurde ich ein bisschen von meinen Mitschülern aufgezogen. Aber ich hatte einfach nicht den Mut. Deshalb habe ich es akzeptiert, dass ich diesbezüglich ein Angsthase bin und so etwas nicht kann, vor allem, weil mir das von außen ständig so gespiegelt wurde.

Viele Jahre später, als ich 25 Jahre alt war, entschied ich mich, meinen 14-tägigen Urlaub in der Sierra de Guara zu verbringen, mit Canyoning. So ganz genau wusste ich nicht, was das ist. Ich hatte nur großartige Bilder von Wanderungen in Schluchten, Schwimmen in Flüssen und Abseilen in Wasserfällen gesehen. Am dritten Tag und nach ein paar schönen Wanderungen ging es in eine Schlucht mit Klettern, Schwimmen und Wandern zwischen den Felsen. Auf einmal kamen wir an eine Stelle, wo es zu Fuß nicht mehr weiterging. Und der Reiseleiter sagte nur: »Spring ins Wasser!« Das Problem war, dass zwischen mir auf dem Felsen oben und der Wasseroberfläche unten ungefähr vier Meter Höhenunterschied waren. Meine erste Reaktion war: »Ich kann das doch nicht!« Allerdings wurde mir schnell klar, dass es keinen anderen Weg gab. Also überwand ich mich, packte meinen ganzen Mut und – bin einfach gesprungen. Als ich wieder aus dem Wasser auftauchte, überströmten mich Glücksgefühle und ich machte Bekanntschaft mit Serotonin, Dopamin, Noradrenalin, Endorphine, Phenethylamin und Oxytocin. Ich war total geflasht. Kurz danach kamen mir die Tränen, weil ich verstand, dass niemand, inklusive ich selbst, mir dies je zugetraut hätte – und jetzt hatte ich es einfach gemacht! Ich habe den Reiseführer angebettelt, dass ich wieder auf den Felsen klettern darf, um nochmals herunterzuspringen. Er meinte, das Klettern sei aber gefährlicher als das Springen. Aber ich musste es nochmals machen. Da sah mich der Guide an, grinste und meinte: »Warte mal ab …« Denn in den nächsten Tagen sprangen wir immer wieder aus vier Metern, sechs Metern, zehn Metern und am Schluss 13 Metern Höhe in die Schluchten.

Es ist unglaublich, wie stark wir uns selbst glauben machen, wir könnten etwas nicht. Verstärkt oft durch Signale aus unserem Umfeld. Und dann versuchen wir es nicht einmal. Aber manchmal können wir es. Es lohnt sich also, es in manchen Situationen einfach mal auszuprobieren. Das dadurch ausgelöste Glücksgefühl und die Emotionen sind es wirklich wert.

DAS HUMMEL-PRINZIP: GLAUB AN DICH SELBST

Das erinnert mich an die Geschichte mit der Hummel. Viele Jahre war die Hummel anscheinend ein Rätsel für die Wissenschaftler. Denn laut ihren Berechnungen dürfte sie gar nicht fliegen … Die Flügeloberfläche war anscheinend zu klein, um diesen dicken Körper zu tragen, aerodynamisch unmöglich. Ich weiß jetzt nicht, wie das bei euch ist, aber hier bei mir fliegen sie trotzdem … Und warum? Ganz einfach: Weil die Hummel nicht weiß, dass sie nicht fliegen kann. Niemand hat ihr das ständig eingeredet, als sie klein war. Und deshalb macht sie es einfach.

Ich glaube, davon können wir Menschen noch was lernen.[13]

DIE ENTSCHEIDUNG ZUM STUDIUM: MIT MUT IN DEN »WILDEN OSTEN«

Nachdem ich meine Banklehre am Bodensee beendet und mich auf ein Leben als Banker eingestellt hatte, kam meine Freundin und versuchte, mich von einem Studium zu überzeugen. Sie meinte, ich hätte auf jeden Fall das Zeug zu mehr und sollte unbedingt schnell studieren. Das war für mich als Arbeiterkind (meine Eltern hatten die Schule mit 14 Jahren verlassen) erst einmal kein Thema, da in meiner Familie niemand studiert hatte. Der Gedanke war mir deshalb ein wenig fremd. Aber schließlich befasste ich mich damit und meinte: Warum nicht in zwei bis drei Jahren? Bis dahin könnte ich weiterhin bei meinen Eltern wohnen und Geld sparen, da sie die Mittel, um mir ein Studium zu finanzieren, nicht hatten. Meine Freundin machte aber mehr Druck und meinte, ich sei doch schon 24 Jahre alt! Ich studierte also und dann auch noch kurz nach dem Mauerfall als einer der ersten Wessis in Ostdeutschland, in Dresden. Das war ungewöhnlich. Die meisten meiner Freunde konnten es nicht nachvollziehen; sie machten eine Lehre in der Umgebung oder studierten nicht zu weit weg vom Heimatort. Der Studiengang »International Business Studies« (IBS) war ganz neu an der HTW Dresden, und es wurden anhand eines Bewerbungsverfahrens mit Vorstellungsgesprächen nur 30 Studenten ausgewählt. Das wäre für mich schon ein Grund gewesen, mich nicht zu bewerben. Aber dann sagte ich mir genau das, was ich auch meinen Coachees seit vielen Jahren sage, die sich im Bewerbungsprozess finden: Was hast du denn zu verlieren? Im schlimmsten Fall bekommst du eine Absage.

Und da es den Studiengang im Detail noch gar nicht richtig gab, ließ ich mich in die Studienkommission wählen. Dort verbrachte ich viel Zeit mit ein paar Professoren und Studenten, um die Inhalte und Abläufe des IBS-Studiengangs zu optimieren. Selbst habe ich davon zwar nicht mehr profitiert, aber alle, die sich einmal für andere Menschen und die Gesellschaft engagiert haben, wissen, dass dies trotzdem sehr bereichernd und befriedigend ist.

Diesen Schritt in den »Wilden Osten« zu machen war eine meiner wichtigsten Entscheidungen in meinem Leben. Ohne den damaligen Mut, mich gegen alle (auch internen) Zweifler zu entscheiden, wäre ich heute wahrscheinlich nicht so zufrieden und erfolgreich, wie ich mich fühle.

EIGENE TALENTE ERKENNEN UND NUTZEN

Wie ich zur Stiftung der Deutschen Wirtschaft (sdw) kam, passt auch zum Thema »Machen«. Ich war einer der ersten 19 Stipendiaten der sdw. Es gab im Frühjahr 1995 einen Aushang mit der Aufforderung, sich bei der sdw zu bewerben, wenn man meinte, Talent zu haben. Da habe ich mich überhaupt nicht angesprochen gefühlt. Ich war froh, überhaupt einen Studienplatz bekommen zu haben mit einem 2,9er Abi. In der darauffolgenden Woche kam unser BWL-Professor auf ein paar Studenten zu und bat uns, nach der Vorlesung noch kurz dazubleiben, weil er mit uns sprechen wollte. Ich ahnte Schlimmes – was hatte ich ausgefressen? In dem anschließenden Gespräch erzählte er uns von der sdw und empfahl uns, uns zu bewerben, da wir ihm positiv aufgefallen seien. Mut zusammengenommen und gemacht … Der Grundstein für bald 30 Jahre tolle Erfahrungen und eine enorme Bereicherung innerhalb der sdw und des Alumnivereins war gelegt.

Meine Erkenntnis: Manchmal sehen wir unsere Talente und Fähigkeiten nicht selbst. Wenn andere Menschen, denen wir vertrauen, auf uns zukommen und uns sagen, sie sähen ein Talent, eine Begabung oder Fähigkeit in uns, dann können wir dem meist trauen. Vor allem, wenn es Menschen sind, die mehr Erfahrung haben als wir. Hör genau hin und mach es, selbst wenn du ein paar Zweifel hegst. Probiere es aus. Was hast du zu verlieren?

DER EINSTIEG IN DIE BERUFSWELT UND EIN RIESIGER KARRIERESCHRITT

Ein guter Freund hatte mich motiviert, mich gleich nach meinem Studium für einen internationalen MBA zu bewerben. Durch die Erfahrungen in den letzten Jahren hatte ich mehr Selbstbewusstsein entwickelt, es zu probieren, obwohl nur 30 Studierende aufgenommen wurden. Als ich die Zusage in der Tasche hatte, war ich natürlich sehr glücklich. Allerdings kam zeitgleich die Firma, bei der ich meine Diplomarbeit zum Thema «interkulturelle Kommunikation» geschrieben hatte, auf mich zu und wollte, dass ich bei ihnen einsteige. So kam eine weitere, lebensbestimmende Entscheidung, die ich innerhalb weniger Tage treffen musste. Ich hatte mir eigentlich einen Einstieg in einen großen internationalen Konzern nach dem MBA vorgestellt. Ich verbrachte viele Stunden mit Spaziergängen in einem Wald und mit Grübeln. Ich horchte dann mehr auf mein Herz als auf meinen Verstand und entschied mich für die kleine sechsköpfige Unternehmensberatung für deutsch-französische interkulturelle Kommunikation, mitten auf dem Land südlich von Paris.

Nach vier sehr prägenden Jahren dort kam die nächste große Entscheidung. Ich bewarb mich ganz naiv mit einem direkten Brief an den CEO der Firma Berlitz (12.000 Mitarbeiter) in den USA. Ich meinte, ich könnte für ihn die Abteilung »interkulturelles Training« in Europa und im Mittleren Osten aufbauen (keine Ahnung, was mich da geritten hat). Rückblickend war es ein nicht sehr logischer, da viel zu großer Karriereschritt. Ich habe ein wenig geblufft, mich überzeugend dargestellt und ein paar Monate später wurde ich Managing Director Europe & Middle East für Berlitz Consulting in Paris. Ich hatte keine Ahnung von Bilanzen, P&L, Menschenführung, Businessplänen und den anderen Dingen, die man dafür eigentlich als Grundlage benötigt. Ich habe es einfach gemacht und es wurde ein enormer Erfolg — für die Firma und für mich. Und zusammen mit den 150 Verkäufern in Europa haben wir das gerockt.

Nach sechs Jahren wurde ich — wie in einem Hollywoodfilm — von heute auf morgen entlassen, trotz ausgezeichneter Zahlen und glücklicher Kollegen. Ich vermute, hinter meinem Rücken wurden Neiddebatten geführt, die ich als zu naiver Mensch nicht erwartet hatte.

Und was habe ich dann gemacht? Genau! Das, wovon ich mein ganzes Leben lang behauptet hatte, dass ich es nie und nimmer machen würde, weil es überhaupt nicht zu meiner Persönlichkeit passt – ich habe mich selbstständig gemacht. Und das im Jahre 2008, dem Jahr der globalen Finanzkrise. Einfach machen und dann mal schauen. Auch das war eine der wichtigsten Berufsentscheidungen in meinem Leben, welche mir unglaublich viel Befriedigung, Glück, enorm viele Freiheiten und finanzielle Sicherheit gegeben hat – bis heute.

DIE BEDEUTUNG MUTIGER ENTSCHEIDUNGEN

Ich könnte leicht noch viele weitere Beispiele nennen. Meine Erkenntnis ist, dass die mutigeren und manchmal unlogischen Entscheidungen wohl diejenigen sind, die unser Leben spannender machen. Wir sollten uns in den Momenten dieser Entscheidungen die Frage stellen: »Was könnte im schlimmsten Fall passieren?« Allen Ängsten und Unkenrufen zum Trotz ist das meistens gar nicht so schlimm. Wir haben immer noch Menschen, die uns lieben und unterstützen, wir sind nicht sofort obdachlos, finanziell ruiniert, ausgestoßen, wir sind nicht tot.

Es gibt mehrere sozialpsychologische Studien mit Menschen, die kurz vor ihrem Lebensende stehen. Man hat sie gefragt, was sie in ihrem Leben am meisten bereuen. Und das waren nicht irgendwelche Entscheidungen, die sie getroffen hatten, auch wenn sie manchmal negative Konsequenzen nach sich gezogen hatten. Es waren die Dinge im Leben, die sie nicht gemacht hatten.[14]

Aus meiner interkulturellen Erfahrung möchte ich noch zwei Lebenseinstellungen teilen, die ich sehr inspirierend finde. In den USA sagt man: »Nur wer nichts macht, macht keine Fehler.« In Frankreich herrscht die Auffassung: »Wir legen einfach mal los. Die notwendigen Mittel werden dann schon folgen.«

Fazit: Weniger reden, einfach machen! Und nur wer den Mut hat, aus der Komfortzone herauszugehen, kommt in die wichtige Lernzone.[15]

Und ich hoffe, ihr könnt an eurem Lebensende den Satz der französischen Sängerin Édith Piaf sagen: »Non, je ne regrette rien!« (»Nein, ich bereue nichts!«)

Das Wichtigste ist, dass ihr euren Weg geht. Hört euch mal den Text des Liedes »My Way« von Frank Sinatra genau an. Es geht um einen alten Mann, der kurz vor dem Tod über sein bisheriges Leben nachdenkt. Er habe sich mit seiner Sterblichkeit abgefunden und übernehme Verantwortung für das, was er in seinem Leben getan oder gelassen hat: »Yes, it was my way« (»Ja, es war mein Weg«) lautet die letzte Liedzeile.

Viel Erfolg beim Ausprobieren, beim »mutig sein«, beim Scheitern und Spaß haben am Leben!

ERREICHENSWERT

Nur wenn man sich ab und zu aus seiner Komfortzone herauswagt, kann man in die Lernzone kommen und sich persönlich weiterentwickeln. Man muss nur aufpassen, dass man nicht in die Panikzone kommt. Möchtest du mehr darüber erfahren, lies doch gern das Kapitel von Romy Möller: Mut als Treibstoff für deine Karriere.

NACHDENKENSWERT

- Herausforderungen annehmen: Mutige Entscheidungen, wie ein Studium trotz ungünstiger Umstände oder das Auswandern, führen oft zu positiven lebensverändernden Erfahrungen.
- Unterstützung von anderen: Oft erkennen andere Menschen Talente in uns, die wir selbst nicht sehen. Diese Ermutigung kann ein entscheidender Anstoß sein. Deshalb redet viel mit Vertrauten über eure Ideen und Projekte.
- Risikobereitschaft: Risiken einzugehen, auch wenn sie unlogisch erscheinen, kann zu bedeutenden persönlichen und beruflichen Erfolgen führen.

UMSETZENSWERT

- Einfach machen: Der Schlüssel zum Erfolg liegt oft darin, nicht zu viel nachzudenken, sondern einfach zu handeln und Erfahrungen zu sammeln.
- Selbstwahrnehmung vs. Fremdwahrnehmung: Oft sind es äußere Einflüsse und eigene Zweifel, die uns zurückhalten. Es lohnt sich, auf vertrauenswürdige Meinungen zu hören und mutig zu sein.

»

Mut im Alltag zeigt sich darin, den eigenen Weg zu gehen — auch wenn er nicht geradlinig ist — und sich von den Erwartungen anderer zu lösen.

«

Marceline hat eine große Leidenschaft für Film und Schauspiel, sie durfte schon einmal in einem Film eine Leiche spielen. Außerdem interessiert sie sich für Spiritualität und ist trotz einer Tierfell-Allergie ein großer Hundefan.

5. MUT IM ALLTAG: KLEINE SCHRITTE, GROSSE WIRKUNG
Marceline Dubianski

ÜBER DEN MUT, DU SELBST ZU SEIN UND DEINE KOMFORTZONE ZU VERLASSEN

Es gibt sicher einige kleinere und größere Dinge in meinem Leben, die ich gemacht habe und die man als mutig bezeichnen könnte. So habe ich mich nach meinem Psychologiestudium mit 31 Jahren getraut, im Rahmen einer Aufnahmeprüfung bei einer Schauspielschule vorzusprechen, obwohl die Altersgrenze dafür bei 28 Jahren lag. Ich habe dem von mir sehr bewunderten bekanntesten Rechtsmediziner Deutschlands eine Anfrage zur Hospitation geschickt, obwohl ich nicht aus dem medizinischen Bereich komme und eine Hospitation dort für Außenstehende eigentlich nicht möglich ist. Als weiteres Beispiel habe ich meine Lieblingspodcasterin über ihren Social-Media-Account angeschrieben und nach einem Treffen gefragt. Ein anderes Mal habe ich bei einem Kinobesuch den Mitarbeiter an der Kasse angesprochen und ihm meine Handynummer gegeben, weil ich ihn so sympathisch fand.

MUT BEDEUTET NICHT ANGSTFREIHEIT

Alle diese geschilderten Situationen habe ich nicht selbstbewusst und furchtlos, sondern innerlich sehr aufgeregt, mit schlotternden Knien, zittrigen Händen und laut pochendem Herzen durchlebt. Und ich durfte sie zum Teil auch vor allem deswegen erleben, weil ich einfach frech genug war.

Allgemein würde ich mich nicht als besonders mutigen Menschen bezeichnen und dennoch bin ich durch meine eigenen Erfahrungen fest davon überzeugt, dass jeder Mensch lernen kann, in seinem Leben mutiger aufzutreten und Dinge zu tun, die vorher noch unmöglich erschienen. So möchte ich dir mit diesem Kapitel Impulse geben, damit du herausfinden kannst, was Mut für dich persönlich bedeutet und was dir konkret dabei helfen kann, deine eigene Mutreise zu beginnen.

Mut bedeutet für mich, vor allem sich zu trauen, seinen ganz eigenen Weg zu gehen, besonders wenn dieser nicht geradlinig ist. Wenn wir es schaffen, für uns selbst das Leben zu gestalten, das sich für uns erfüllend und glücklich anfühlt, können wir damit auch andere Menschen inspirieren, ein erfüllendes Leben für sich zu finden — wie auch immer das für jeden Einzelnen aussehen mag. Das kann bedeuten, ein Haus zu bauen, zu heiraten, Kinder zu bekommen und die Karriereleiter stetig aufzusteigen — muss es aber nicht. Wichtig ist nur, dass es sich für dich und dein Leben stimmig und richtig anfühlt.

Dabei ist es völlig in Ordnung, auch manchmal gegen den Strom zu schwimmen, denn vor allem musst DU mit deinem Leben glücklich sein, kein anderer Mensch.

Somit bedeutet es für jeden Menschen etwas anderes, mutig zu sein. Es kann sich hierbei um kleine Dinge im Alltag oder um große, potenziell lebensverändernde Situationen handeln.

So erscheint es sicher für viele Menschen als mutig, sich allein auf eine Weltreise zu begeben. Für eine andere Person kann Mut jedoch vor allem bedeuten, sich endlich zu trauen, eine langjährige, sich aber ungesund anfühlende Freundschaft oder Beziehung zu beenden oder eine Therapie zu beginnen. Und wieder für einen anderen oder eine andere besteht die größte angestrebte Herausforderung darin, einmal auf eine Party mit vielen unbekannten Menschen zu gehen.

Egal in welchem Bereich deines Lebens du gern mutiger wärst, erst einmal ist es wichtig zu respektieren, dass Mut für jeden Menschen anders aussehen kann. Jeder ist auf seiner eigenen, ganz persönlichen Mutreise.

Mutig zu sein kann allerdings auch bedeuten, bestimmte Dinge nicht zu tun oder seinem Leben ein langsameres Tempo zu geben, als es die Menschen um dich herum tun.

So habe ich mir bewusst nach meinem Studium eine Auszeit erlaubt, in der ich nicht gearbeitet habe. Natürlich hatte ich in dieser Zeit auch mit kritischen Meinungen von Menschen zu kämpfen, die nicht verstanden, wieso ich eine »Lücke« im Lebenslauf riskierte und nicht sofort einer Vollzeitbeschäftigung nachging, um endlich einen höheren Lebensstandard als in meiner studentischen Zeit zu haben.

Dennoch brauchte ich die Zeit nach den vielen Jahren im Studium, zu dem ich parallel gearbeitet hatte, um wieder bei mir selbst anzukommen, mein Leben etwas zu verlangsamen und im wahrsten Sinne des Wortes auszumisten. So konnte ich mit etwas Abstand darauf schauen, um anschließend herauszufinden, was der nächste stimmige Schritt für mich sein könnte.

DIE BEDEUTUNG VON PAUSEN UND SELBSTREFLEXION

Rückblickend war diese Zeit vor allem aus finanzieller Hinsicht nicht einfach, aber ich bin dennoch froh, mir diesen Raum bewusst genommen zu haben. Denn ich hatte mir viel zu selten Zeit dafür genommen, zu verweilen, kurz auf die Pausetaste zu drücken und die Unsicherheit auszuhalten, nicht zu wissen, wohin der nächste Schritt geht. Gleichzeitig konnte ich auch die Erfahrung machen, eine Weile mit weniger Einkommen auszukommen. Das hat mir außerdem gezeigt, wie wenig ich eigentlich für meine innere Zufriedenheit brauche.

Dabei möchte ich dich nicht unbedingt dazu ermutigen, es mir gleichzutun, sondern dich darin bestärken, das zu tun, was sich stimmig für dich anfühlt, auch wenn das kein anderer Mensch versteht oder jemand dir etwas anderes einreden möchte. Nur du selbst weißt, was du wirklich brauchst. Und auch wenn das auf deinem ganz persönlichen Weg keine längere Auszeit bedeuten sollte, kann schon eine kurze Pause in dem oft so hektischen Alltag viel bewirken und dir mehr Klarheit für deine nächste Wegetappe verschaffen.

WO MÖCHTE ICH MUTIGER SEIN?

Aber wie finden wir eigentlich am besten heraus, in welchen konkreten Situationen und Bereichen wir gern mutiger wären? Oftmals sind es Dinge, vor denen wir uns ein wenig fürchten und die uns gleichzeitig auch ein positives, lebendiges und kribbeliges Gefühl geben. Nimm dir daher am besten ein paar Minuten Zeit und überlege dir, wo du gern mutiger wärst und wie das konkret für dich aussehen würde. Dabei kann es helfen, dich selbst im Alltag zu beobachten und festzustellen, bei welchen Themen und Aktivitäten sich bei dir ein inneres positiv-sprudeliges Gefühl einstellt.

Hast du erst einmal Bereiche in deinem Leben gefunden, in denen du gern mutiger wärst, kannst du überlegen, welchen kleinstmöglichen Schritt du zunächst planen und dann unternehmen kannst, um deinem persönlichen Ziel näher zu kommen.

Wenn du zum Beispiel gern allein verreisen möchtest, kannst du versuchen, erst einmal einen Tagesausflug zu unternehmen. Danach kannst du dich ein wenig steigern, was die Dauer oder Ferne der Ausflüge angeht.

Irgendwann wird das, was sich vorher als unmöglich anfühlte, durch viele kleine Babyschritte zu deiner neuen Komfortzone, in der du dich gut und sicher fühlst, bis du dir wieder neue Ziele setzen kannst, wenn du das möchtest.

SELBSTFREUNDSCHAFT UND KONTINUIERLICHES ÜBEN

Es gibt einige wichtige Dinge, die dich auf deinem eigenen Mutweg unterstützen können und auf die ich im Folgenden kurz eingehen möchte.
Um ein mutiges Leben zu gestalten, hilft es enorm, besonders einfühlsam mit sich selbst umzugehen und sich selbst ein guter Freund zu sein — auch wenn das manchmal schwieriger ist als gedacht. Statt dich selbst dafür abzustrafen, dass etwas noch nicht so toll geklappt hat, feiere dich lieber stattdessen für jeden kleinen mutigen Schritt, den du dennoch unternommen hast.

Letztendlich wird Mut (und der eigene mitfühlende Umgang mit sich selbst) durch regelmäßige Wiederholung wie ein Muskel gestärkt. Bleib also dran und du wirst sehen, dass es dir immer leichter fallen wird, eine für dich mutige Handlung anzugehen. Du wirst zudem lernen, dass sich das Leben viel lebendiger, interessanter und bunter anfühlt, wenn man sich immer wieder ein klein wenig selbst herausfordert und so die eigene Komfortzone vergrößert.

Mach dir bewusst, dass es vollkommen in Ordnung ist, auch mal ein »Nein« von anderen zu hören. Ablehnungen und Absagen gehören dazu. Sie sind zwar schmerzhaft, aber langfristig gesehen wird das gute Gefühl überwiegen, dass du mutig warst und für dich eingestanden bist. Und wie soll man sonst das bekommen, was man möchte, wenn man andere nicht danach fragt?

Viel schlimmer als den kurzen unangenehmen Moment auszuhalten und womöglich eine Absage zu bekommen, wäre es, die kleinen Mutmomente im Leben aus Angst vor Ablehnung verstreichen zu lassen. Nicht ohne Grund sagt man, dass wir vor allem die Dinge bereuen, die wir nicht getan haben.

Was andere von dir halten, sagt dabei nichts über deinen Wert aus. Es sagt mehr über dein Gegenüber aus als über dich. Oftmals haben wir sowieso wenig Einfluss darauf, was andere über uns denken, weil jeder Mensch durch seine persönlichen Erfahrungen und Prägungen aus der Kindheit die Welt durch seine eigene »Brille« betrachtet. Also versuch gar nicht erst, andere zu sehr von deinem Wert überzeugen zu wollen. Viel wichtiger ist es, dass vor allem du dich selbst als wertvollen Menschen siehst, der trotz seiner Ecken und Kanten versucht, sein Bestes zu geben. Und selbst, wenn du nicht wertschätzende Kommentare oder ungefragte Ratschläge von anderen Menschen zu hören bekommst, frag dich: Ist dieser Mensch in Bezug auf die Eigenschaft, die ich gern mehr ausbauen würde, ein Vorbild oder ein Experte für mich? Scheint mir mein Gegenüber ein erfüllter und glücklicher Mensch zu sein, sodass es für mich Sinn macht, diesen Kommentar oder Ratschlag wirklich zu Herzen zu nehmen? Falls die Antwort »Nein« lauten sollte, dann solltest du versuchen, deinen eigenen Weg unbeirrt fortzusetzen – so schwer das manchmal auch sein mag. Ratschläge anderer sind zwar schön und gut, jedoch kannst nur du selbst herausfinden, was DEIN Weg ist.

ERGREIFE DEINEN MOMENT UND MACH DEINE EIGENEN ERFAHRUNGEN

So schwierig es für manche Menschen zu verstehen ist: Manchmal muss man seine eigenen Erfahrungen machen oder sogar auf die Nase fallen, um daraus zu lernen und sich besser kennenzulernen. Leg daher fremde Kommentare und Meinungen großzügig zur Seite und such dir stattdessen auf deinem Weg Gleichgesinnte, die deine Werte und Lebensvorstellungen teilen. Menschen, die dir ein gutes Gefühl geben und dich dafür feiern, wer du bist, statt dich dafür zu verurteilen. Dabei ist die Qualität der Freundschaft viel wichtiger, als besonders viele Menschen ohne tiefe Bindung in seinem Freundeskreis zu haben.

Für die Umsetzung deines persönlichen mutigen Unterfangens ist es außerdem sehr wichtig, im entscheidenden Moment alle Gedanken und Grübeleien loszulassen. So wie in dem Augenblick, in dem wir ganz schnell ein Pflaster abreißen oder im Freibad vom Zehn-Meter-Turm springen. Diesen kurzen, lebendigen Moment, in dem wir das ständige Nachdenken unterbrechen, ganz anzunehmen, jegliches Kontrollbedürfnis beiseitezulegen und sich einfach ins Leben zu stürzen, ist essenziell.

Nicht zuletzt ist es meiner Meinung nach wichtig, spielerisch mit dem Thema Mut umzugehen und das Leben nicht allzu ernst zu nehmen. Probiere dich aus und hab Spaß dabei! Das Leben ist sowieso so komplex, dass keiner von uns je wirklich den Sinn (falls es ihn überhaupt geben sollte) hinter allem finden wird. Versuch es daher gar nicht so sehr, denn das Leben ist kein Problem, das es zu lösen gilt. Versuch stattdessen eher, nach deinen individuellen Maßstäben ein für dich stimmiges und schönes Leben zu gestalten, ohne alles zu sehr zu zerdenken.

INSPIRATION UND ERMUTIGUNG FÜR DEINE MUTGESCHICHTEN

Ich persönlich bin sehr froh darüber, dass ich meinen Mutmuskel immer wieder herausgefordert habe und auch weiterhin herausfordern möchte. Schließlich lassen sich so auch die interessantesten Geschichten erzählen! Damit möchte ich noch einmal auf die Mutgeschichten zurückkommen, die ich zu Beginn des Kapitels geschildert habe: Die Schauspielprüfung habe ich sogar bestanden, mich aber dennoch aus meiner Intuition heraus gegen die Ausbildung entschieden. Die Leidenschaft für das Schauspielern lebe ich weiterhin in Schauspielgruppen und als Komparsin und Kleindarstellerin an Filmsets aus. Nachdem ich tatsächlich in der Rechtsmedizin hospitieren durfte, habe ich entschieden, dass auch dieser Bereich nichts für mich ist und der psychologische Berufszweig besser zu mir passt. Ich wollte doch lieber mit lebendigen Menschen zusammenarbeiten. Mit meiner Lieblingspodcasterin habe ich mich tatsächlich mehrfach getroffen und wurde sogar als Gast auf ihre Tour eingeladen. Der besagte sympathische Mitarbeiter an der Kinokasse ist sogar mein Partner geworden, mit dem ich eine sehr schöne Beziehung führen darf.

Auch wenn nicht alle Situationen in dem Sinne erfolgreich waren, dass ich die darin erlebten beruflichen Orientierungen stringent weiterverfolgt habe, haben diese Erlebnisse dennoch dafür gesorgt, dass ich herausfinden konnte, was am besten zu mir und zu meinem Leben passt. Dafür waren eine Prise Mut und das beharrliche Weitermachen und Ausprobieren sehr wichtig, auch wenn ich einige Absagen oder ein »Nein« zu hören bekam. Manchmal heißt ein »Nein« nur: »Noch nicht« oder »Etwas anderes passt besser zu dir, du weißt es nur noch nicht«.

Für deine persönlichen Mutgeschichten wünsche ich dir ein fröhliches und mutiges Üben und Experimentieren. Stürze dich ins Leben, gestalte es nach deinen Vorstellungen und inspiriere dadurch auch andere, denn wir brauchen definitiv mehr mutige Macher und Macherinnen auf der Welt!

Wenn du magst und wenn dich dieser Text zu mehr mutigen Handlungen in deinem Leben inspiriert hat, dann würde ich mich sehr freuen, von deinen Erlebnissen zu hören.

ERREICHENSWERT

Was brauchst DU für ein zufriedenes Leben?
Bei dieser Frage hilft es sehr, das eigene Leben rückwärts zu betrachten. Stell dir vor: An deinem 80. Geburtstag hältst du glücklich und zufrieden eine Rede. Was für eine Geschichte willst du über dein Leben erzählen?

- Welche Hindernisse willst du überwunden haben?
- Wer soll bei deinem 80. Geburtstag dabei sein? Das kann auch Menschen einschließen, die es in deinem engsten Kreis noch nicht gibt.

- Welche mutigen Schritte kannst du hier und jetzt unternehmen, um diesem Bild näher zu kommen?

UMSETZENSWERT

Learn to be comfortable with the uncomfortable!

- Stärke auf spielerische Weise den eigenen Mutmuskel zum Beispiel durch den Besuch eines Improvisationstheater-Workshops. Spaß ist garantiert!

NACHDENKENSWERT

Übe dich darin, optimistisch an neue Dinge heranzugehen!

- Falls sich deine Unsicherheit meldet, frag dich: Was ist das Schlimmste, das mir dabei wirklich passieren kann? Oftmals sind die Konsequenzen einer Handlung in unserer Vorstellung viel schlimmer als in der Realität!

» Selbst große berufliche Veränderungen beginnen mit dem Mut, den ersten kleinen Schritt zu machen. «

Tara liebt es, mit den Händen zu essen und
auf Spielplätzen eine Schaukel für sich zu ergattern.

6. GROSSE VERÄNDERUNGEN IN KLEINE SCHRITTE ZERLEGEN UND ERFOLGREICH MEISTERN

Tara Gupta

In einer Welt, die sich ständig verändert und immer neue Herausforderungen mit sich bringt, sind Mut und Tatkraft entscheidend, um deinen eigenen Weg zu finden und erfolgreich zu beschreiten. Dieser Artikel richtet sich daher genau an dich, denn als ambitionierter Student, junger Erwachsener, Alumnus unserer Studienstiftung und Teil unserer Gesellschaft stehen dir auf der einen Seite alle Türen offen und auf der anderen Seite siehst du vielleicht den Wald vor lauter Bäumen nicht. Vielleicht fühlst du dich auch mit Ängsten über eine ungewisse Zukunft konfrontiert. Mein Ziel ist es daher, dich mit diesem Artikel dazu zu inspirieren, mutige Entscheidungen zu treffen und aktiv an deiner eigenen Zukunft zu arbeiten.

MEINE PERSÖNLICHE GESCHICHTE

Mein beruflicher Werdegang begann mit einem Studium der internationalen Betriebswirtschaftslehre in Deutschland und Frankreich und einem Stipendium der Stiftung der Deutschen Wirtschaft, die mein Leben unglaublich positiv geprägt hat. Danach arbeitete ich fast 20 Jahre im Einkauf und im Personalmanagement eines internationalen Großkonzerns und machte eine sehr erfolgreiche Karriere. Trotz meiner Erfolge fühlte ich mit zunehmendem Alter eine schleichende Unzufriedenheit, was meinen Arbeitsalltag und den Einsatz meiner mentalen und körperlichen Kräfte betraf. Berufsbegleitend bildete ich mich als Yogalehrerin und Business Coach fort und übte diese Tätigkeiten auch in meiner knapp bemessenen Freizeit aus. Ich dachte, dass mir diese Aktivitäten als Ausgleich reichen würden. Ein entscheidender Wendepunkt war das Erreichen einer höheren Managementposition nach vielen Jahren harter Arbeit. Als ich danach erfuhr, dass ich auf der Nachfolgeliste für eine noch höhere Position stand, erkannte ich zu meiner großen Überraschung, dass dieser Karriereweg nicht mehr mein Ziel war.

Die Isolation und das Anhalten während der Corona-Krise verstärkten meine Reflexion über mein Leben und meine Zukunft. In dieser Zeit lernte ich auch meinen jetzigen Mann kennen, der ebenfalls hungrig nach neuen Herausforderungen und beruflich unzufrieden war. Gemeinsam begannen wir, viel über unsere Träume und Wünsche zu sprechen, die zwar anfangs noch sehr vage und unkonkret waren, uns beiden trotzdem viel Mut und Sicherheit gaben. In dieser Zeit teilte ich meine Überlegungen offen mit Freunden und Bekannten. Der große Knall geschah während eines Gesprächs mit meiner Osteopathin über ihren Beruf. Das war es, was ich machen wollte! Als ich schließlich entschied, meinen Job zu kündigen und meine bisherige Karriere zu beenden, um eine Vollzeitausbildung zur Osteopathin zu beginnen, war ich sehr aufgeregt. Ich erinnere mich noch gut an eine belebende Vorfreude auf das Unbekannte. Mir war bewusst, dass ich vom Experten und Senior plötzlich wieder in die Rolle der Anfängerin und des Neulings fallen würde und dass ich mich zumindest während der Jahre meiner Ausbildung nicht auf meinen fachlichen Kompetenzen und vergangenen Lorbeeren ausruhen könnte. Das Gespräch mit meinem Chef und mit meinem Arbeitgeber bereitete mir Sorgen und machte mich nervös. Obwohl ich nichts zu verlieren hatte, da ich ja diejenige war, die kündigen wollte, empfand ich trotzdem ein starkes Pflichtgefühl gegenüber meinem Team und meinem Arbeitgeber, der über fast 20 Jahre hinweg meine berufliche Identität geformt hatte.

Eine gezielte Vorbereitung auf das Gespräch half mir jedoch ungemein. Durch die Unterstützung meiner Coaching-Freunde und -Kollegen konnte ich meine Position besser verstehen und eine selbstbewusstere und überzeugtere Rolle einnehmen. Das Gespräch verlief sehr gut und auch die weiteren Gespräche mit dem Personalmanagement und meinen Mitarbeitern verliefen wertschätzend und positiv. Alle gratulierten mir zu meinem mutigen Schritt und viele suchten auch noch Wochen danach das direkte Gespräch mit mir, vertrauten mir ihre Sehnsüchte und Träume an. Eigentlich würden auch sie ihr Leben oder zumindest ihr Berufsleben gern ganz neu gestalten.

DIE ROLLE VON WERTEN UND LEBENSANSCHAUUNGEN

Ich bin davon überzeugt, dass die Werte und Lebensanschauungen, die mir von meinen Eltern vermittelt wurden, meine Entscheidung stark beeinflusst haben. Schon früh ließen sie mir die Freiheit, meinen eigenen Weg zu finden, sowohl bei der Wahl meines Studiums als auch bei meinen beruflichen Entscheidungen. Sie standen mir stets mit Rat und Tat zur Seite, ohne mir ihre Entscheidungen aufzuzwingen.

Darüber hinaus sind meine Eltern aber auch große Vorbilder für mich. Meine Mutter, eine katholische Deutsche, heiratete in den 1970er-Jahren meinen Vater, einen Inder, der eine polytheistische Religion lebte. Das war damals sehr mutig und ungewöhnlich. Als mein Vater merkte, dass sein Medizinstudium ihn nicht glücklich machte, hatte er den Mut, es abzubrechen und verschiedene Berufe auszuprobieren, bevor er schließlich ein Reisebüro führte. Er hatte gelernt, seine lebenslange Leidenschaft für das Reisen und das Entdecken neuer Kulturen erfolgreich zu seinem Beruf zu machen.

Die Werte, die mir mitgegeben wurden, umfassen die Furchtlosigkeit vor dem Scheitern, Neugier für das Unbekannte, einen kühlen Kopf im Umgang mit Risiken, den Glauben daran, dass jeder Fortschritt und Erfolg verdient sowie eine tiefe Überzeugung davon, dass Wandel und Veränderung lebensspendende und -erhaltende Kräfte sind.

MEINE WERTE UND LEBENSANSCHAUUNGEN

Furchtlosigkeit vor dem Scheitern. Dieser Wert war für mich besonders wichtig, da ich als Mensch mit einem Hang zur Perfektion und einem hohen Anspruch an mich selbst teilweise schmerzlich lernen musste, dass Scheitern ein natürlicher Prozess des Lernens und oft ein maßgeblicher Schritt zum Erfolg ist. Viele erfolgreiche Persönlichkeiten berichten, dass sie ihre größten Erfolge nach ihren größten Misserfolgen erreichten. Scheitern bietet die Möglichkeit, sich eingehend mit dem Feedback auseinanderzusetzen, eine Standortanalyse zu betreiben und sein Ziel mit bereinigten Koordinaten ins Visier zu nehmen.

NEUGIER FÜR DAS UNBEKANNTE

Neugier ist ein treibender Faktor für Innovation und Fortschritt. Sie erlaubt uns, über den Tellerrand hinauszuschauen und neue Möglichkeiten zu entdecken. Bei meiner beruflichen Neuorientierung waren die Neugier auf die Osteopathie und die Medizin sowie die Freude auf die Arbeit am Körper des Patienten ein ganz wichtiger Antrieb für mich und mein großes Vorhaben.

EIN KÜHLER KOPF IM UMGANG MIT RISIKEN

Risiken gehören zu jeder bedeutenden Entscheidung. Wichtig ist, Risiken zu identifizieren, sie realistisch einzuschätzen und sich nicht von ihnen lähmen zu lassen. Durch eine fundierte Risikoanalyse und das Abwägen der Chancen und Gefahren ist es möglich, mutige Entscheidungen zu treffen, ohne dabei Gefahr zu laufen, leichtsinnig zu sein.

GLAUBE AN VERDIENTEN FORTSCHRITT UND ERFOLG

Ein starker Glaube daran, dass harte Arbeit und Engagement belohnt werden, motiviert uns, unsere Ziele zu verfolgen. Diesen Wert habe ich sowohl in meiner Karriere im Konzern als auch bei meinem beruflichen Neustart immer wieder erlebt.

PHILOSOPHISCHE AKZEPTANZ DES WANDELS

Wandel ist eine wichtige Konstante im Leben. Dies zu akzeptieren und sogar zu begrüßen, hilft dabei, sich flexibel an neue Situationen anzupassen und Chancen zu ergreifen, die sich durch Veränderungen bieten. Ich persönlich fühle mich in den christlich-jüdischen und hinduistisch-buddhistischen Philosophien zu Hause, und wenn du dich weiter mit dem philosophischen Ansatz von Wandel und Veränderung auseinandersetzen möchtest, findest du am Ende des Kapitels ein paar meiner Highlights der Weltliteratur.

Diese Werte und Lebensanschauungen haben mich nicht nur bei meiner beruflichen Neuorientierung unterstützt, sondern sie sind auch grundlegend, um mutige Entscheidungen zu treffen. Sie bieten eine stabile Grundlage, auf der man aufbauen kann, wenn man sich neuen Herausforderungen stellt.

MUTIGE ENTSCHEIDUNGEN UND PERSÖNLICHKEITSENTWICKLUNG

Mutige Entscheidungen hängen oft von der Persönlichkeit eines Menschen ab. Einige Menschen gehen eher Risiken ein und sind neugierig auf neue Erfahrungen, während andere eher ängstlich und kontrolliert agieren. Dennoch glaube ich, dass Mut eine Fähigkeit ist, die man üben und entwickeln kann.

Mein Vater zeigte dies, als er als junger Mann nach Deutschland zog, um Medizin zu studieren. Obwohl er das Studium später abbrach, führte sein Mut, sich in einem fremden Land zu behaupten, zu vielen weiteren mutigen Entscheidungen. Ebenso inspirieren uns Geschichten wie die von Malala Yousafzai[16], die durch ihre mutigen Handlungen große Veränderungen bewirkt hat.

Malala Yousafzai wurde in den 2010er-Jahren bekannt, als sie im Alter von 15 Jahren von den Taliban in Pakistan angeschossen wurde, weil sie sich für das Recht auf Bildung für Mädchen einsetzte. Anstatt sich einschüchtern zu lassen, setzte sie ihren Kampf fort und wurde zu einer weltweit anerkannten Aktivistin für Bildung und Frauenrechte. Dafür erhielt sie 2014 als jüngste Preisträgerin den Friedensnobelpreis. Ihr Mut, trotz lebensgefährlicher Bedrohungen weiter für ihre Überzeugungen einzustehen, ist zutiefst inspirierend und zeigt, welch enorme Strahlkraft und Hoffnung eine einzelne Person in die Welt setzen kann.

Ein weiteres Beispiel aus der neueren deutschen Geschichte ist Luisa Neubauer[17], eine der führenden Aktivistinnen der Fridays-for-Future-Bewegung in Deutschland. Sie hat sich mutig für den Klimaschutz eingesetzt und ihre Stimme genutzt, um politische und gesellschaftliche Veränderungen zu fordern. Ihre Entschlossenheit und ihr Engagement zeigen, dass auch junge Menschen große Veränderungen bewirken können.

Der Drang nach Selbstverwirklichung und der Wunsch, gegen den Status quo aufzubegehren, treiben viele Menschen an, mutige Schritte zu unternehmen. Wir brauchen keinen Mut, um den bekannten Trampelpfaden zu folgen, sondern wenn wir eigene Wege gehen und neue Pfade entdecken. Mut ist oft mit der Erkenntnis und Akzeptanz verbunden, dass Veränderungen notwendig und natürlich sind.

PRAKTISCHE TIPPS UND RATSCHLÄGE

Wenn man vor großen Entscheidungen steht, die viel Mut erfordern, fühlt man sich oft allein und verletzlich. Es ist wichtig, sich Unterstützung durch Freunde oder Sparringspartner zu suchen, die ähnliche Erfahrungen gemacht haben oder in ähnlichen Situationen sind. Als ich meinen Job kündigte, half mir das Gespräch mit meinen Coaching-Freunden sehr, meine Ängste zu überwinden und meine Position zu klären.

Ein weiterer Tipp von mir ist, Mut zu üben. Der Beitritt zu einem Toastmasters Club kann beispielsweise helfen, die Angst vor öffentlichem Reden zu überwinden. In einem sicheren und unterstützenden Umfeld fällt es leichter, Fehler zu machen und daraus zu lernen. Wenn man weiß, dass andere ähnliche Ängste haben, fühlt man sich ebenfalls ermutigt und bestärkt.

Im Coaching-Alltag erlebe ich immer wieder, wie wichtig es ist, ein sicheres Umfeld zu schaffen, in dem Menschen ihre Ängste und Schwächen offen besprechen können. Diese Offenheit ermöglicht persönliches Wachstum und stärkt das Selbstvertrauen.

Ein weiterer praktischer Ansatz ist das Konzept der kleinen Schritte. Anstatt sofort große Veränderungen vorzunehmen, kann man mit kleinen, überschaubaren Schritten beginnen. Diese können helfen, Vertrauen und Sicherheit zu gewinnen und den Mut für größere Entscheidungen zu stärken. Beispielsweise könnte man zunächst eine Weiterbildung oder ein Hobby beginnen, das einem neuen Berufsfeld nahekommt, bevor man den endgültigen Schritt der beruflichen Umorientierung wagt.

FORSCHUNG UND STUDIEN ZUR UNTERSTÜTZUNG

Es gibt zahlreiche Studien und Forschungsergebnisse, welche die Bedeutung von Mut und Veränderungsbereitschaft im Leben unterstreichen. Eine Studie der Harvard Business School zeigt, dass Menschen, die bereit sind, Risiken einzugehen und Veränderungen zu akzeptieren, tendenziell glücklicher und erfolgreicher sind. Die Forschung legt nahe, dass Mut und Risikobereitschaft eng mit einem positiven Selbstbild und hoher Resilienz verbunden sind.[18]

Ein weiteres interessantes Forschungsergebnis stammt von der Stanford University, wo untersucht wurde, wie kleine, kontinuierliche Veränderungen zu großen, positiven Lebensveränderungen führen können. Diese Studie unterstützt die Idee, dass das Setzen und Erreichen kleiner Ziele das Selbstvertrauen stärkt und die Bereitschaft fördert, größere Risiken einzugehen.[19]

WAS DU UNBEDINGT MITNEHMEN SOLLTEST

Mut und Tatkraft sind entscheidend, um in einer sich ständig verändernden Welt erfolgreich deinen eigenen Weg zu finden und erfüllt zu sein. Traue dich und vertraue auf dich! Vertraue auf deine Fähigkeiten und sei bereit, neue Wege zu gehen. Nutze die Unterstützung von Freunden und Gleichgesinnten und übe Mut, indem du dich Herausforderungen stellst und aus Fehlern lernst. Erlaube dir selbst, zu wachsen und dich zu verändern, hab den Mut, deine Träume zu verfolgen und deine Ziele zu erreichen.

Mut bedeutet keineswegs, keine Angst zu haben, sondern trotz der Angst handlungsfähig zu bleiben. Es bedeutet, gegen den Strom zu schwimmen, wenn du weißt, dass das der richtige Weg für dich ist. Es bedeutet, deinen eigenen Überzeugungen zu folgen, auch wenn andere Zweifel daran haben. Jeder Schritt, den du gehst, bringt dich näher zu deinem Ziel und stärkt dein Vertrauen in dich selbst. Wage es, mutig zu sein, und du wirst feststellen, dass du viel mehr erreichen kannst, als du je für möglich gehalten hast.

Erinnere dich daran, dass der Weg des Mutes oft nicht der einfachste ist, aber er ist der lohnendste. Er öffnet Türen zu neuen Möglichkeiten und Erfahrungen, die du sonst nie gehabt hättest. Also, sei mutig, glaub an dich selbst und mach den ersten Schritt in Richtung deiner Träume. Die Welt wartet auf deine einzigartigen Beiträge und deine Fähigkeit, sie zu verändern und mitzugestalten.

NACHDENKENSWERT

Diese Fragen kannst du dir stellen, um herauszufinden, in welchen Bereichen deines Lebens du feststeckst und Mut benötigst, um positive Veränderungen vorzunehmen.

- In welchen Bereichen meines Lebens fühle ich mich unzufrieden oder festgefahren?
- Welche Träume oder Ziele verfolge ich aus Angst oder Unsicherheit nicht?
- Gibt es Beziehungen oder Situationen, die mir nicht guttun, an denen ich aber festhalte?
- Was würde ich tun, wenn ich keine Angst vor dem Scheitern hätte?

WISSENSWERT

- Franz Kafka: Die Verwandlung
- Thema: Radikale Veränderung im Leben des Protagonisten Gregor Samsa und die Auswirkungen auf seine Identität und sein Umfeld
- Shankara (Adi Shankaracharya): Vivekachudamani
- Thema: Wandel des menschlichen Bewusstseins und der spirituellen Praxis
- Hermann Hesse: Siddhartha
- Thema: Die Reise des Protagonisten zur Selbstfindung und der ständige Wandel des Lebens

UMSETZENSWERT

Es gibt viele tolle Apps und Social-Media-Kanäle, die sich mit dem Thema Mut auseinandersetzen:

- Apps: Motivation – Daily Quotes
- Instagram: @Brené Brown oder @gedankentanken
- YouTube: Prince Ea oder Laura Malina Seiler
- Facebook: Mutmacherei

»

Der Mut, du selbst zu sein, und die Entschlossenheit, einfach zu machen, sind die Schlüssel zur Verwirklichung deiner einzigartigen Ziele

«

Malou spielt Saxofon, manchmal schief und voller Freude.
Sie liebt Berge und Berge von dunkler Schokolade.

7. EINFACH.MACHEN.
Marie-Louise Schäfer

EINFACH MACHEN IN DREI SCHRITTEN

Mut, du zu sein.
Mut zu machen.
Mach es einfach.

Lies nicht weiter, wenn du ein abstraktes Sachkapitel erwartest. Lies auf keinen Fall weiter, wenn du einen perfekten Menschen erwartest. Lies nicht weiter, wenn du ein anderes Leben nachleben möchtest.

Lies weiter, wenn du deinen Weg finden willst. Lies weiter, wenn du gespannt darauf bist, was du wirklich erreichen kannst. Lies weiter, wenn du ein Potenzial in dir spürst, das hinauswill auf einen Weg, der deiner ist.

Ich weiß, was es heißt, nicht anzukommen. Als Volljuristin stand ich vor einer Sackgasse. Mein ursprünglicher Berufswunsch, die Tätigkeit in einer Deutschen Botschaft, lag am Ende der Welt. Für meinen neuen Berufswunsch, Mediation, wirkte ich als Uniabsolventin zu jung, zu unerfahren. Was sollte mein nächster Schritt sein? Da habe ich mich zum ersten Mal gefragt, was ich wirklich möchte.

MUT, DU ZU SEIN

Heute darf ich Führungspersönlichkeiten aus den unterschiedlichsten Branchen begleiten: als Coach und als Teamentwicklerin. Ich liebe es, Impulse zu geben. Impulse, die Zeit sparen und Kopfschmerzen. Impulse, die Kraft geben. Impulse, die Struktur und Klarheit schaffen. Und ich sage geradeheraus: Mein Weg war spannend und er war nicht gerade. Ich freue mich, Menschen Umwege zu ersparen, auch wenn ich keinen meiner eigenen Umwege missen wollen würde. Spannenderweise stellen sich auch Menschen mit fortgeschrittenem Erfolg und geradem Weg die Fragen: Was will ich wirklich? Wofür stehe ich am Morgen auf? Was würde ich auch ohne Bezahlung tun? Bei welcher Tätigkeit vergesse ich die Zeit? Manchmal stellen sich diese Fragen, gerade weil der Karriereweg so gerade war, dass die eigenen Ecken und Kanten zu rund wurden.

Ich möchte dich ermutigen, deinen eigenen Weg zu gehen. Das Leben ist zu kurz, um es nicht zu leben. Auch das Berufsleben. Es ist zu spannend, um langweilige Dinge zu tun. Es ist zu vielfältig, um sich nicht selbst darin zu finden. Die Frage ist nur, wie. Was sind deine ureigenen Qualitäten? Was kannst du wirklich gut? Frag Menschen aus deinem Umfeld: Welche Fähigkeiten seht ihr in mir stark ausgeprägt?

Was möchtest du erreichen? Wenn du noch einen einzigen Tag hättest, was würdest du an diesem Tag gestalten? Welche deiner Aktivitäten lässt andere einen großen Unterschied spüren? Was würde fehlen, wenn du es nicht machen würdest?

Klar ist: Wir leben in keiner Traumwelt. Wir müssen (fast) alle Geld verdienen. Wir wollen alle Wertschätzung und Anerkennung für das, was wir tun, die von anderen – und viel wichtiger noch: unsere eigene. Daher lade ich dich ein, genau damit zu beginnen: Mach dir bewusst, wofür du stehst und wofür du einstehen willst. Hier einige Beispiele aus der Konzernwelt:

- Eine bessere Kommunikation für eine friedvollere Arbeitswelt
- Ein tolles neues Produkt, das Freude macht
- Prozesse, die reibungsloser ablaufen, sodass mehr Zeit für Innovation bleibt

Diese Beispiele stammen nicht von Träumern. Es sind Aussagen von Führungskräften. Wichtig ist dabei, dass du dir selbst und anderen gegenüber sein darfst und bist.
Amy C. Edmondson ist Novartis-Professorin für Leadership und Manage-

ment an der Harvard Business School. Ihrer Forschung nach basiert Teamerfolg maßgeblich darauf, dass Menschen eine psychologische Sicherheit spüren, in der sie:

- frei und kreativ denken dürfen,
- ihre Meinung offen sagen können,
- Feedback wertgeschätzt wird.[20]

Dann entsteht auch der Mut, Neues zu denken und zu machen.

MUT ZU MACHEN

Kennst du diesen Moment auf dem Drei-Meter-Brett im Schwimmbad? Du willst springen. Wenn da nicht dieser eine kleine Schritt wäre, der erste. Und die Sorge, die Angst vor dem Platsch — der Bauch grummelt. Und dann springst du einfach. Das Wasser ist erfrischend. Es trägt dich.

Jonas Deichmann, Athlet, Abenteurer und Redner, hat vor seiner Trans America Twice Challenge zu uns gesagt: »Ein guter Marathon-Läufer läuft nicht 42 km. Er läuft 42 x 1 km.« Einfach machen beginnt mit der Vision von einem großen Ziel und dem allerersten kleinen Schritt. Die Vision darf groß sein. Manchmal verändert sie sich unterwegs. Der erste Schritt darf klein sein. Und dann folgen viele weitere Wegschritte. Etappen.

Machen fängt damit an, dass du es tust. Was ist dabei wichtig? Ein klares Zielbild: sich vorstellen, wo du hinmöchtest, Wegschritte definieren, den ersten Schritt gehen.

Gibt es noch etwas? Etwas vielleicht oft Unausgesprochenes? Ja, das Ja zu dir.

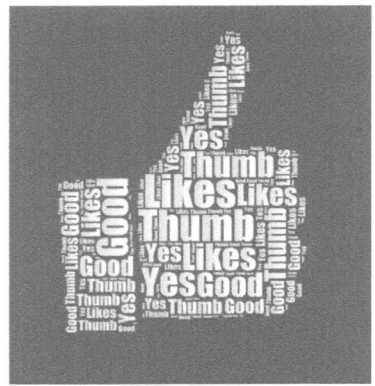

Allem liegt eine Haltung zugrunde: die Einstellung, dass ich es schaffen kann.

Carol Dweck, Professorin an der Standford University, erforscht, wieso manche Menschen sich ihr Leben lang weiterentwickeln und erfolgreich werden. Sie nennt es »Growth Mindset«. Sie beschreibt die Überzeugung, wachsen zu können, nicht unveränderlich zu sein. Menschen mit einem »growth mindset« verfügen über eine Wachstumsmentalität; sie können viel erreichen, weil sie es sich selbst zutrauen und immer weiter dazulernen.[21]

Eine meiner ersten beruflichen Aufgaben war es, im Team eine Unternehmensstiftung zur Förderung junger Menschen aufzubauen: »Kann ich nicht, gilt nicht!« Stattdessen galt: »Kann ich noch nicht. Will ich. Was brauche ich, um es zu können? Wer kann mich unterstützen?« Das Stipendium begann klein und regional mit den »Mutmacher-Stipendien«. Heute vergibt die Stiftung das Deutsche Schülerstipendium der Roland Berger Stiftung.

In der Weiterentwicklung der Persönlichkeit und der Zukunftsfindung sind Mentoren oft ein wichtiger Baustein. Hast du schon darüber nachgedacht, dir einen Mentor zu suchen? Ein Mentor ist jemand, der im Leben schon weiter ist. Mit ihm oder ihr kannst du Gedanken reflektieren, Pläne schmieden, dir Feedback einholen und oft auch Inspiration finden.

MACH ES EINFACH

Es gibt 100 Gründe, etwas nicht zu tun. Und 1001 Gründe, es sofort zu tun. Stell dir vor: Du bist 80 und sitzt auf der Couch: Du denkst an all die Dinge, die du nicht gemacht hast, an all die Sorgen, die du deswegen nicht gehabt hast. An all die Chancen, bei denen du keine Ahnung hast, ob etwas daraus geworden wäre. Weil du gar nicht erst angefangen hast.

Stell dir stattdessen vor: Du fängst jetzt an. Einfach. Mit dem ersten kleinen Schritt. Weil du dich traust. Weil du es kannst. Was würde dich mehr ärgern? Den Schritt zu tun – und etwas geht dabei schief – oder den Schritt nie gemacht zu haben? Was wäre theoretisch ein erster kleiner Umsetzungsschritt? Wenn du den Schritt gehst, was wäre dann alles anders?

Und wenn du dich traust, dann trauen sich vielleicht auch andere. Dein Tun kann andere begeistern. Dazu noch ein letzter kleiner Impuls: Menschen vergessen schnell, was sie gehört haben. Aber sie erinnern sich lange daran, was sie bewegt hat. Frag dich daher: Wie kann ich das, was ich umsetzen möchte, zum Leben erwecken? Wie fühlt es sich an, in einem Team zu sein, in dem gut miteinander kommuniziert wird? Wie fühlt sich das tolle neue Produkt an? Wie riecht es? Wie schmeckt es? Wie ist die Eleganz der Prozesse, die funktionieren? Wie leicht fühlen sie sich an? Sei der Unternehmer deiner Idee!

Auch ich habe mich gefragt, was ich wirklich will. Und habe es gemacht. Ich bin sehr neugierig, was ich noch in meinem Leben gestalten werde, für Unternehmen, in Organisationen, hier als deutsche Europäerin und vielleicht auch noch ganz anderswo. Es gibt dabei vieles, was ich noch nicht weiß. Gleichzeitig weiß ich aus meiner Erfahrung eines: Wenn wir nicht tun, dann werden wir getan. Unser Potenzial bleibt, wo es ist. Unsere Geschichte bleibt im Schrank hängen. Gestalten oder gestaltet werden? Einfach machen.

ERWÄHNENSWERT

Dweck Carol, Selbstbild, Wie unser Denken Erfolge oder Niederlagen bewirkt, 2017, PIPER.

UMSETZENSWERT

Eine einfache Übung zu »Mut, du zu sein« ist die Hashtag-Übung: Welche Hashtags fallen dir zu dir selbst ein? Welche Hashtags würden dir gute Freunde, Studienkollegen und Arbeitskollegen geben?

ERREICHENSWERT

Machen ist wie Denken, nur intensiver, schmackhafter, engagierter, erfüllender, atemberaubender.

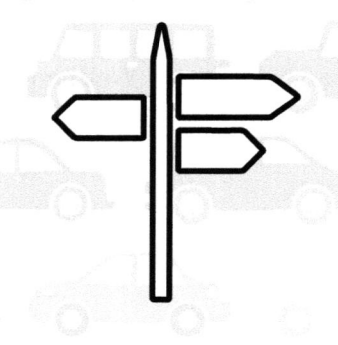

DIE VERKEHRSMITTEL

Lass uns unsere Stärken erkennen und aktiv nutzen!

Monique, Diplom-Psychologin, liebt Yoga, Stricken und Esel und kann nicht singen. Seit ihr Sohn da ist, singt sie trotzdem für ihn, manchmal sogar in der Öffentlichkeit.

8. STÄRKEN ERKENNEN UND NUTZEN
Dr. Monique Landberg

ÜBER SEINE STÄRKEN ZU REDEN, ERFORDERT MUT, LOHNT SICH ABER

Kannst du spontan über deine Stärken reden? Kannst du zehn Stärken benennen und beschreiben? Weißt du noch, wann und wie du jede einzelne Stärke erfolgreich eingesetzt hast? Wirst du rot, wenn du darüber redest? Wird dir warm? Hast du den Gedanken »Hoffentlich klingt das jetzt nicht arrogant«? Im folgenden Kapitel beschreibe ich, warum es wichtig ist, die eigenen Stärken zu kennen und im Gespräch mit anderen mutig und offen zu nennen. Du erfährst auch, welche positiven Auswirkungen dies für deine Lebenszufriedenheit und das Miteinander in deinen Teams hat.

DIE STÄRKEN UND ICH

Ich habe mich 2011 bei der Stiftung der Deutschen Wirtschaft (sdw) für die Promotionsförderung beworben. Studienförderwerke und Auswahlverfahren waren damals eine komplett neue Welt für mich. Schon das Auswahlverfahren fand ich sehr aufschlussreich, denn mir wurden auf sehr faire Weise meine Stärken und Schwächen zurückgemeldet. Ich habe diese Rückmeldung heute noch präsent. Gerade die Tatsache, dass auch

Stärken gesehen wurden, fand ich sehr gut und irgendwie auch überraschend. Meist, so meine Erfahrung bis dahin, ging es bei Feedbacks eher um die Aspekte, die man noch verbessern sollte. Ich weiß jedenfalls noch, dass ich nach dem Auswahlverfahren dachte, dass sich die Bewerbung auf jeden Fall gelohnt hatte, selbst wenn ich den Platz nicht bekommen würde. Denn das Auswahlverfahren war an sich schon so hilf- und lehrreich.

Seitdem hat sich viel getan. Ich habe mit der sdw promoviert, an verschiedenen Hochschulen und in unterschiedlichen Unternehmen gearbeitet, einige Weiterbildungen besucht und arbeite mittlerweile an der Pädagogischen Hochschule Weingarten. Dort bin ich hauptsächlich in der Lehre für angehende Lehrkräfte tätig. Weiterhin arbeite ich nebenberuflich u. a. zu den Themen Entspannung, Lernen und Prüfungsangst, Fragen der (beruflichen) Orientierung und Motivation.

Wann immer möglich und passend, nutze ich Übungen, um Klientinnen, Studierenden, Stipendiaten und Schülerinnen ihre Stärken bewusst zu machen.

WELCHE KRAFT HAT DAS BEWUSSTMACHEN VON STÄRKEN?

Zunächst sind Stärken Fähigkeiten, die wir besonders gut können, die uns liegen, die uns auszeichnen und es uns ermöglichen, in diesem Bereich, in dem wir stark sind, auch sehr gute Leistungen zu erzielen. Sind wir beispielsweise besonders mutig, dann trauen wir uns mehr als andere, neue Dinge auszuprobieren. Ist unsere Stärke der Humor, dann bringen wir mehr als andere unser Umfeld zum Lachen.

Der Psychologe Martin Seligman spricht von 24 Charakterstärken, die jeden Menschen in ganz individueller Art beschreiben. Wenden wir unsere markantesten Stärken noch intensiver in unserem Leben an, führt das laut Seligman u. a. zu mehr Wohlbefinden und weniger Depressivität. Zu den 24 Charakterstärken gehören bspw. Teamwork, Kreativität, Humor und Neugier[22,23].

Unabhängig davon, von wie vielen Stärken man ausgeht, so geht es bei der Aktivierung von Stärken darum, dass man sich als fähig erlebt, die eigenen positiven Ziele zu erreichen[24].

WIE KANNST DU STÄRKEN STÄRKEN?

Du kannst dir einerseits aktiv bewusst machen, was du schon geschafft hast, welche Schwierigkeiten du bisher im Leben gemeistert und welche Stärken du dabei eingesetzt hast. Andererseits kannst du dir bildhaft vorstellen, wie du konkrete aktuelle oder zukünftige Herausforderungen (z. B. das Jobinterview nächste Woche) erfolgreich meistern und welche deiner Stärken du dafür einsetzen wirst. Beide Ansätze ergänzen sich. Egal ob du in die Vergangenheit oder in die Zukunft schaust, kannst du so deine Erwartung positiv beeinflussen. Du erwartest dann, dass dir etwas gut gelingen kann und du über die dazu notwendigen Ressourcen verfügst.[25] Stärken gehören nämlich zu unseren Ressourcen und tragen dazu bei, Ziele zu erreichen[26]. Diese positive Erwartungshaltung wirkt sich dann auf deine tatsächliche Leistung und dein Wohlbefinden aus. Auch das Lernen wird erleichtert und Ziele kannst du einfacher erreichen.[27]

WELCHE ROLLE SPIELEN STÄRKEN IN UNSEREM LEBEN?

Mir selbst war es früher eher unangenehm, wenn ich meine Stärken von anderen gespiegelt bekam. Mir wurde dann meist sehr, sehr warm und ich wusste nicht mehr, wo ich hinschauen sollte. Dabei ist es sehr wichtig, sich untereinander über die eigenen Fähigkeiten und auch die der anderen auszutauschen. Oftmals ist uns gar nicht bewusst, über welche Stärken wir verfügen und so können wir sie schwer, gar nicht oder nicht gezielt einsetzen. Eine meiner Studentinnen hat während der COVID-19-Pandemie ihr Studium mit Kind zu Hause gewuppt, bei einer Übung zu ihren persönlichen Erfolgen der letzten Zeit fiel ihr aber nichts ein. Das ist zum einen einfach schade und wirkt sich zum anderen leider nicht besonders positiv auf den Selbstwert, das Wohlbefinden und die Lebenszufriedenheit aus.

Auch mit Kindern im Übergang zur weiterführenden Schule habe ich mit der Übung »Stärkenhand« (s. u.) die Erfahrung gemacht, dass es immer ein paar Kinder gibt, die von Anfang an sagen, sie würden niemals auf fünf Dinge kommen, die sie gut können (eine Stärke pro Finger). Bisher haben aber immer alle Kinder mehr Stärken gefunden (oft auch mithilfe der anwesenden Kinder) und meistens haben wir sogar noch die zweite Hand gebraucht, um alle Stärken unterzubekommen.

Die Tendenz zu denken »So viele Stärken habe ich nicht!« fällt mir immer wieder auf. Positives Feedback von anderen anzuhören und anzunehmen, scheint wirklich Mut zu erfordern. Sich selbst positives Feedback zu geben vielleicht noch viel mehr …

WARUM FÄLLT ES UNS SO SCHWER, UNS SELBST POSITIVES FEEDBACK ZU GEBEN?

Ein Punkt ist sicher: Von Kindheit an bekommen wir eher Feedback zu Dingen, die wir (noch) nicht können, beispielsweise gibt es Schulnoten, die deutlich machen, wo wir falsch lagen. Auch wollen die wenigsten von uns arrogant und überheblich wirken und daher spielen wir eigene Fähigkeiten eher herunter. Dabei ist es gerade für unsere mentale Gesundheit sehr wichtig, nicht nur Potenzial zur Verbesserung zu sehen, sondern sich auch (gedanklich) von Zeit zu Zeit auf die Schulter zu klopfen für das, was uns auszeichnet und wir gut können[28]. Mit anderen über die eigenen Stärken zu sprechen, kann dabei helfen.

WARUM SOLLTEST DU DEINE STÄRKEN STÄRKEN?

Bewusst gelebte Stärken weisen einen deutlichen Zusammenhang mit der Lebenszufriedenheit auf[29]. Das allein ist schon ein gutes Argument dafür, die eigenen Stärken im Blick zu haben. Wissen über Stärken und deren Stärkung fördert eine positive Sichtweise auf unsere Mitmenschen und uns selbst. Sie führt dazu, dass wir die oft übliche defizitorientierte Sichtweise überwinden. Ist es nicht erstrebenswert zu sehen, was Kinder schon können, und nicht immer darauf zu schauen, was z. B. in der Schule nicht klappt? Gleiches gilt für unsere Teamkollegin, unseren Partner, unsere Mannschaftskollegin etc.

Stärken stehen aber auch mit Stress bzw. mit mentaler Gesundheit im Zusammenhang: Eine der 24 Stärken aus der Positiven Psychologie ist z. B. Selbstregulation, d. h. die Fähigkeit, bei Stress selbstständig wieder in die Entspannung zu finden.[30] Selbstregulation kannst du trainieren, indem du Atemtechniken oder auch Entspannungstechniken erlernst und so den physiologischen Aspekt der Stressreaktion unterbrichst.[31]

WARUM SOLLTEN WIR ÖFTER MITEINANDER ÜBER UNSERE STÄRKEN SPRECHEN?

Am meisten erfährt man über sich durch den Austausch mit anderen. Sicherlich ist Introspektion auch hilfreich und notwendig. Aber wir Menschen sind soziale Wesen und brauchen einander für Resonanz, Feedback und Weiterentwicklung.

Ein Austausch über Stärken tut daher dem Miteinander gut! Teams, Gruppen oder Schulklassen wachsen zusammen, nehmen sich gegenseitig mehr wahr und sehen sich viel positiver, wenn über Stärken gesprochen wird. In Teams habe ich danach sehr oft mehr Wertschätzung für die anderen Personen beobachtet. Neu zusammengewürfelte Gruppen wachsen viel schneller zusammen. Wenn wir alle mehr auf unsere Stärken und die der anderen achten, können wir eine großartige Bewegung in Gang bringen und gemeinsam für positive Stimmung sorgen. Das macht auch das Lernen viel leichter!

WIE KANNST DU MEHR STÄRKE IN DEIN LEBEN BRINGEN?

- Mach eine der unten stehenden Übungen.
- Sprich mit anderen über ihre und deine Stärken.
- Nutze die aus dem Wissen darüber, was du schon alles geschafft hast, entstehende Zuversicht, um die nächste Herausforderung anzugehen.
- Erinnere dich: Wir alle haben Stärken, die wir nutzen können!

VERSCHIEDENE ÜBUNGEN

Stärkenhand

Wie Antje Heimsoeth beschreibt, können Kinder ihre Hand abmalen und in jeden Finger eine ihrer Stärken notieren.[32] Diesen Prozess kannst du als Erwachsener mit folgenden Fragen begleiten:

- Was kannst du gut?
- Welche Stärken würde deine Freundin oder dein Freund dir zuordnen?

- Was würde dein Lieblingslehrer über dich sagen?
- Was würde deine Trainerin sagen?
- Was sehe ich deiner Meinung nach als deine Stärken an?

Anschließend kannst du gemeinsam mit dem Kind bzw. den Kindern Situationen sammeln, in denen sie die jeweilige Stärke gezeigt haben. Die Kinder sollen sich diese Situation so intensiv wie möglich in Erinnerung rufen. Das intensive, vielleicht bildliche Erinnern ist wichtig, da sie diese Stärken dann wieder viel präsenter haben und in Zukunft besser auf diese Ressourcen zugreifen können. Die Hand darf dann gern einen Ehrenplatz bekommen.[33]

Jugendliche und Erwachsene können ihre Stärken und passende konkrete Beispiele direkt in Tabellenform sammeln. Das hilft auch beim Formulieren von Bewerbungsanschreiben.

STÄRKE	BEISPIEL
Lernfreude ...	... habe ich im Praktikum gezeigt, als ich mich in wenigen Tagen in ein neues Grafikprogramm eingearbeitet habe.

Die warme Dusche

Die Übung »Warme Dusche« wird oft in (Grund-)Schulen genutzt. Eine Schülerin bekommt eine warme Dusche dadurch, dass alle anderen Schüler etwas Positives über sie sagen. In diesem Zusammenhang werden individuelle Stärken sichtbar[34]. Alle Schülerinnen und Schüler sollten nacheinander an die Reihe kommen.
  Die Übung kann auch von Erwachsenen genutzt werden und z. B. am Ende eines gemeinsamen Ausflugs, einer Reise oder eines Projekts ste-

hen: »Während des Projekts ist mir aufgefallen, dass du mutig auf neue Aufgaben zugehst, z. B. als du spontan mit zur Messe solltest.«

UMSETZENSWERT

Such dir eine der oben beschriebenen Übungen aus, schnapp dir einen Freund, deine Partnerin oder deinen Kollegen, deine Mutter oder deinen Vater und probiere sie aus. Nur Mut!

WISSENSWERT

Hier zwei Studien zum Thema Stärken und Lebenszufriedenheit:

- Douglass, Richard P. / Duffy, Ryan D. (2015): Strengths Use and Life Satisfaction: A Moderated Mediation Approach. Journal of Happiness Studies 16, 619–632.
- Noronha, Ana Paula Porto / Martins, Denise da Fonseca (2016): Associations between Character strengths and Life Satisfaction: A Study with College Students. Acta Colombiana de Psicología, 19(2), 97–103.

NACHDENKENSWERT

- Kenne ich meine Stärken?
- Kenne ich meine Schwächen?
- Worüber kann ich leicht reden? Woran könnte das liegen?
- Wie kann mir eine Stärke, die ich in der Vergangenheit bereits gezeigt habe, bei einer Aufgabe oder Herausforderung, die in den nächsten Tagen ansteht, helfen?

» Sei mutig zur Veränderung und vergiss dabei deine Wurzeln nicht! «

Simon ist begeisterter Läufer und Vereinsvorstand

9. MUT ZUR VERÄNDERUNG IM EINKLANG MIT WURZELN UND WERTEN
Simon Baumann

TRADITION UND INNOVATION – ZWEI WERTE, DIE AUF DEN ERSTEN BLICK NICHT ZUSAMMENPASSEN, ODER DOCH?

Wir leben heute in einer Welt, in der wir mit ständiger Veränderung und neuen Herausforderungen konfrontiert werden. Gerade deswegen kann die Tradition ein Wert sein, der uns Halt und einen Anker für einen oft hektischen Alltag geben kann. Und wie passt das mit Innovation zusammen? Aus meiner Sicht: durch Mut zum Machen!

Ich bin selbst in einem kleinen Dorf im Bayerischen Wald aufgewachsen und habe als Erster in meiner Familie den Weg zum Studium eingeschlagen. Wenn ich beim Schreiben dieser Zeilen länger darüber nachdenke, dann war ich vermutlich sogar einer von sehr wenigen aus meinem Dorf, die den akademischen Karrierepfad gewählt haben. Ich habe mich auf unbekanntes Terrain begeben. Und ich hatte erst einmal Angst. Angst vor dem Neuen, dem Unbekannten und der Ungewissheit, ob der eingeschlagene Weg der richtige sein wird. Die Zeit, lange darüber nachzudenken, hatte ich nicht. Am Freitag Abschlussfeier am Gymnasium, ein Samstag und ein Sonntag für den Umzug und Montagmorgen um sieben Uhr Start der Ausbildung im Rahmen des Dualen Studiums. So lässt sich mein Übergang von Schule zu Studium kurz und knapp beschreiben – sagen wir mal, sehr sportlich. Habe ich mich zu diesem Zeitpunkt mutig gefühlt? Wenn ich das Ganze rückblickend betrachte, dann glaube ich eher nicht. Ich habe einfach gemacht und zog Kraft aus zwei Werten: Tradition und Innovation. Warum?

Tradition begleitet mich tatsächlich schon mein ganzes Leben lang. Mit 11 Jahren bin ich dem örtlichen Schützenverein beigetreten und seitdem in der »Schützenfamilie« groß geworden. Zusammen anpacken und gemeinsam etwas für den Verein bewegen, das steht hier im Vordergrund.

Auf der anderen Seite steht die Innovation, im Sinne von »auch mal aus der Komfortzone rausgehen, neue Dinge wagen, mutig sein«. Durch das große Vertrauensverhältnis und den Rückhalt, den ich aus dem Vereinsleben, dem bekannten Umfeld, gezogen habe, traute ich mir zu, neue Wege zu gehen. Das bedeutete für mich, ein Studium zu beginnen, zu Hause auszuziehen und in einer anderen Stadt neu Fuß zu fassen.

WER NICHT WAGT, DER NICHT GEWINNT

Ich bin eigentlich schon seit meiner Kindheit mit der Lebenseinstellung »Wer nicht wagt, der nicht gewinnt!« durch mein Leben gegangen. Für mich persönlich bedeutet das, auch einmal über den eigenen Tellerrand zu schauen und Neues auszuprobieren. Gleichzeitig bedeutet es aber auch, Verantwortung für Dinge zu übernehmen, auch wenn sich der Erfolg nicht immer sofort einstellt. Mich von Rückschlägen nicht abhalten zu lassen, weiterzumachen und nicht aufzugeben und kontinuierlich an meinen Zielen zu arbeiten, ist mir wichtig. Ich habe diese Einstellungen bisher nicht aus der Perspektive betrachtet, dass ich Mut brauche, um Dinge zu machen. Ich habe einfach gemacht, ohne groß darüber nachzudenken.

Die Kombination von Mut und Machen zahlt sich eigentlich immer aus. Auf jeden Fall ist man nachher immer schlauer als vorher. Diese Erkenntnis wurde mir besonders bewusst, als ich mich für das Bewerbungsverfahren des sdw-Stipendiums entschied. Die Angst vor dem Assessment Center war riesig. Doch gerade in solchen Momenten zeigt sich, wie wichtig es ist, den Mut nicht zu verlieren und sich seinen Ängsten zu stellen. Denn oft liegen hinter ihnen die größten Chancen und Möglichkeiten.

RÜCKSCHLÄGE ALS SPRUNGBRETT

Dass es manchmal auch Mut zum Machen braucht, wurde mir zum ersten Mal so richtig bewusst, als ich zwei Absagen des Max-Weber-Programms und der Studienstiftung des Deutschen Volkes bekam. Aufgeben kam für mich nicht infrage, also habe ich mich bei der Stiftung der Deutschen Wirtschaft beworben – mit Erfolg. Warum brauchte ich hierfür besonderen Mut? Bis zu diesem Zeitpunkt war mein Lebensweg geradlinig, ohne größere Hindernisse. Zumindest waren mir die Hindernisse nicht richtig bewusst. Ich hatte Freude am Lernen in der Schule und gleichzeitig machte es mir auch Spaß, gute Noten zu bekommen. Das System Schule hat für mich funktioniert. Der geradlinige Weg immer weiter nach oben schien aber im Studium nun plötzlich nicht weiterzugehen.

Es war Freitag, der 3. Mai 2013, sieben Uhr: Die knapp sechsstündige Fahrt von Regensburg zum sdw Assessment Center nach Berlin, Schloss Liebenberg, stand an. Auf der Autofahrt nach Berlin habe ich drei weitere Bewerbende mitgenommen, die mir vorher völlig unbekannt waren. Trotzdem gaben mir die Gespräche im Auto Halt. Ich hatte Spaß daran, neue Personen kennenzulernen, die Nervosität in Bezug auf das bevorstehende Wochenende zu teilen, aber auch einfach über Allgemeines zu sprechen. Ich fühlte mich dadurch nicht allein, sondern in einer Gemeinschaft.

Viele von euch, die selbst auch schon am sdw Assessment Center teilgenommen haben, kennen den Ablauf. Der Freitag stand im Zeichen des Ankommens, gefolgt von einem Aufsatz und einer Gruppenarbeit. Am Samstag warteten eine Präsentation und ein strukturiertes Interview. Auf allen Teilnehmenden lastete ein enormer Druck. Es prasselten so viele neue Dinge auf mich ein und ich wusste nicht, was genau auf mich zukommen würde oder welche Themen die einzelnen Aufgaben behandeln würden. Die Nervosität vor jeder Aufgabe war groß, vor allem vor der Präsentation. Was hat mir in dieser Situation geholfen?

UNTERSTÜTZUNG DURCH GEMEINSCHAFT UND VERTRAUEN

Zunächst erinnerte ich mich an mein Bewerbungsgespräch bei der Regionalgruppe Regensburg und daran, dass die Stipendiatinnen und Stipendiaten, die beim Auswahlverfahren mit dabei waren, sagten, dass es vor allem darum ginge, die Zeit beim Assessment Center zu genießen, neue Kontakte zu knüpfen und einfach eine gute Zeit zu haben. Genau wie vor Beginn der Fahrt überwogen das Unbekannte und die Ungewissheit. Die Erinnerung an das Bewerbungsgespräch half mir dabei, mich auf den Moment einzulassen. Die Verbindung mit den Mitbewerberinnen und Mitbewerbern gab mir die nötige Stärke. Darüber hinaus stellte ich mir vor, wie es sein würde, wenn das Schlimmste vorbei wäre. Letztlich war es auch der Gedanke an das »Danach«, der mir half, die Aufgaben zu bewältigen. Für die Präsentation bekam ich genau das Thema — Fracking —, zu dem ich mich im Vorfeld auf das Assessment Center vorbereitet hatte. Zufall oder doch Schicksal? Einer meiner Juroren erzählte mir beim ersten Gespräch, dass sein Sohn ebenfalls ein technisches Studium absolvierte und im gleichen Alter sei wie ich. Diese unerwartete Verbindung schuf eine entspannte Atmosphäre und ich hatte zu diesem Zeitpunkt ein positives Gefühl der Gelassenheit, frei von jeglichem Druck, etwas erreichen zu müssen. Ich habe einfach gemacht.

Das Wichtigste und Wertvollste, das ich von den zwei Tagen in Berlin mitgenommen habe, war die Erkenntnis, dass Angst ein Gefühl ist, das durch die eigenen Gedanken genährt wird. Ändert man die eigenen Gedanken, dann ist das Gefühl der Angst auf einmal wie weggeblasen. Diese Einsicht half mir, meine Ängste zu überwinden und mutig voranzuschreiten. Man könnte auch sagen, ich habe mich wieder an meine zwei prägenden Werte erinnert und diese genutzt. Die Stärke, die mir Gemeinschaft und Verbundenheit gibt (Tradition), kombiniert mit dem Unbekannten und Neuen (Innovation). Rückblickend betrachtet hatte ich Mut zum Machen und es hat sich ausgezahlt. Denn mein wichtigstes Learning war: Du hast dein Glück selbst in der Hand. Durch deinen Einsatz bestimmst du dein Schicksal und kannst die Welt um dich herum gestalten.

DER SCHRITT INS AUSLAND

Ich möchte noch ein zweites Beispiel anbringen, von dem ich mir vorstellen kann, dass du schon mit einer ähnlichen Situation konfrontiert warst oder es einmal sein wirst: Auslandsaufenthalt oder Umzug ins Ausland. Ja oder Nein? Wohin? Wie lange? Und überhaupt?

Aus meinem persönlichen Umfeld hörte ich folgende Rückmeldungen: »Du kannst doch nicht so weit wegfliegen! Das ist doch eine ganz andere Kultur als die unsere! Bist du dir sicher, dass du das machen willst?«

Es hört sich auf den ersten Blick widersprüchlich an, doch gerade dieser Widerstand von außen ermutigte mich noch mehr, meinen Weg zu gehen. Denn der Mut, etwas Neues zu wagen, liegt oft darin, sich von den Erwartungen anderer zu lösen und den eigenen Träumen zu folgen. Traue dich, dahin zu gehen, wo du den größten Widerstand spürst, das kann dir den größten Erkenntnisgewinn bringen. Wenn du dich unsicher fühlst, such dir Verbündete. Das hat mir dabei geholfen, Dinge trotzdem zu machen: Ich war nie allein. Auch wenn ich jemand bin, der selbst gern Dinge vorantreibt und Initiativen ergreift, hatte ich immer Freundinnen und Freunde, die mich auf meinem Weg begleiteten. Sei es im privaten Umfeld oder im Studium. Denn gemeinsam ist man stärker, und gerade in schwierigen Momenten können andere den nötigen Rückhalt geben. Ähnlich wie im Assessment Center verspürte ich ein starkes Gefühl der Ungewissheit und Unsicherheit und vielleicht auch wieder ein bisschen Angst. Angst, nicht den sicheren Weg zu gehen und zu Hause zu bleiben, Angst, sich auf das Neue, Unbekannte einzulassen, eine komplett unterschiedliche Kultur und Sprache kennenzulernen. Gleichzeitig hat mich aber auch ein großer Anteil an Freude auf der Reise begleitet. Die Freude darauf, das Neue, Unbekannte kennenzulernen und zu entdecken. Die Freude, in eine neue Kultur und Sprache einzutauchen und mich voll und ganz darauf einzulassen in der Zeit, in der ich im Ausland war. Eine große Erleichterung und ein Katalysator für mich waren die Personen, die diesen Weg mit mir geteilt haben. Ich habe mich mit fast unbekannten Leuten auf die Reise gewagt und bin mit Freundinnen und Freunden nach Deutschland zurückgekommen. Diesen Rückhalt und das sichere Umfeld durch Freundschaft macht für mich der Wert Tradition aus. Doch man sollte sich Neuem nicht verschließen und mit offenen Augen unterwegs sein. Vielleicht kennt man noch nicht alle zukünftigen Freundinnen und Freunde. Das alles bedeutet Innovation für mich.

VOM UMGANG MIT DER ANGST

Wenn du vielleicht gerade vor der Entscheidung stehst, ob du weiterstudieren oder bereits in einen festen Job einsteigen sollst, dann kann das eine große Unsicherheit auslösen. Frage Menschen in deinem Umfeld, die schon einmal vor einer ähnlichen Situation standen und dir davon berichten können. Dieser emotionale Rückhalt kann dir neuen Mut geben und dir bei deiner Entscheidung helfen. Das sdw-Netzwerk bietet hier vielfältige Möglichkeiten. Hier findest du mit Sicherheit jemanden, der sich schon auf ähnliche Wege begeben hat und dir mit Rat und Tat zur Seite stehen kann.

Trotzdem begleitet uns Angst bei vielen neuen Herausforderungen und Lebensabschnitten sowohl im beruflichen als auch im privaten Umfeld. Das wird sich im Leben öfter wiederholen und ist ganz normal. In manchen Situationen nehmen wir Angst mehr wahr als in anderen. Entscheidend ist der Umgang mit ihr. Man sollte sich selbst daran erinnern, dass die Gedanken einen großen Anteil an der positiven und negativen Wahrnehmung haben und man es selbst in der Hand hat, die vermeintlich schwierigen Situationen zu gestalten – mit Mut zum Machen.

Die Frage, woher der Mut kommt, hat für mich mehrere Ebenen. Ich denke, jede und jeder findet im Laufe des Lebens immer wieder eine individuelle Antwort darauf. Für mich liegt die Antwort vor allem in den beiden Werten, die mich erden und mir Halt geben: Tradition und Innovation. Anders ausgedrückt: an Bewährtem festhalten, aber auch bereit sein, weiterzudenken, loszulassen und etwas Neues entstehen zu lassen.

Tradition bedeutet für mich, dass man nicht zwanghaft an veralteten, vielleicht auch nicht mehr ganz zeitgemäßen Werten festhält, sondern dass man die positiven Seiten einer langjährigen Gemeinschaft nutzt. Dinge, die sich bereits lange bewährt haben und das immer noch tun, können weitergeführt werden. Gleichzeitig ist es aber immer wieder auch wichtig, kritisch zu reflektieren und das eigene Tun mit dem Umfeld abzugleichen. Wenn etwas nicht mehr funktioniert, darf es auch geändert werden. Und hier kommt Innovation ins Spiel: am Puls der Zeit sein, den Anschluss nicht verlieren und sich mit den Dingen beschäftigen, die auch in Zukunft unsere Gesellschaft nach vorne bringen.

ZWEI WERTE, EINE VISION

Tradition und Innovation mögen auf den ersten Blick wie Gegensätze erscheinen. Doch in Wahrheit ergänzen sie sich perfekt und bilden die Grundlage für eine erfolgreiche Zukunft. Denn nur wer mutig neue Wege geht, kann auf den Traditionen der Vergangenheit aufbauen und die Welt von morgen gestalten. Deshalb ist es umso wichtiger, die eigenen Werte zu kennen, sich mit ihnen zu identifizieren und sich zugleich immer wieder kritisch mit ihnen auseinanderzusetzen. Tradition und Innovation sind nur zwei davon. Was sind deine Werte? Was gibt dir Halt? Viel Spaß und Mut beim Entdecken!

UMSETZENSWERT

- Einfach machen!
- Spaß mit Freunden haben
- Eine Vertrauensbasis schaffen
- Neues wagen

ERWÄHNENSWERT

Sportschießen zeichnet sich insbesondere durch folgende Aspekte aus:

- Präzision und Konzentration
- Vielfalt an Disziplinen
- Verbindung von Tradition und Gemeinschaft
- Technologische Unterstützung

NACHDENKENSWERT

- Was möchtest du ablegen, hältst aber immer noch daran fest?
- Welche Person wolltest du schon lange einmal ansprechen, hast aber bisher gezögert? Einfach machen!

» Teile dein Wissen,
deine Ressourcen und
dein Netzwerk
für eine bessere Welt! «

Katharina ist Moderatorin, arbeitet als Beraterin für UN-Organisationen und NGOs und setzt sich auf nationaler und internationaler Ebene für Chancengerechtigkeit und soziale Mobilität ein.

10. SOZIALE MOBILITÄT: TÜREN ÖFFNEN, FÜR SICH UND ANDERE

Katharina Schwerdt

MUT FÜR ALLE!

In den 2000ern sang Rapper Sido »[...] es ist egal, wohin du gehst, es kommt drauf an, wo du herkommst.« [35] In den letzten Jahren gewinnt das Thema soziale Herkunft und gesellschaftliche Chancen endlich breitere Aufmerksamkeit. Gern würde ich dir erzählen, dass du alles werden kannst, wenn du dich nur hart genug anstrengst, aber die Zahlen in Bezug auf soziale bzw. ökonomische Herkunft und Karrierechancen sprechen eine andere Sprache. Ich werde in diesem Kapitel Fakten und Anekdoten wiedergeben und trotzdem für Mut und Machen plädieren, denn ich bin überzeugt, dass gerade Personen mit schlechteren Startbedingungen zahlreiche Stärken und Talente besitzen.

Wer bin ich, um anderen Mut zu machen? Ich wurde während meines Masterstudiums von der sdw gefördert, habe an der TU Dresden und in Bogotá für den Bachelor studiert und zwei Jahre in der Public-Sector-

Beratung gearbeitet. Wenn dieses Buch erscheint, schließe ich gerade das Mercator Kolleg für internationale Aufgaben ab. Ich werde innerhalb eines Jahres in drei verschiedenen Ländern bei NGOs und der UN gearbeitet, Seminare absolviert und einen schrecklichen CO_2-Fußabdruck generiert haben. Ich habe Menschen aus der ganzen Welt kennengelernt, Perspektiven und Wege gesehen, eine spannende Karriere im Bereich internationale Zusammenarbeit angestrebt, und meine Leidenschaft und Expertise für die Moderation von Events, Workshops und Beteiligungsformaten weiter ausgebaut. Was danach kommt, ist offen: zurück in die Public-Sector-Beratung nach Deutschland, ein UN-Job, selbstständig als Moderatorin arbeiten oder doch eine Promotion? Normalerweise macht mir diese Ungewissheit zu schaffen und so, wie ich aufgewachsen bin, sagt der Kopf: Nimm das Geld, die sichere Anstellung. Aber nachdem ich das unglaubliche Privileg dieser Förderung genießen durfte, fühle ich mich ein bisschen, als wäre alles möglich. Gern würde ich dieses Gefühl für immer behalten. Aber dann meldet sich diese leise Stimme zu Wort, erinnert an mein jahrelanges Engagement für Chancengerechtigkeit und sagt mir, dass es mit meiner sozialen oder, besser gesagt, ökonomischen Herkunft vielleicht doch schwierig werden könnte, in einen DAX-Vorstand zu kommen oder eine eigene Fernsehshow zu haben.

VERGLEICH DICH NICHT MIT ANDEREN!

Das klingt leicht, ist es aber nicht. In Zeiten von Social Media erst recht nicht! Setz dich nicht unter Druck! Du bist toll!

STIPENDIEN: DER WEG ZUM ERFOLG?!

Falls du das hier liest und während deiner Studienzeit selbst ein Stipendium bekommen hast: Herzlichen Glückwunsch! Damit gehörst du zu den 1,1 Prozent, die ein Stipendium der 13 Begabtenförderwerke bekommen, du hast einiges geleistet und dich engagiert. Darüber hinaus gibt es weitere Stipendien, von denen insgesamt ca. 5 Prozent der Studierenden profitieren. Doch wer erfährt eigentlich von Stipendien? Wer traut sich, sich wirklich zu bewerben? Wer wird genommen? Die mit dem meisten Talent und den finanziellen Bedarfen? Oder Personen, die beim

Bewerbungsprozess schon viel Unterstützung bekommen haben, die sich in Kreisen bewegen, in denen das Stipendium mehr als Auszeichnung und Netzwerk verstanden wird?

Ich möchte dich dazu anregen, kritisch zu reflektieren, welche Startbedingungen du hattest, sei es durch den Bildungshintergrund deiner Eltern, Sprachkenntnisse, Unterstützung beim Bewerbungsprozess, den finanziellen Hintergrund, Schicksalsschläge oder familiäre Verpflichtungen in deiner Kindheit und Jugend, physische und physische Einschränkungen und viele weitere Aspekte.

Aus meiner jahrelangen ehrenamtlichen Erfahrung kann ich sagen: Oft fehlen die Informationen, die Unterstützung und der Mut, sich zu bewerben. Besonders wenn man niemanden kennt, der ein Stipendium hat, wenn die Unterlagen kompliziert sind, man keine Hilfe beim Korrekturlesen und Vorbereiten erfährt. Oft erscheint der Prozess eher elitär und nicht für Leute aus unteren gesellschaftlichen Schichten gemacht. Dabei bräuchten gerade sie die finanzielle Unterstützung und Talentförderung am meisten.

Als mich ein Dozent im Bachelor auf Stipendien ansprach, wusste ich nichts darüber. Ich finanzierte meines mit BAföG und Arbeit. Schließlich bewarb ich mich bei einer kleineren Stiftung. Nach einer enttäuschenden Absage erhielt ich eine Teilförderung des DAAD für mein Auslandsstudium in Kolumbien. Die war auch bitter nötig, denn erst neun Monate nach Beantragung meines Auslands-BAföG erhielt ich schließlich die Zahlung. Schlaflose Nächte in Bogotá und Einschränkungen in der Teilhabe vor Ort zählen nicht zu den besten Erinnerungen aus dieser Zeit. Die Idee, mich bei der sdw zu bewerben, von der ich zuvor noch nie gehört hatte, bekam ich auf einer Zugfahrt. Ich war mit einer internationalen Gruppe auf dem Weg zu einem Projektwochenende in der Lausitz, welches ich mit meiner Hochschulgruppe organisiert hatte und bei dem ich als Trainerin fungierte. Nachdem ich in verschiedenen Sprachen die Fahrkarten verteilt hatte, erkundigten sich zwei junge Frauen über das Projekt. Nach einem netten Gespräch verwiesen mich die beiden darauf, dass sie Stipendiatinnen der sdw seien und ich genau in das Profil der Institution passen würde. Es war die letzte Chance kurz vor dem Master, ein Vollstipendium zu erlangen und es gelang.

Allerdings erinnere ich mich noch an mein Assessment Center auf einem Schloss für die Aufnahme in die sdw. Die Lebensrealitäten der Bewerbenden waren durchaus verschieden. Einige Personen kamen aus London und Paris von ihren Unis eingeflogen, um dann Sätze zu sagen wie: »Ohne das Stipendium kann ich mir das Studium an Eliteuni XY nicht leisten.« Doch keine dieser Personen brach das Studium ab, weil er oder sie nicht ausgewählt wurde. Wer bereits in einer solchen Institution studierte, musste einen finanziellen Plan B haben. Möglicherweise hast du selbst Erfahrungen damit, wie es sich anfühlt, nicht zur selben sozialen bzw. ökonomischen Klasse zu gehören und trotzdem in einem Eliteförderprogramm gelandet zu sein. Du hast vielleicht erlebt, wie ein Gespräch über die Berufe der Eltern abrupt zum Gesprächsabbruch führt, weil dein Gegenüber nichts mit Arbeiterinnenberufen anzufangen weiß. Es gibt zahlreiche weitere Beispiele. Aber ich bin hier, um Mut dir zu machen. Fördermöglichkeiten können unübersichtlich sein, deshalb möchte ich dir Organisationen ans Herz legen, die eventuell für dich selbst oder andere Personen infrage kommen, um Mut zu machen und Unterstützung auf dem Weg zu bekommen.

TEILE AKTIV INFORMATIONEN, RESSOURCEN UND NETZWERKE!

Es gibt mittlerweile zahlreiche Organisationen, die Anknüpfungspunkte sein können, um Netzwerke aufzubauen, besonders für all diejenigen, die in Bezug auf soziale Herkunft und gesellschaftliche Strukturen mit verschiedenen Hürden kämpfen. Herausheben möchte ich Arbeiterkind.de[36], eine Pionierorganisation, die seit 16 Jahren mit vielen Ehrenamtlichen die Chancengleichheit für Personen, die als erste in ihrer Familie studieren, mit verschiedenen Austauschformaten fördert. Zur Orientierung im Stipendien-Dschungel für bildungsbenachteiligte Personen empfehle ich ApplicAid[37] (kostenlose Stipendienberatung & Mentoring), die SWANS Initiative[38] für junge Akademikerinnen mit Einwanderungsgeschichte, Schwarze Frauen und Women of Color, die bei allen Fragen rund um Beruf und Karriere unterstützt, sowie Netzwerk Chancen[39] mit zahlreichen Angeboten für Personen zwischen 18 und 39 Jahren.

Übrigens, das BMBF pilotiert gerade Stipendien für besonders begabte Auszubildende[40]. Zudem gibt es auch zahlreiche Stipendien für Schülerinnen und Schüler und Weiterbildungen.

GIB NICHT AUF!

Egal wie viele Absagen du für Bewerbungen erhältst, es lohnt sich dranzubleiben, es erneut zu versuchen, Menschen zu kontaktieren und alternative Wege zu gehen. Rückblickend ergibt vieles Sinn.

VERSCHIEDENE REALITÄTEN

Vielleicht hast du schon einmal von Pierre Bourdieu gehört, der in seinem Buch »die feinen Unterschiede«[41] für den französischen Kontext herausarbeitet, wie der Habitus (bestehend aus Verhaltensweisen, Gewohnheiten, Sprache, Lebensstil) eines Menschen die Wahrnehmung seiner Stellung in der Gesellschaft prägt. Er unterscheidet dabei in verschiedene Kapitalarten: Als ökonomisches Kapital bezeichnet er Geld bzw. Vermögen und Besitz, der Personen zur Verfügung steht, ihre Teilhabe und ihren Status prägt. Unter dem kulturellen Kapital versteht Bourdieu Bildung, kulturelle Praktiken und Codes. Beim sozialen Kapital geht es vor allem um belastbare Netzwerke, die als Ressource genutzt werden können und gepflegt werden müssen. Als eine Art Überkategorie benennt Bourdieu das symbolische Kapital, welches den Status und die Reputation einer Person in der Gesellschaft ausdrückt.

Warum erzähle ich dir das? Gern möchte ich dich dafür sensibilisieren, dass verschiedene Realitäten mit verschiedenen Herausforderungen verbunden sind. So kann eine Person, deren Eltern in Süddeutschland im Schichtdienst bei einem Autobauer arbeiten und die ggf. schon ein familiäres Erbe erwartet, finanziell gesehen vielleicht einen einjährigen Master in London finanzieren. Möglicherweise merkt die Person trotzdem, dass sich die eigene Lebensrealität stark von den Mitstudierenden unterscheidet, was Sprache, gesellschaftliche Möglichkeiten und Umgangsformen angeht. Gleichzeitig könnte eine Person, deren Eltern in ihrem Heimatland z. B. Juristinnen waren, aber wegen der fehlenden Anerkennung in Deutschland nun im Dienstleistungssektor für wenig Lohn arbeiten, über sehr begrenzte finanzielle Mittel verfügen. Allerdings besteht die Möglichkeit, dass die Eltern großes kulturelles Kapital besitzen und darauf achten, ihren Kindern bestimmte Verhaltensweisen mitzugeben und einen großen Fokus auf Bildung legen und somit einen Anschluss an eine andere soziale Klasse durch den vererbten Habitus erleichtern.

Natürlich ist die Schilderung sehr plakativ und es gibt eine Vielzahl individueller Beispiele, die anders gelagert sind. Nicht alle Akademikerinnen und Akademiker sind reich, nicht alle Arbeiterinnen und Arbeiter sind arm, aber die strukturellen Daten sprechen eine klare Sprache. Vielleicht hast du schon vom Bildungstrichter gehört. Er bezieht sich auf die Tatsache, dass in Deutschland die Bildungschancen stark von der sozialen Herkunft abhängen. Jüngere Erhebungen zeigen, dass 79 Prozent der Kinder aus Akademikerinnenfamilien ein Studium aufnehmen, während dies nur für 27 Prozent der Kinder aus Familien ohne akademischen Hintergrund gilt. Zwei von 100 Personen aus nicht akademischen Familien promovieren, gegenüber sechs von 100 Personen aus Akademikerfamilien.[42] Ein ähnliches Bild ergibt sich für Gründungen. 85 Prozent aller Gründerinnen und Gründer haben einen akademischen Abschluss, oft auch ihre Eltern.[43] Laut OECD dauert es in Deutschland bis zu sechs Generationen, bis die Nachkommen einer einkommensschwachen Familie das Durchschnittseinkommen erreichen. Dies bedeutet, dass der soziale Aufstieg in Deutschland statistisch gesehen etwa 180 Jahre dauert.[44]

Obwohl ich das Glück hatte, an verschiedenen Förderprogrammen teilnehmen zu können: Manchmal wollte ich den Raum verlassen bei Gesprächen über Elite-Unis, bestimmte Hobbys und familiäre Verbindungen, Aktien und Immobilien. Obwohl ich seit meinem Abitur zahlreiche dieser Erfahrungen gemacht habe und generell über ein gutes Selbstbewusstsein verfüge, kann ich die Irritation und Frustration des »Fremdsein« nicht immer ausblenden. In einem Gespräch sagte ein guter Freund: »Egal wo die Menschen studiert haben, was ihr familiärer und Vermögensbackground ist, denk immer dran, du bist im selben Programm gelandet wie sie.« Dieser Gedanke hilft mir in verschiedenen Situationen. Ein anderer Gedanke, den ich lange nicht zulassen konnte, hilft mir ebenfalls, nämlich, dass ich dafür gearbeitet habe, immer neue, unbekannte Wege gegangen bin und aufgrund meines Engagements und meiner Fähigkeiten einen Platz verdient habe. Übrigens sind laut einer BCG-Studie »First-Generation Professionals« loyaler und stärker intrinsisch motiviert.[45]

DEINE PERSPEKTIVE ZÄHLT

Mach dir klar, was du an den Tisch bringst, aber mach auch Platz für anderen Stimmen, die vielleicht nicht so laut sind. Werde dir bewusst, dass deine Perspektive wichtig ist, um bessere und inklusivere Entscheidungen zu treffen, gerade wenn du aus Verhältnissen kommst, die selten in bestimmten Kontexten repräsentiert sind. Gleichzeitig solltest du anderen diese Möglichkeit geben, wenn deine Perspektive schon oft gehört wurde. We rise by lifting others, deshalb steh für andere ein, wenn sie nicht im Raum sind! Hier zeigt sich der wirkliche Mut. Kollegin XY hat die ganze Arbeit gemacht und du kriegst die Anerkennung? Verweise aktiv auf andere Personen, bring proaktiv die Leistungen anderer an.

SEI RESPEKTVOLL, SIEH NICHT AUF ANDERE HERAB!

Zeige Wertschätzung für verschiedene Lebenswege und sei dir bewusst, dass niemand das Recht hat, andere herabzusetzen.

Schließ nicht sofort von der sprachlichen Fähigkeit einer Person auf deren intellektuelle Fähigkeiten.

Wenn Deutsch nicht deine Muttersprache ist oder du versucht hast, Sprachen, die du gerade erst lernst, zu sprechen, hast du vielleicht manchmal erlebt, dass dir die Worte fehlten, um deine Ideen, Konzepte und Gefühle angemessen zu vermitteln. Das gilt auch für die akademische Sprache, die erlernt werden muss, wenn man sie nicht gewöhnt ist. Nur weil jemand etwas in einer bestimmten Weise ausdrückt, heißt das nicht, dass die Person weniger schlau ist. Oft lohnt es sich nachzuhaken und Raum für einen Austausch in verschiedenen Sprachen zu geben, ggf. zu übersetzen und eine einfache Sprache zu verwenden. Denn vielleicht entgeht dir sonst etwas, was dein Team, dein Projekt, deine Forschung oder deine Sichtweisen weiterbringt.

TEILHABE KOSTET – BEDENKE DAS IN DEINER PLANUNG!

Je weiter wir aufsteigen, desto wahrscheinlicher ist es, dass wir uns in Kreisen befinden, die ähnliche finanzielle Möglichkeiten und kulturelle

Interessen haben. Allerdings ist es gesellschaftlich eben nicht so, dass wir alle über ähnliche Ressourcen verfügen. Wenn du also Urlaube, Veranstaltungen oder Restaurantbesuche planst, bedenke stets die Person mit dem kleinsten Budget. Oft schämt sie sich, sagt die Veranstaltung ab oder sitzt in bedrückter Stimmung am Tisch, bestellt nur eine Vorspeise etc. Frag dich aktiv, was du machen kannst, um diese Personen zu unterstützen, ohne dass sie sich dabei schlecht fühlen müssen.

WIE WIR IN UNSERER GESELLSCHAFT ÜBER ERFOLG REDEN

»Vom Flüchtlingskind zum Berater«, titelte eine große Tageszeitung.[46] Ich habe selbst zwei Jahre als Beraterin im öffentlichen Sektor gearbeitet, aber die Art und Weise, wie wir in unserer Gesellschaft über Erfolg reden, stört mich, weil wir harte Arbeit merkwürdig definieren.

Meine persönliche Geschichte ließe sich nach ähnlichem Muster erzählen. Als Erste in der Familie machte ich das Abitur und schloss als Einzige ein Bachelor- und Masterstudium ab. Ich bekam Auszeichnungen, Preise, Stipendien und stieg erfolgreich in den Beruf ein. Ich wurde befördert, sammelte zahlreiche internationale Studien- und Arbeitserfahrungen.

Die Geschichte ließe sich auch anders erzählen: Aufgewachsen bin ich im Nachwende-Ostdeutschland. Ich verbrachte meine Jugend bei einer alleinerziehenden Mutter und wenig Geld. Jobs für fünf Euro Stundenlohn neben der Schule gehörten zum Alltag, ebenso wie der große Traum vom Highschooljahr in den USA, der aus finanziellen Gründen unerfüllt blieb. Mein Wunsch, ins Ausland zu gehen, führte dann über den Freiwilligendienst in Belarus vergütet mit 350 Euro pro Monat, zu zwei Auslandssemestern in Kolumbien und nach dem Berufseinstieg in den Senegal, nach Sri Lanka und Bangkok. Mein Weg war oft kompliziert, mit viel Unsicherheit und finanziellen Sorgen verbunden, aber auch aufgrund meiner Privilegien als deutsche Staatsbürgerin (soziale Systeme, Visaregime) nicht gänzlich unmöglich.

Dabei ist auch die Sprache von Bedeutung: Das deutsche Wort »verdienen« impliziert nicht nur, dass man Geld bekommt, sondern eben auch, dass man es verdient. Verdiene ich als Beraterin mehr als ein Krankenpfleger? Ja, wenn ich das Gehalt betrachte. Verdiene ich mehr, weil ich körperlich härter arbeite, mich um mehr Menschen kümmere, im Zweifel

Leben rette? Mitnichten. Verdient eine Pilotin mehr als eine Busfahrerin? Unabhängig von der Komplexität der Ausbildung haben beide eine enorme Verantwortung für Menschenleben.

Die gesellschaftliche Anerkennung steht auf dem Kopf, die Art und Weise, wie wir über Bildungsaufstieg reden, erst recht. Wenn niemand das Krankenhaus putzt, kann darin auch nicht operiert werden. »Sozialer Aufstieg« klingt, als wäre die Herkunftsfamilie in jedem Fall unsozial, deshalb bevorzuge ich »ökonomischer Aufstieg« . Den Begriff »bildungsfern« pauschal für Personen aus der Arbeiterschicht zu verwenden, finde ich sehr problematisch in einem Land, das sein duales Ausbildungssystem in alle Welt exportiert.

Viele Personen, die diese Art von Mobilität erleben durften, berichten über das Gefühl, nicht mehr in ihr Herkunftsumfeld zu passen, aber in diese andere Welt eben auch nicht. Doch die Fähigkeit, verschiedene Realitäten anzuerkennen und zwischen ihnen zu navigieren, ist durchaus eine Stärke.

UMGIB DICH MIT MENSCHEN, DIE DIR GUTTUN!

Das Leben ist zu kurz, um der Anerkennung gewisser Menschen hinterherzujagen. Umgib dich mit Menschen, die du magst, die dich inspirieren und denen du vertraust. Schaff dir beruflich und privat ein bestärkendes Umfeld und vermeide Menschen, die dir ein ungutes Gefühl vermitteln.

STEH FÜR DICH SELBST EIN, AUCH WENN ES HART IST, UND SPRICH DEINE WÜNSCHE LAUT AUS!

Diese Lektion ist besonders schwer, weil es hart ist, immer auf seine Leistungen zu verweisen und selbstbewusst den eigenen Wert auch gegen Widerstände zu vertreten. Wenn du etwas möchtest, sag es! Anders können andere nicht wissen, was du willst, und dir auch nicht dabei helfen. Abschließend möchte ich dir zurufen: Trau dich, klopfe an Türen, zeig, was du kannst, lass dich von niemandem abhalten und such Gleichgesinnte. Erlaube dir, auch groß zu träumen! Es ist nicht egal, wo du herkommst, aber mit Privilegien kommt auch eine gewisse Verantwortung, Türen für andere zu öffnen, Wertschätzung für Menschen mit anderen Lebenswegen zu zeigen! Tue Gutes und es wird auf dem ein oder anderen Wege zu dir zurückkommen. Das ist keine hohle Phrase, sondern ich habe es selbst oft genug erlebt. Bitte um Hilfe und schäm dich nie für deine Herkunft. Du kannst für andere ein Vorbild sein, egal mit welchen Privilegien du (nicht) aufgewachsen bist.

UMSETZENSWERT

- Teile Ressourcen und Informationen besonders mit Personen, die sonst nicht davon hören würden!
- Engagiere dich in Initiativen (Beispiele hierfür sind Arbeiterkind.de, ApplicAid oder Netzwerk Chancen).

ERREICHENSWERT

- Zufriedenheit mit dir. Verstell dich nicht, weil du das Gefühl hast, du müsstest dich zwingen, in irgendeinen Kontext zu passen. Jeder Lebensweg kommt mit individuellen Herausforderungen. Zieh Stärke aus den Herausforderungen, die du bisher gemeistert hast. Glaub an dich!

NACHDENKENSWERT

- Reflektiere: Welche Faktoren, Herausforderungen, Startbedingungen haben deine bisherigen Entscheidungen und deinen Werdegang geprägt? Wie kannst du einen Weg finden, Vergangenes hinter dir zu lassen und Verantwortung für dich selbst zu übernehmen, ohne dabei zu negieren, dass Startvoraussetzungen unterschiedlich sind und uns prägen und Chancengerechtigkeit noch ein langer Weg ist? Was kannst du tun, um andere auf ihrem Weg zu unterstützen, auch wenn du selbst deinen eigenen Weg suchst?

Folge deinen Interessen mutig,
auch wenn der Weg unklar ist,
denn die Klarheit kommt
mit der Erfahrung und dem
Ausprobieren.

Anke bleibt immer cool – außer auf dem Tennisplatz.

11. MUT. MACHEN. ABER WAS?
Anke Fehring

GRÜNDEN? EINEN JOB SUCHEN? WO GEHT'S DENN HIER ZU *MEINEM* LEBEN?

Hallo, ich bin Anke und ich wusste sehr lange nicht, wo ich (beruflich) hinwollte. Auch wenn sich das jetzt ein bisschen anhört wie »Oma erzählt von früher«, möchte ich dir von ein paar wichtigen Stationen aus meinem Leben erzählen. Es sind Stationen, an denen ich mich entscheiden musste, Stationen, an denen ich viel Druck verspürte, und Stationen, an denen ich das Gefühl hatte, endlich den »richtigen« Weg einschlagen zu müssen. Ob mir das jeweils gelungen ist? Und ob ich dabei mutig war? Wir werden es sehen …

MACH, WAS DICH GLÜCKLICH MACHT

Wie viele in der Stiftung habe ich ein sehr gutes Abitur gemacht. Das erwähne ich nicht, weil ich angeben (neudeutsch: flexen) will, sondern weil ich damit etwas erklären möchte. Meine guten Noten im Abitur sind nämlich vor allem einer bestimmten Stärke geschuldet: meiner Zielstrebigkeit. Wenn ich ein konkretes Ziel vor mir habe, konnte ich schon immer sehr diszipliniert und effizient darauf hinarbeiten. Das hat mir auch immer richtig viel Spaß gemacht! Gib mir ein Ziel – und zack!

Es funktioniert. In der Schule und im Abitur war das natürlich wahnsinnig hilfreich.

Aber danach?! Ehrlich gesagt war ich schockiert darüber, wie schwer es mir fiel, mich nach dem Abitur für ein Studium bzw. einen Weg nach der Schule zu entscheiden. Meine Zielstrebigkeit nützte mir überhaupt nichts mehr. Denn wo kein Ziel, da auch keine Strebigkeit!

An Ideen und Interessen mangelte es mir nie, aber zum ersten Mal musste ich für mich entscheiden. Für mein Leben. Und so gut es meine Eltern meinten, als sie mir sämtliche Freiheiten gaben: Diese Freiheiten überforderten mich. »Mach, was dich glücklich macht!« Das klang theoretisch traumhaft schön, aber woher sollte ich mit 18 wissen, was genau mich glücklich macht?

Ich entschied mich letztlich für ein Studium, das so ziemlich alle meine Interessen abdeckte: zwei Fremdsprachen, Grundlagen von BWL und VWL, Jura, Politik, Geschichte und Psychologie. Der angestrebte Abschluss: »Dipl. Kulturwirtin« an der Universität Passau. »Generalistisch«, wenn man es positiv ausdrücken möchte – »von allem ein bisschen was, aber nichts so ganz richtig« trifft es vielleicht besser.

Die Frage nach meiner beruflichen Zukunft hatte ich also einfach um ein paar Jahre nach hinten verschoben.

Tipp: Du musst mit 18 noch nicht wissen, was genau dich glücklich macht! Es ist mutig genug, wenn du deinen Interessen folgst. Der Rest ergibt sich.

UND WAS MACHT MAN DANN DAMIT?

Das Schwierige an einem solch breiten Studium ist definitiv die Reaktion der Eltern, Geschwister, Freunde, Nachbarn und Großeltern: »Klingt spannend! Aber was macht man dann damit?« Bei Jura, Medizin oder Lehramt fragen das wahrscheinlich nur sehr wenige.

So ganz war ich der Frage nach meinem Berufswunsch also nicht entkommen. Weder der Erwartungshaltung von außen noch meinem inneren Bedürfnis nach Klarheit. Warum fiel es mir so schwer, mich für einen Weg zu entscheiden?

Im Nachhinein ist es mir hier wichtig zu betonen, dass es auch eine kulturelle Herausforderung ist, in Deutschland nicht zu wissen, was man »später« (aka bis zur Rente) genau machen möchte. In anderen Ländern und Kulturen ist das etwas einfacher, weil man dort flexibler ist.

Schon während meines Studiums rutschte ich glücklicherweise – aus Zufall – in eine Branche hinein, die mir zwar großen Spaß machte, die ich mir aber nie aktiv ausgesucht hatte: das Kulturmanagement. Ich arbeitete dort mit klassischen Musikern und Musikerinnen zusammen. Das hatte mit meinem Studium nichts zu tun, was ich persönlich als wenig problematisch empfand. Ich probierte mich eben aus! Ich folgte der Freude! Und ich organisierte schon in jungen Jahren große Festivals und Wettbewerbe. Das war eine großartige Welt, in die ich intensiv hineinschnuppern konnte.

Verunsichert wurde ich dabei allerdings von außen, sogar von gleichaltrigen Mitstudierenden: »Ja, aber irgendwann musst du dich doch mal entscheiden! Willst du jetzt in die Kulturbranche gehen? Oder eher in die Politik?« Ich war damals 23. Warum musste ich mich entscheiden? Konnte ich nicht auch alles gleichzeitig machen? Oder zumindest nacheinander? (Spoiler: Ja, das geht!) Diese Haltung und das Sicherheitsbedürfnis, das dieser Haltung zugrunde liegt, empfinde ich nach wie vor als sehr deutsch. Und als belastend.

Tipp: Lass dich nicht verunsichern, wenn du mit 23 noch nicht weißt, wo genau du mit 60 sein möchtest! Du darfst dein Leben Schritt für Schritt leben.

GROSSER FEHLER

Wenn ich mir wünschen würde, dass du einen meiner Fehler nicht machst, dann wäre es dieser: Während meiner letzten Diplomprüfungen bekam ich eine E-Mail von einer Künstleragentur. Sie suchten gute Leute, und irgendjemand hatte mich ihnen empfohlen. War ich stolz! Die wollten mich! Super! Ich komme. Ihr habt kaum Geld? Kein Problem. Ich komme trotzdem.

Boy oh boy – ich hätte vielleicht erst einmal darüber schlafen sollen. Ich war so begeistert davon, dass mich jemand wollte, dass ich mir zu wenig Zeit nahm zu überlegen, was ich eigentlich wollte. Denn eigentlich wollte ich weg vom Kulturmanagement — und meinen Marktwert habe ich auch nicht getestet. Ich nahm einfach das erstbeste Angebot an, das auf dem Tisch lag. Ich bereue nicht viel in meinem Leben, aber diese Episode hätte ich mir – und denen – vielleicht ersparen können. Ich blieb auch nur vier Monate dort, war sehr unglücklich, unterfordert und unterbezahlt. Keine gute Kombination.

Tipp: Nimm nicht das erstbeste Jobangebot an, sondern überlege in Ruhe, was dein erster Schritt in der Berufswelt sein darf, wie viel deine Arbeit wert ist und was du bei diesem (ersten) Job lernen möchtest!

PROMOTION ABGEBROCHEN, ABER VIEL ÜBER MICH GELERNT

Ich nenne es jetzt einmal einen »Zwischenschritt«. Zwischen Kulturmanagement und meinem jetzigen Beruf hatte ich die Idee zu promovieren. Das Thema war spannend (Nation Branding), ich hatte das Stipendium schon in der Tasche und einen Doktorvater an der Hand. Etwa drei Monate hat es gedauert, bis ich wusste, dass ich dieses Projekt nicht fertigstellen würde. Weitere 18 Monate hat es gedauert, bis ich mir das wirklich eingestanden und es nach außen kommuniziert habe. Aus diesem Prozess habe ich wahnsinnig viel mitgenommen, denn ich hatte mir sehr viele Gedanken darum gemacht, ob ich das wirklich abbrechen kann, was »die anderen« sagen, was die Stiftung sagt, was der Doktorvater sagt, was meine Eltern sagen ... Und letztlich war es absolut kein Problem. Für niemanden. Ich war so unfassbar befreit, als ich es endlich zugab.

Tipp: Wenn du auf allen Ebenen spürst und weißt, dass es vorbei ist, dann zieh den Schlussstrich. Es wird dich befreien!

ES GAB IN MEINEM LEBEN AUCH KLARE ENTSCHEIDUNGEN

Nur damit du weißt, dass ich auch gute und klare Entscheidungen treffen kann: Ich habe mit 28 und 30 meine beiden Töchter bekommen. Ich wusste einfach, dass das zu diesem Zeitpunkt »richtig« war und habe den Einfluss auf meine Berufswahl oder meine Karriere dabei nie hinterfragt. Ich bin bis heute dankbar, dass ich diese Klarheit gefühlt habe und ihr einfach gefolgt bin.

Tipp: Nimm wahr, wenn du eine Entscheidung aus ganzem Herzen triffst! Wir fokussieren uns zu häufig auf die schwierigen, ambivalenten Entscheidungen und vergessen, dass wir an anderer Stelle einen klaren Instinkt gezeigt haben!

ENDLICH ANGEKOMMEN?

Nachdem ich mit 30 mit einer Freundin eine kleine Marketing- und Beratungsfirma gegründet hatte, wurde mir ein paar Jahre später klar, dass ich schon immer zwei riesige Leidenschaften hatte: das Schreiben und die Psychologie. Aufgrund dieser beiden Leidenschaften habe ich ein weiteres Business gegründet bzw. habe mich mit 33 als Coachin, Trainerin und Autorin selbstständig gemacht. Und soll ich dir was sagen? Was lange währt, wird endlich gut.

Mit all meinen Lebenserfahrungen und Umwegen coache und berate ich heute vor allem junge Menschen auf ihrem Lebensweg und schreibe »nebenbei« Bücher. Es war schon immer mein Kindheitstraum, Autorin zu sein. Aber ich finde vollkommen in Ordnung, dass es so lange gedauert hat, an dieses Ziel zu kommen! Und manchmal denke ich, dass ich heute vielleicht gar nicht wüsste, über welche Missgeschicke und Umwege ich lustige Blogposts und Bücher schreiben sollte, wenn ich einen geradlinigeren Berufsweg gegangen wäre.

Tipp: Wenn deine Kindheitsträume und Lebens-Leidenschaften manchmal eine Zeit lang in Vergessenheit geraten, ist das nicht schlimm. Irgendwann kommen sie wieder zum Vorschein. Dann pack zu!

DER WEG IST DAS ZIEL

Zum Abschluss habe ich eine gute und eine schlechte Nachricht. Die schlechte Nachricht ist, dass wir niemals ankommen. Daran glaube ich fest. Mein Beruf ist nach wie vor im Wandel, und das gilt auch für »statischere« Berufe. Meine beste Freundin ist z. B. Ärztin. Natürlich ist ihr Berufsbild etwas klarer als meines, aber auch sie muss sich andauernd weiterentwickeln und anpassen.

So ist bei mir zum Beispiel in den letzten zwei Jahren noch ein neuer Berufszweig dazugekommen: das Podcasten. Ich moderiere seit April 2024 »Mut.Machen.Gründen – den Start-up-Podcast« der sdw! Das macht mir unglaublich viel Spaß, vor allem weil ich hier andauernd spannende Gründerinnen und Gründer kennenlerne, die mir ihre Geschichten erzählen.

Wenn ich heute an die Berufsberatung zurückdenke, bei der ich mit 18 war, muss ich schmunzeln. Wie hätte mir der Herr damals – Ende der Neunzigerjahre – empfehlen sollen, Coachin und Podcasterin zu werden!? Diese Berufe gab es damals noch gar nicht! Diese Erkenntnis entspannt mich bis heute.

Wir können unser Leben nur Schritt für Schritt leben. Das ist manchmal anstrengend und kann zwischendurch auch super nervig sein! Aber macht es dich nicht auch ein bisschen mutiger? Deine nächste Entscheidung führt dich nur zur nächsten Station. Danach darfst du die Karten neu mischen – mit neuen Erfahrungen und Erkenntnissen im Gepäck.

In diesem Sinne: Bleib mutig und freu dich auf die nächsten Schritte.

ERWÄHNENSWERT

»Mut.Machen.Gründen – der Start-up-Podcast« ist ein Projekt der Start-up-Werkstatt der sdw. Als Moderatorin spreche ich hier mit spannenden Gründerinnen und Gründern über ihre Erfahrungen und Erkenntnisse.

Hör doch mal rein! Überall dort, wo es Podcasts gibt.

NACHDENKENSWERT

- Bist du vielleicht mutiger, als du denkst?
- Mach dir Stationen aus deinem Leben bewusst, an denen du mutig entschieden bzw. gehandelt hast.
- Speicher diese Erinnerungen als Ressource für die Zukunft ab.

ERREICHENSWERT

- Wenn wir an mutige Ziele denken, denken wir oft an große akademische oder berufliche Erfolge.

- Welche Ziele hast du, die weit weg von diesen Erfolgen liegen?
- Ein bestimmtes Land bereisen? Besser kochen lernen? Ein Buch schreiben, auch wenn es am Ende keiner liest?

»

Der Mut,
Neues auszuprobieren,
ist der Schlüssel,
um deine Zukunft
nach deinen Vorstellungen
zu formen.

«

Augusto ist als Kind von indischen Portugiesen in Deutschland
mit einem großen Interesse an Computern und IT aufgewachsen.
In seiner Freizeit ist er leidenschaftlicher Cocktail-Mixer und Festivalgänger.

12. DEINE TRANSFORMATION MUTIG MITGESTALTEN
Augusto dé Abreu

SELBSTWIRKSAMKEIT: WELCHEN WEG SOLL ICH EINSCHLAGEN?

Ganz früh wusste ich nicht genau, was ich machen wollte. Aber ich hatte eine Idee, wie ich die Chancen erhöhen könnte, beruflich etwas zu tun, das mir Spaß macht und in dem ich einen Sinn sehe – nämlich durch Bildung.
 Dieses Kapitel soll dir zeigen, warum du viel mehr kannst, als du gerade vielleicht denkst, und dass du viel mehr beeinflussen kannst, als du glaubst. Das ist das Prinzip der Selbstwirksamkeit. Ich möchte dir ein paar Hinweise und Anstöße mitgeben, die mir damals (ab meinem 15. Lebensjahr) und auch darüber hinaus geholfen hätten. Viel Spaß beim Lesen!

DU WEISST GAR NICHT, WAS ALLES IN DIR STECKT

Als Kind habe ich oft gehört, dass »irgendetwas nicht geht« oder ich angeblich etwas nicht kann. Das habe ich nie verstanden und deshalb auch nicht geglaubt. Vielleicht ist es gut, wenn man als Kind Dinge nicht versteht, und manchmal ist es auch gut, wenn man als Erwachsener diese

Dinge ebenso wenig nachvollziehen kann. Unbewusst glaubt man aber vermutlich doch, was einem gesagt wird. Nimm solche Aussagen bitte nicht einfach hin, sondern hinterfrage sie.

Dann fällt es leichter, Gesagtes anzunehmen oder abzulehnen. Nach meiner Erfahrung argumentieren Menschen eher im Rahmen ihrer eigenen Grenzen und übertragen diese dann auf andere. Dementsprechend müssen wenig förderliche Äußerungen nicht unbedingt etwas mit dir zu tun zu haben.

Als ich solch entmutigende Äußerungen zu hören bekam, war ich auf einer Hauptschule. Vermutlich wurde daher skeptisch reagiert, als ich sagte, ich wolle später mal auf ein Gymnasium gehen. Spannend fand ich, dass solche Aussagen nicht von Lehrern, sondern von Menschen aus meinem Umfeld kamen. Im Nachhinein betrachtet war es gut, dass ich überwiegend mit Gymnasiasten befreundet war. Das motivierte mich zusätzlich, auf das Gymnasium zu wechseln, genau wie die Erfahrung, dass ich einer Freundin, die das Gymnasium besuchte, bei ihren Mathematikaufgaben helfen konnte.

Daraus habe ich gelernt, dass es wichtig ist, sich mit Menschen zu umgeben, die uns neue Impulse geben. Dies sind Menschen, die dich und dein Leben bereichern – und du kannst auch solch ein positiver Einfluss für andere Menschen sein. Das ist dein Netzwerk. Und das hast du, sobald du anderen Menschen begegnest, also schon als Kind.

NICHT FÜR DAS STUDIUM GEEIGNET?

Während ich in der Oberstufe war, dachte ich, dass ich für ein Studium nicht geeignet sei, da ich damals den Eindruck hatte, die guten Leute müssten nichts machen und hätten einfach so sehr gute Noten. Daher machte ich nach dem Abitur eine Ausbildung zum Fachinformatiker. Ich dachte, 40 Stunden in der Woche zu programmieren, sei genau mein Ding. Ausschließlich zu programmieren war dann doch nicht das, was ich wollte. Daher entschloss ich mich dazu, mit 25 Jahren zu studieren. Ich wusste, dass ich es bereuen würde, wenn ich es nicht wenigstens versuchte.

Im Rückblick könnte man es als gewagt empfinden, einen vermeintlich sicheren Job aufzugeben und in Vollzeit zu studieren. Jedoch habe ich auf meiner Ausbildung aufgebaut und Technische Informatik studiert.

Was ich dir hier mitgeben möchte, ist, dass du nicht sofort wissen musst, was du machst. Es hilft aber schon, wenn du grob die Richtung einschlägst, die interessant für dich ist. Darauf kannst du aufbauen.

VERSUCH, DICH NICHT ZU UNTERSCHÄTZEN

Im dritten Semester meines Studiums habe ich mich für das Stipendium der sdw beworben. Ich habe nicht damit gerechnet, angenommen zu werden, da ich nicht aus einem privilegierten Umfeld stamme. Ich war Ex-Hauptschüler mit Migrationshintergrund und bin in eher bescheidenen Verhältnissen aufgewachsen.

Das Auswahlverfahren war mehrstufig aufgebaut und endete, sofern man es bis zum Assessment Center schaffte, mit einem Feedback-Gespräch. Mein Ziel, das ich für realistisch hielt, war es, bis zu diesem Feedback-Gespräch zu kommen, um Impulse für meine weitere Entwicklung zu erhalten. Ein paar Wochen später bekam ich von der sdw eine Aufnahmebestätigung.

Wir wissen oft nicht, was in uns steckt. Manchmal schätzen wir uns falsch ein und sehen in uns nicht das, was andere in uns sehen. Vielleicht erzählen wir uns selbst Geschichten, die uns daran hindern, genau das zu erreichen, was wir uns wünschen, und kommen so im schlimmsten Fall nicht ins Handeln.

Deshalb ist es wichtig, seinem Bauchgefühl zu folgen, Dinge einfach anzugehen und sich nicht selbst zu limitieren. Zweifeln ist völlig in Ordnung und hilft dir dabei, Risiken abzuschätzen und einen Plan zu entwickeln, wie du deine Wünsche und Ziele angehen kannst. An sich kann dabei nicht viel schiefgehen.

Also fasse den Mut, die Dinge aus einer anderen Perspektive zu sehen: »Ich habe keine Ahnung, ob ich das kann, weil ich es ja noch nicht probiert habe.« Und sag dir dann: »Ich versuche es aber trotzdem und dann weiß ich das«, und beginn mit der Umsetzung. Das ist meine Interpretation von »Mut & Machen«.

Überleg mal: Als du auf die Welt gekommen bist, konntest du nicht sofort Bücher lesen. Du hast Lesen gelernt. Denk also nicht darüber nach, ob du etwas kannst oder nicht, sondern darüber, was du tun kannst, damit du es schaffst. Dies wäre in meinem Beispiel, eine neue Fähigkeit, nämlich Lesen, zu lernen. Genauso verhält es sich mit anderen Fähigkeiten.

DEINE SICHT AUF DIE DINGE

Irgendwann kommt der Punkt, an dem man sich für einen Job entscheiden darf. Ich sage bewusst »darf«, da ich es als ein Privileg empfinde, mitgestalten zu können, in welche Richtung man sich beruflich entfalten möchte. Eine Sache habe ich allerdings erst im Nachhinein gelernt: Nur weil du vielleicht 10, 20 oder mehr Jahre jünger als deine Teammitglieder bist, heißt das nicht, dass deine Perspektive nicht zählt. Sie ist relevant und kann sogar Mehrwert schaffen.

Mit Anfang 20 dachte ich, ich hätte keine Ahnung, und sprach Dinge, die meines Erachtens schiefliefen, nicht an. Ich war der Überzeugung, dass die Geschäftsführung wusste, was sie tat. Das stellte sich als ein Trugschluss heraus, denn zwei der drei Unternehmen, in denen ich meine Ausbildung absolvierte, mussten in dieser Zeit Insolvenz anmelden. Somit musste ich den Ausbildungsplatz wechseln.

Sprich also ruhig an, wenn du etwas seltsam findest bzw. nicht verstehst, oder frage, warum bestimmte Dinge anders sind, als du sie dir vorstellst. Und zieh dann daraus deine Schlüsse. Wenn man es dir nicht erklären kann, darfst du ruhig stutzig werden.

WAS MOTIVIERT DICH?

Für mich ist es immer wichtig, einen Sinn in dem zu sehen, was ich tue – auch beruflich. Der Sinn besteht bei mir aus dem Mehrwert, den ich stiften kann, Mehrwert für Dritte, aber auch Mehrwert für mich.

Mein Tipp: Such dir eine Tätigkeit, die zu deinen Werten und Interessen passt, etwas, bei dem du Dinge lernst, die für dich relevant sind. Du kannst dir neue Fähigkeiten aneignen, für den Arbeitsmarkt interessant sein oder Wissen sammeln, um später einmal selbst ein Unternehmen zu gründen. Wenn du es nicht in deiner aktuellen Tätigkeit lernen kannst, gibt es die Möglichkeit, das Wissen anderweitig durch Kurse, Schulungen, Konferenzen oder andere Quellen zu erwerben.

WIE KOMMST DU AN EINEN SICHEREN JOB?

Aus meiner Sicht gibt es keine »sicheren Jobs«. Letztendlich schaffst du dir deine eigene Sicherheit, indem du dich durch dein Wissen, deine Fähigkeiten und Fertigkeiten interessant für den Arbeitsmarkt machst.

Mach Sicherheit also nicht am Job fest. Bilde dich weiter, erweitere dein Netzwerk, lerne Neues.

Ein Freund von mir arbeitet sich gerade aus eigenem Interesse in das Thema KI ein. Damit erstellte er Fantasy-Bilder von mir. Befreundete Grafik-Designer – und die wissen, welcher handwerkliche Aufwand normalerweise hinter so etwas steckt – waren sich sicher, dass er sich beruflich mit dem Thema auseinandersetzt, weil sie so professionell wirkten. Er ist jedoch in einem anderen Bereich tätig und hat beruflich weder mit KI noch IT zu tun.

Warum erzähle ich das? Um darauf aufmerksam zu machen, dass es sehr viel wertvolles Wissen im Internet gibt, das frei verfügbar ist. Es kann dir helfen, deine Fähigkeiten zu verbessern und mit der Zeit zu gehen. Was dich interessiert und was du lernen möchtest, muss auch nicht unbedingt mit deinem Job zu tun haben.

NETZWERKE SIND WICHTIG

Wie wichtig ein gutes Netzwerk ist, wird uns in der Schule nicht beigebracht. Ich denke, dass ein gutes Netzwerk der Schlüssel für ein erfülltes Leben ist. Du bist immer Teil eines Netzwerkes, auch wenn du es nicht bewusst wahrnimmst, in der Schule, im Sportverein, in einer Band oder wenn du aktiv im Kölner Karneval mitmischst. Es gibt unzählige Möglichkeiten.

Da ich unterschiedliche Musikrichtungen höre, bin ich dankbar dafür, dass ich unterschiedliche Gruppen habe, denen ich mich anschließen kann. Das ist mein »Musiknetzwerk«. Übrigens entstehen daraus im besten Fall auch Freundschaften bzw. sind diese auch wiederum Netzwerke.

Darüber hinaus gibt es noch weitere Netzwerke, wie den sdw Alumniverein. Durch einen Bekannten aus dem sdw Alumniverein bekam ich die Möglichkeit, eine interessante Stelle in einem großartigen Unternehmen zu bekommen. Die nächste Stelle kam über mein berufliches Netzwerk zustande.

Es macht Spaß, Menschen kennenzulernen, Kontakte zu knüpfen und sich auszutauschen. Ich habe gelernt, dass sich Menschen gern gegenseitig unterstützen, wenn sie können. Also bau dein Netzwerk aus, sei neugierig und knüpfe viele positive Kontakte.

IDEEN GEWINNBRINGEND ARTIKULIEREN

Wenn dir in deinem Arbeitsumfeld etwas auffällt, das – ich sage mal – suboptimal läuft, bringt es nichts, nur darauf aufmerksam zu machen, sich darüber zu beschweren oder zu meckern. Das ist nur destruktiv und trägt nichts zu einer konstruktiven Herangehensweise bei. Versuch stattdessen, immer eine Lösungsidee zu entwickeln – egal, wie verrückt sie ist –, die du direkt kommunizieren kannst.

Stell sie dabei nicht wie eine Forderung dar. Zumindest hatte ich damit keinen Erfolg, denn früher habe ich meine Beobachtungen immer als absolute Wahrheit kommuniziert: »Ich habe X gesehen. Das kann so doch nicht funktionieren. Wir müssen Y machen.« Selbst wenn es sachlich gemeint ist und du niemandem auf den Schlips treten willst, ist es wahrscheinlich, dass du mit solchen Formulierungen keinen Erfolg hast. Damit agierst du allein, nimmst dein Gegenüber nicht mit und gibst ihm auch keine Chance, sich an einer Lösung zu beteiligen.

Mittlerweile versuche ich, Kritik sowohl kooperativ als auch offen anzusprechen und auch die Meinung meines Gegenübers einzuholen. Beispielsweise würde ich heute sagen: »Glaubst du nicht auch, dass die Situation nicht optimal ist? Lass uns doch mal überlegen, wie wir sie ändern und wen wir diesbezüglich ansprechen können.« Erst danach würde ich meine Ideen beisteuern. Meine Erfahrung ist, dass du so mehr Gehör findest, neue Blickwinkel einnimmst und vielleicht sogar Verbündete für deine Vorhaben gewinnst. Zumindest habe ich diese Erfahrung in meiner letzten Tätigkeit gemacht, als ich nach und nach unterschiedliche Teammitglieder – bis hin zum Management – dafür begeistern konnte, eine sehr große technische Änderung umzusetzen – und das, obwohl man eigentlich sparen wollte.

Ich möchte dir mit auf den Weg geben, dass es wichtig ist, sich auf die Perspektive deiner Teammitglieder einzulassen, ihnen die Möglichkeit zu geben, sich an deinen Ideen zu beteiligen und sie zu eurer Idee wachsen zu lassen. Falls Blockaden auftreten, versuch, sie nicht als solche zu sehen, sondern zu überlegen, wie man diese auflösen kann. Du weißt auch hier nicht, was alles möglich ist, wenn du nur mutig auf deine Teammitglieder zugehst, um gemeinsam mit ihnen Grenzen auszuloten und etwas Großes zu schaffen.

UMSETZENSWERT

- Lass dich nicht von außen limitieren und limitiere dich nicht selbst.
- Setz dir ein hohes Ziel und sieh jede Etappe auf dem Weg dahin als Erfolg.
- Sei neugierig, offen und freundlich und erweitere deine Perspektive.
- Lerne stets Neues.
- Bau dir ein Netzwerk aus großartigen Menschen auf.
- Unterstelle deinen Teammitgliedern, dass sie sinnvoll handeln wollen, und versuche, ihre Sicht nachzuvollziehen. Beziehe sie mit ein.
- Betrachte deine Vorhaben immer aus mehreren Perspektiven, um keine wichtigen Punkte zu übersehen.

Sei dir bewusst, dass du viel mehr Einfluss auf dein Leben hast, als du vielleicht vermutest, dass deine Stimme viel mehr zählt, als du vielleicht denkst, und dass du viel mehr erreichen kannst, als du glaubst!

ERREICHENSWERT

Du weißt nicht, was alles in dir steckt, also setz dir hohe Ziele!

- Wie soll mein Leben in drei, fünf und zehn Jahren aussehen?
- Was sind die Zwischenziele, um dieses Leben zu erreichen?

- Was ist mir dabei wichtig?
- Welche Fähigkeiten benötige ich dazu?
- Wie eigne ich mir diese Fähigkeiten an?
-

WISSENSWERT

Das Wissen in diesen Büchern kannst du direkt umsetzen:

- Talane Miedaner: Coach Dich selbst, sonst coacht Dich keiner!: 101 Tipps zur Verwirklichung Ihrer beruflichen und privaten Ziele (2009)
- William Ury: Getting Past No: Negotiating in Difficult Situations (1993)
- Jack Nasher: Überzeugt! Wie Sie Kompetenz zeigen und Menschen für sich gewinnen (2019)

» Durch kleine, positive Taten können wir große Veränderungen bewirken. Leg los! «

Sung ist ein lebensfroher Kinder- und Jugendpsychiater und Ermutiger von Neu-Erwachsenen.
Sabrina ist eine Expertin für Schlaf und krebsbedingte Fatigue.
Sie lieben es, die Welt mit dem Rucksack zu entdecken und dabei inspirierende Menschen kennenzulernen.

13. FREUNDSCHAFTEN, ENGAGEMENT UND VERGEBUNG ALS SCHLÜSSEL ZUM ERFOLG

Dr. Sung Han & Dr. Sabrina Han

Aufstehen, den Rucksack packen, loslaufen, immer der Sonne hinterher, irgendwo ankommen und schlafen gehen: Das war für sieben Wochen, 840 Kilometer und 10.000 Höhenmeter mein Alltag. Wir sind mit Brustkrebspatientinnen auf dem Jakobsweg gewandert. Am letzten Tag — ich weiß es, als ob es gestern geschehen wäre — saßen wir am Fin del Mundo, am Ende der Welt, in einem urigen, alten Restaurant mit dicken Holztischen und ungebügelten Tischdecken. Leckerer Geruch kam aus der Küche. Ich fragte die Frauen, ob sie nach dieser intensiven Zeit etwas für sich mitgenommen hätten. Christhilde meldete sich zu Wort. Sie war eine gut aussehende Frau Mitte 50 mit kurzen, grau melierten Haaren, die perfekt gegelt waren. Sie trug stets Lippenstift und nur Markenklamotten. »Ich habe immer gedacht, es wäre wichtig, gut gekleidet zu sein und die neueste Gucci-Handtasche zu besitzen. Ich habe gelernt: Nur wer Zeit hat, ist reich.« Da bemerkte ich etwas: Christhilde war nicht mehr perfekt geschminkt, ihre Haare nicht mehr ganz so korrekt gegelt und sie wirkte unendlich gelassen.

Ich, Sabrina, muss zugeben, dass ich damals ziemlich überfordert war. Ich stand am Ende meines Studiums und dachte: Die Welt wartet auf mich, mir stehen alle Türen offen, nichts kann mich bremsen ... außer vielleicht meine Angst vor der Ungewissheit. Und dann, bäm, so etwas. Mittlerweile begleitet mich diese Aussage seit 20 Jahren. Hier und da ploppt sie im Alltag auf und lässt mich darüber nachdenken, was die wichtigsten Dinge im Leben sind. Es ist eine Frage, auf die vielleicht im ersten Moment jeder etwas anderes antworten würde. Vielleicht geht es dir wie mir. Ich habe damals an Anerkennung, Geld, Macht, Erfolg und Gesundheit gedacht, an Dinge, die mich glücklich machen. Aber seien wir mal ehrlich: All diese Dinge vergehen schnell.

Nach meinem Studium arbeitete ich in einem kleinen Unternehmen, das zwei Jahre später leider Insolvenz anmeldete. Der Inhaber beantragte Privatinsolvenz, das heißt, er verlor nicht nur sein Unternehmen und somit sein Einkommen von heute auf morgen, sondern auch sein Haus und sein Auto. Und das als Familienvater. Eine Katastrophe auf allen Ebenen! Alles war weg: Anerkennung, Geld, Macht und Erfolg. Dass da die Gesundheit nicht mitspielt, ist ja klar.

All diese Dinge kommen von außen. Sie machen dich abhängig von Menschen, Dingen oder Situationen und werden dich langfristig unglücklich machen. Daher ahnst du wahrscheinlich schon, dass es in diesem Kapitel um andere, beständige Dinge gehen wird, die dich frei machen und dich in deinem Selbst bestätigen.

Wir schreiben dieses Kapitel für dich, damit du die Chance bekommst, über deine Werte nachzudenken, bevor dich jemand oder etwas, wie eine Krankheit, der Verlust eines lieben Menschen oder eine Insolvenz, dazu zwingt, darüber nachzudenken. Was zählt im Leben wirklich?

DIE UNSICHTBARE MACHT DEINER BEZIEHUNGEN

In meiner, Sungs, Kindheit — ich war ca. 13 Jahre alt — waren meine Eltern oft unterwegs mit meiner Schwester, die Eiskunstlaufen als Leistungssport betrieb. Jeder, der das einmal getan hat, weiß, welches zeitliche und persönliche Engagement es erfordert. So waren meine Eltern unermüdlich unterwegs, um meine Schwester zu unterstützen. Sie fuhren jeden Tag von Aachen nach Dortmund zum Leistungsstützpunkt, zu Wettkämpfen oder ins Internat, obwohl meine Mutter in Vollzeit als Krankenschwester arbeitete und mein Vater selbstständig war.

Ich bin in dieser Zeit viel zu kurz gekommen, war viel allein zu Hause und konnte machen, was ich wollte. Für einen Teenager fühlte sich das natürlich toll an, aber als Kinder- und Jugendpsychiater weiß ich heute, dass hier eine große Gefahr lauert. Dieses Kind könnte abrutschen, in die falschen Kreise kommen und Unsinn anstellen.

Ich hatte damals das Glück, dass die Menschen in meinem Umfeld »halbwegs anständig« waren und meine Eltern mir wohl frühzeitig gute Werte mitgegeben hatten. Meine Freunde bildeten in dieser Zeit meine Ersatzfamilie. Und in meinem Umfeld gab es Erwachsene, die etwas Besonderes in mir erkannt haben. Durch ihre guten Ratschläge und ihren herzlichen Einsatz bin ich zu dem geworden, der ich heute bin. Mein Leben hätte ganz anders laufen können, daher möchte ich dir vermitteln, wie wichtig es ist, an die richtigen Menschen zu kommen.

Überlasse das nicht dem Zufall, wähle die Besten. Es ist deine Entscheidung, mit wem du dich umgibst, und es ist eine der fundamentalsten in deinem Leben. Diese Entscheidung fällst du jeden Tag! Man sagt nicht umsonst: Zeig mir deine fünf besten Freunde und ich weiß, wer du bist. Unser Umfeld definiert uns. Überleg einmal, wer in deinem Umfeld dir Kraft gibt und warum. Das können Freunde, Familienangehörige, Mentoren oder Lehrer sein. Es lohnt sich auch zu überlegen, wer dir Kraft nimmt und warum.

Als Anja Vorlob-Raab, die Hauptgeschäftsführerin der sdw Alumni e. V. mich fragte, woher ich die Energie und Positivität schöpfe, um dieses Buchprojekt auf die Beine zu stellen, musste ich lächeln. Meine Antwort war simpel: durch mein Umfeld. Durch die einzigartige sdw Alumni Power! Wenn man das richtige Umfeld hat, ist es wie bei einem Samen — man kann wachsen und gedeihen. Und ich habe das Glück, viele wundervolle Menschen um mich zu haben.

Ich habe in meiner Kindheit noch eine harte Sache lernen dürfen: Ich wollte immer beliebt sein und viele Freunde haben. Doch es war ein großer Fehler zu denken, dass ich es jedem recht machen kann. Selbst wenn ich mich völlig verbog, konnte ich nicht jedem gefallen, und obendrein habe ich mich dabei vollkommen falsch gefühlt. Dann begriff ich: Ich muss nicht jedem gefallen.

Ich und du, wir können selbst entscheiden, welche Freunde wir haben möchten. Ich bin nicht für alle gut und das ist gut so.

VON KLEINEN TATEN UND GROSSEN VERÄNDERUNGEN

Du kannst noch etwas entscheiden: Welche Art von Freund möchtest du sein? Hast du dir darüber schon einmal Gedanken gemacht? Was würden mir deine Freunde auf die Frage antworten, was dich als Freund besonders auszeichnet?

Stell dir vor: Es gibt in deinem Leben Menschen, denen du ein positives Umfeld bieten kannst, in dem sie wachsen können. Du bist der Gärtner, der zum Beet kommt und sagt: »Ich möchte, dass du blühst, weil ich etwas Kostbares in dir sehe.« Menschen sind wie Samen, jeder ist einzigartig und trägt genau deswegen etwas sehr Wertvolles in sich, das nur darauf wartet, ans Licht zu kommen. Und ein Samen braucht die Unterstützung eines Gärtners, damit er ihm den Untergrund zeigt, auf dem er am besten gedeihen kann. Denn dann kann er aufblühen. Vielleicht wird er zu einem Löwenzahn, der Bienen nährt, und später zu einer Pusteblume, die neue Samen streut. Dann hast du als Gärtner eine Kettenreaktion in Gang gesetzt. Was wird das wohl in dir auslösen, wenn du einen Menschen auf seinem Weg begleiten kannst?

Die Welt braucht Menschen wie dich, die sich für andere einsetzen und positive Veränderungen bewirken wollen. Ob du dich für soziale Gerechtigkeit, Bildung oder Umweltschutz einsetzt, deine Handlungen können einen großen Unterschied machen. Selbst die kleinste Tat der Freundlichkeit kann eine Kettenreaktion auslösen und das Leben vieler Menschen verbessern. Menschen, die sich für andere einsetzen, pflegen oft tiefe und bedeutungsvolle Beziehungen. Warum? Weil sie Zeit und Energie investieren, um anderen zu helfen und sich um ihr Wohlergehen zu kümmern. Diese Art von Fürsorge schafft Vertrauen, Respekt und Bindungen, die ein Leben lang halten können.

Ich mache seit über zwei Jahrzehnten Jugendarbeit und ich kann dir sagen: Für mich ist es eine große Ehre und eine ganz tiefe Erfüllung, andere Menschen wachsen zu sehen. Meine Leidenschaft ist es, junge Menschen auf ihrem Weg zu begleiten und sie für die Schönheit des Lebens zu begeistern. Genau aus diesem Grund haben wir sowohl dieses Projekt als auch das Bücherprojekt »Für echtes Leben« für dich auf den Weg gebracht.

Als Vater empfinde ich eine besondere Freude dabei, die Entwicklung meiner Kinder hautnah mitzuerleben.

Einmal war eine Papa-Tochter-Zeit geplant. Wir wollten ein Pfadfinder-Event besuchen, im Wald toben, spielen, auf Bäume klettern, Hot Dogs und Slush-Eis essen. Als ich einen Tag vor dem Event jedoch den Arbeitsberg sah, der sich während der Woche aufgetürmt hatte, stand für mich fest, dass es wohl ohne mich stattfinden müsste, und ich sagte zu Sophie: »Ich bringe dich hin und dann lernst du jede Menge Freunde kennen. Danach hol ich dich wieder ab.« Sophie zögerte und sah mich an. Ihr Blick sagte mir: »Papi, ich brauche dich!« Also ließ ich mich um den Finger wickeln und versprach zu bleiben. Ich habe mich sogar noch als Fahrer und Helfer für das Event eingetragen. Nach der Zusage bereute ich es sofort wieder.

Ich ergab mich meinem Schicksal, ging mit und unterstützte die Gruppe meiner Tochter bei den Spielen, trug Rucksäcke und feuerte sie an. Am Ende des Events dachte ich an all die Arbeit, die ich hätte schaffen können, wenn ich zu Hause geblieben wäre. Beim Abendessen fragte meine Frau Sabrina unsere Tochter, was das Highlight des Tages gewesen sei. Sie hätte kindstypisch das Slush-Eis oder die Matschpfütze nennen können. Stattdessen sagte sie: »Ich fand es am tollsten, dass Papa da war, meinen Rucksack getragen und mich bei den Gruppenspielen angefeuert und abgeklatscht hat.« Das hat mir noch einmal deutlich gezeigt: Was dir unbedeutend oder als eine Kleinigkeit erscheint, kann für andere die Welt bedeuten. Sicher kennst du die Theorie des »Schmetterlingseffekts«: Kleine Ereignisse können große Wirkungen haben!

Letztendlich gibt uns das Engagement für andere einen Sinn und Zweck im Leben. Wenn wir anderen helfen, fühlen wir uns erfüllt und lebendig. Diese tiefe innere Befriedigung kann nicht durch materiellen Besitz oder persönlichen Erfolg erreicht werden, sondern nur durch die bedingungslose Liebe und Fürsorge für unsere Mitmenschen. Dieses Buchprojekt ist genau aus dieser Intention heraus entstanden: Wir Alumni haben sehr viel durch die Förderung der sdw erhalten und wollen die Werte, die uns die Stiftung vermittelte, wieder an unsere Mitmenschen und die nächste Generation der Stipendiaten weitergeben.

Mach den ersten Schritt und setz dich aktiv für andere Menschen ein! Es spielt dabei keine Rolle, wie groß oder klein deine Handlungen sind. Hör auf zu denken: »Was kann ich schon bewirken?« Jeder Beitrag zählt. Indem du dich für andere einsetzt, trägst du dazu bei, die Welt mitzugestalten und ein Stück besser zu machen.

VERGEBEN UND LOSLASSEN MACHT STARK

Vielleicht gehörst du zu den Menschen, die keine Unterstützung von Menschen erfahren haben, von denen du sie erwartet hättest oder von denen du sie dir gewünscht hast. Vielleicht ist auch genau das Gegenteil passiert: Du wurdest von anderen Menschen verletzt, hintergangen oder betrogen? Dann fällt es dir jetzt vielleicht schwer, selbst andere zu unterstützen.

Ich, Sung, kenne das sehr gut. Ich erinnere mich an eine Situation in meiner Schulzeit. In der Oberstufe fuhr unsere Klasse auf Besinnungstage. Das waren drei Tage, die wir außerhalb der Schule gemeinsam verbrachten. Während dieser Tage sprachen wir über Werte oder über die Klassengemeinschaft. Ich fand sie immer super, da man dabei sich selbst und die Klasse in ganz anderer Weise als im Schulalltag erfahren und nebenbei eine sehr lustige Zeit mit seinen Schulfreunden verbringen konnte. Leider habe ich auf einer dieser Fahrten meinen vermeintlich besten Freund von einer ganz anderen Seite kennengelernt: Ich musste durch einen Zufall von einem anderen Klassenkameraden schmerzlich erfahren, dass mein Freund unschöne Sachen über mich erzählt hatte. Wie du dir sicherlich vorstellen kannst, hat mich das sehr verletzt, und unsere Beziehung hat das über eine sehr lange Zeit stark belastet.

Das mag vielleicht ein triviales Beispiel aus meinem Leben sein und sicherlich trägst du ganz andere Päckchen mit dir herum. Doch mir ist es wichtig zu zeigen, wie stark sich ein scheinbar kleiner Anlass auswirken kann. Ich verging in Selbstmitleid, dachte, dass er mein Leben ruiniert hatte und ich niemals mehr einen besten Freund finden würde und er daran schuld sei. Ich verspürte Wut, Trauer und Angst. Und weißt du, was das Schlimmste ist? Als ich ihn einige Jahre später angesprochen habe, konnte er sich noch nicht einmal an die Situation erinnern. Nur ich habe es die ganze Zeit mit mir herumgetragen und damit kostbare Zeit verloren. Besonders schmerzhaft ist es, wenn dich Menschen verletzen, die du liebst: deine Eltern, deine besten Freunde, dein Partner.

Das Leben wirft uns oft unerwartete Bälle zu, die uns aus dem Gleichgewicht bringen können. Doch wenn wir die Kunst des Loslassens beherrschen, können wir uns schneller von Rückschlägen erholen und unsere Resilienz stärken. Anstatt uns in Selbstmitleid zu verlieren, finden wir die Kraft, uns neuen Herausforderungen zu stellen und gestärkt daraus hervorzugehen. Konflikte und Streitigkeiten sind unvermeidlich, besonders in zwischenmenschlichen Beziehungen. Aber wenn wir lernen, zu vergeben und alte Verletzungen loszulassen, können wir unsere Beziehungen stärken und vertiefen. Wir zeigen anderen, dass wir bereit sind, Fehler zu verzeihen und einen Neuanfang zu machen. Das führt zu einer Atmosphäre des Vertrauens und der Nähe.

Mir hat es immer geholfen, mir klarzumachen, dass auch ich jemand bin, der andere Menschen enttäuscht. Das ist menschlich. Das ist normal. Es ist vielleicht nicht gut, vor allem fühlt es sich schrecklich an, sich das im Nachhinein einzugestehen, aber es passiert eben. Doch wenn es passiert, ist das Allerwichtigste: Vergebung. Für andere und für dich selbst. Denn auch du darfst dir Dinge verzeihen, die du im Nachhinein anders gemacht hättest. Als du deine Entscheidung getroffen hast, war es für dich die beste Entscheidung.

»Yesterday's the past, tomorrow's the future, but today is a GIFT. That's why it's called the present.«

Bill Keane[47]

Wenn wir lernen, loszulassen und zu vergeben, befreien wir uns von einer emotionalen Last und schaffen Raum für Frieden und Freude in unserem Leben. Wir lassen Vergangenes hinter uns und eröffnen uns damit eine Zukunft voller Möglichkeiten. Ist das nicht viel wert?

Wir wünschen dir von Herzen, dass auch du Momente erlebst, in denen du anderen vergeben kannst und andere dir, Momente, in denen ihr euch wieder aufbauen könnt. Dabei ist es egal, ob es sich um deinen Partner, deine Familie oder deine Freunde handelt. Und wir möchten dir sagen, dass das Aufbauen Zeit braucht, es passiert nicht von heute auf morgen. Aber du kannst aktiv daran arbeiten. Denn du wirst zerbrechen, wenn ihr euch nicht vergeben könnt! Für dich und die anderen ist es immer die schlechtere Entscheidung, nicht zu vergeben.

»Vergebung ist keine Entschuldigung für das, was passiert ist, sondern ein Akt der Selbstbefreiung, der es uns ermöglicht, unsere eigene Heilung und inneren Frieden zu finden.«

Dr. Sung Han

Mut bedeutet nicht nur, seine Freundschaften zu hinterfragen und seine Ziele neu zu justieren, sondern auch, sich selbstlos für andere einzusetzen und die Kraft zur Vergebung zu finden. Denn wahre Stärke zeigt sich im Handeln und im Herzen. Auch auf diese Weise kannst du die Welt ein großes Stück besser machen.

NACHDENKENSWERT

Was hindert dich daran, zu vergeben? Denk darüber nach, welche Barrieren es für dich gibt und wie du sie überwinden kannst. Hier haben wir für dich eine praktische Schritt-für-Schritt-Anleitung zur Vergebung eingestellt:

WISSENSWERT

Was die Bedeutung von Freundschaften für die psychische Gesundheit angeht, zeigen Studien wie die groß angelegte »The Study of Adult Development«, dass enge Freundschaften Stress reduzieren und die Lebenszufriedenheit steigern. Waldinger RJ et al.: The Study of Adult Development. Harvard Medical School

UMSETZENSWERT

Ehrenamtliche Tätigkeiten und Karrierechancen: Freiwilliges Engagement kann wertvolle Fähigkeiten vermitteln und Netzwerke erweitern. Mach dir eine Liste der Fähigkeiten, Beziehungen und Möglichkeiten, die sich durch dein Ehrenamt ergeben haben. Denk dann darüber nach, in welchen Bereichen dir diese Dinge bisher genutzt haben und wo sie dir bei deiner Karriere noch nützen können. Wie kannst du deine Möglichkeiten noch weiter ausbauen?

» Konflikte zu lösen bedeutet nicht, dass einer gewinnt und der andere verliert, sondern dass beide Seiten neue Möglichkeiten entdecken, ihre Beziehung zu gestalten. «

Gundula ist Mediatorin und Organisationsberaterin und leitet eine Weiterbildungsakademie für Coaching, Beratung und Change Management; sie liebt die Berge und begeistert sich für die neuesten Technik-Gadgets.

14. KONFLIKTE VERSTEHEN
Dr. Gundula Ganter

WIE DU IN KONFLIKTSITUATIONEN DEN KOPF ÜBER WASSER HÄLTST

Stell dir vor, du befindest dich in einem heftigen Streit mit einem Kollegen oder Kommilitonen. Deine Argumente prallen ab, du kochst vor Wut und die Fronten verhärten sich. Solche Konflikte sind im beruflichen Alltag allgegenwärtig und kosten Energie. In diesem Kapitel erfährst du, wie du durch kleine, mutige Gesten ein Aufschaukeln des Konflikts verhindern kannst.

»*Wenn erst einmal viele Menschen ›konfliktfähiger‹ geworden sind, können sie die Organisationen, in denen sie tätig sind, ›konfliktfester‹ machen.*« *(Friedrich Glasl)*[48]

Als systemische Organisationsentwicklerin und Mediatorin habe ich unzählige Konflikte auf unterschiedlichen Eskalationsstufen aus der Innen- und Außenperspektive erlebt. Oft blieben diese Konflikte unentdeckt oder unausgesprochen, was teils fatale Auswirkungen auf die Beziehung der Beteiligten und den wirtschaftlichen Erfolg hatte. Jede Person im Konflikt ist beteiligt, egal, ob sie aktiv ins Konfliktgeschehen eingreift oder passiv bleibt. Alle tragen Verantwortung dafür, wenn ein Konflikt sich verschärft. Daher ist es hilfreich, die Quellen für Konflikte zu verstehen. Wenn du eine Idee hast, worum es eigentlich geht, wird es dir leichter fallen, dich in Konfliktsituationen angemessen zu verhalten.

»Mut & Machen« heißt in diesem Zusammenhang, sich dem Konflikt zu stellen, anstatt ihn zu verleugnen. Dazu gehört der Wille, offen über Spannungen zu sprechen und sich dem Gegenüber menschlich, auch manchmal verletzlich zu zeigen. »Mut & Machen« bedeutet aktiv zu werden, Lösungen zu suchen und einen wesentlichen Beitrag zur Deeskalation von Konflikten zu leisten.

DAS WESEN VON KONFLIKTEN

Konflikte entstehen, wenn beide Seiten versuchen, ihre Position gegen die andere durchzusetzen. Eine Streitpartei empört sich über das Verhalten des Gegenübers und reagiert entsprechend. Die andere Streitpartei reagiert mit Empörung und so geraten beide in ein verworrenes Geflecht von Worten und Gefühlen, Reaktionen und Gegenreaktionen. Es entsteht ein Sog, dem man sich kaum entziehen kann[49]. Dramatisch sind die Auswirkungen. Konflikte korrumpieren unser Bewusstsein. Wir fangen an, zu simplifizieren und zu pauschalisieren, wir kapseln uns ab, ignorieren unsere Bedürfnisse und die des Gegenübers.

FOLGENDE FAKTOREN BEEINFLUSSEN DIE KONFLIKTDYNAMIK

In Bedrohungssituationen folgt jeder von uns einem bestimmten Muster: angreifen, sich totstellen oder weglaufen. Hinzu kommt die familiäre Prägung: Manche kommen aus einer eher lauten Familie, in der es wichtig war, seine eigenen Interessen aktiv zu vertreten, andere kommen aus einer eher leisen Familie, in der Harmonie und das Wohl aller wichtiger war, als die eigenen Bedürfnisse durchzusetzen. Vielleicht hast du den vorrangigen Konfliktstil deiner Familie übernommen, vielleicht hast du deinen eigenen Weg zum Umgang mit Meinungsverschiedenheiten gefunden. Dein persönlicher Konfliktstil bildet sich mit der Zeit heraus. Er ist abhängig von deiner Sozialisation, vom Kontext (privat oder beruflich) und der Rolle, die du innerhalb dieses Kontextes einnimmst. Es ist das Ergebnis deiner Reflexion vielfältiger Erfahrungen in spannungsreichen Situationen. Im Idealfall hast du schon über folgende Fragen nachgedacht:

- Wie reagierst du in Stresssituationen? Wirst du laut, ziehst du dich zurück oder versucht du, die Spannungen zu ignorieren? Welches Verhalten anderer triggert dich an?
- Wie diskutierst du bei Meinungsverschiedenheiten? Bist du in deinen Argumenten klar und direkt oder vage und zurückhaltend? Bist du an Lösungen interessiert, die für beide Seiten in Ordnung sind?
- Wie gelingt es dir, die Gefühle deines Gegenübers wahrzunehmen und die eigenen Gefühle zu steuern? Achtest du auf Zwischentöne und Körpersprache? Gelingt es dir, innezuhalten und automatische Handlungsimpulse bewusst zu unterdrücken?

SOZIALE ASPEKTE: KOMMUNIKATIONSMUSTER UND IMPLIZITE SPIELREGELN

In meiner Beratungspraxis habe ich Führungsteams, Projektteams und Kooperationsnetzwerke begleitet und deren spezifische Kommunikationsmuster beobachtet. So kann der Kommunikationsstil eskalierend (kleinere Missverständnisse schaukeln sich schnell zu größeren Streitigkeiten auf) oder vermeidend sein (Themen werden nicht angesprochen, ungemütliche Meinungen haben wenig Raum, die Konflikte schlummern unter dem Teppich). Ein Konflikt kann symmetrisch eskalieren (jede Partei versucht, »das letzte Wort« zu haben, keiner gibt nach) oder komplementär (eine Partei übernimmt die dominante und die andere die untergeordnete Rolle).[50]

Kommunikationsmuster sind hartnäckig, können aber unterbrochen werden – entweder durch eine legitimierte Person (Führungskraft, agiler Coach) oder als gemeinsame Initiative aus dem System heraus. Du kannst die Muster beobachten und bestenfalls mutig ansprechen. Folgende Reflexionsfragen helfen dir dabei:

- Wer kommuniziert regelmäßig miteinander, wer eher wenig?
- Welche Themen werden offen angesprochen, welche sind tabu?
- Wie werden Entscheidungen getroffen und wer ist wie daran beteiligt?
- Wie werden Meinungsverschiedenheiten gelöst?
- Wie reagieren die Mitglieder auf emotionale Ausdrücke oder auf nicht wertekonformes Verhalten anderer?
- Wer dominiert, wer vermittelt, wer hält sich raus?

Achte dabei auch auf die meist unbewussten Spielregeln in Gruppen:

Vorrang von Zugehörigkeit

Jeder hat ein Recht auf Zugehörigkeit, d. h. auch, dass niemand ausgeschlossen oder an den Rand gedrängt werden sollte. Konflikte entstehen, wenn neue Mitglieder nicht ausreichend integriert werden, Zugehörigkeiten unklar sind oder Personen Sonderrollen innehaben.

Vorrang von Leistung

Menschen in sozialen Systemen streben nach der Anerkennung ihrer Leistung. Das gilt auch für frühere Leistungen. Zu Kränkungen kommt es, wenn neue Mitglieder auf Veränderung drängen, ohne die bisherige Leistung anzuerkennen oder wenn eine herausragende Leistung nur wenig Würdigung erfährt.

Vorrang von Gleichgewicht

Geben und Nehmen sollten ausbalanciert sein. Frustration kommt auf, wenn die Arbeitslast ungleich verteilt oder besonderes Engagement nicht angemessen gewürdigt wird.

Vorrang der älteren Mitglieder (»Senioritätsprinzip«)

Jemand, der länger zu einem System gehört, hat mehr Rechte und Autorität als jemand, der neu dazugekommen ist. Dies gilt unabhängig vom

Alter. Konflikte entstehen, wenn langjährigen Mitgliedern nicht ausreichend Anerkennung und Respekt entgegengebracht und ihr Beitrag zum Erfolg nicht ausreichend gewürdigt wird.

Sind diese Spielregeln noch zeitgemäß? Mit den werdenden systemischen Coaches und Beratern meiner Akademie diskutiere ich diese Frage regelmäßig. Es dreht sich immer wieder um die gleichen grundlegenden Bedürfnisse: Jeder Mensch sehnt sich nach Wertschätzung und Zugehörigkeit, nach Gerechtigkeit und Beziehungen auf Augenhöhe. Folgende Reflexionsfragen helfen dir, dich in deinem Arbeitskontext zu orientieren:

- Wie gut fühlst du dich in das System integriert?
- Wie erlebst du Anerkennung – für dich als Person und für deine Leistungen?
- Wieviel gibst du im Vergleich zu anderen? Was bekommst du?
- Wie gehst du persönlich mit der Herausforderung um, neue Ideen einzubringen und gleichzeitig die bestehende Kultur und die erfahrenen Kollegen und Kolleginnen zu respektieren?

STRUKTURELLE FAKTOREN: HIERARCHISCHE ORDNUNG UND ENTSCHEIDUNGEN

Konflikte in Organisationen sind häufig vielschichtig und komplex. Die Organisationsmitglieder definieren sich über Rollen. Ihr Auftrag ist es, bestimmte Ziele zu erreichen, Interessen zu vertreten oder Projekte voranzutreiben. Egal, ob agil oder hierarchisch organisiert, die Strukturen geben den Rahmen vor. Wenn es auf der Beziehungsebene hakt, lohnt sich ein Blick hinter die strukturellen Kulissen.

Rollen und Verantwortlichkeiten

Wenn jeder seine Rollen und Verantwortlichkeiten kennt, ist dies der beste Garant effektiver Zusammenarbeit. Konflikte entstehen, wenn Rollen unspezifisch definiert sind und Befugnisse falsch interpretiert oder nicht wahrgenommen werden.

Kommunikation in und zwischen Subsystemen

Kommunikation innerhalb eines sozialen Systems ist immer einfacher als zwischen Subsystemen. Meist entzünden sich Konflikte an den Schnittstellen zwischen Bereichen. Informationen fließen langsamer, anonymer und lückenhaft. Missverständnisse entstehen.

Entscheidungsprozesse

Entscheidungsprozesse sind das Herzstück gut funktionierender Organisationen. Frust entsteht, wenn die eigenen Entscheidungsbefugnisse unklar sind, wenn Mitarbeiter das Gefühl haben, dass ihre Meinungen nicht berücksichtigt werden, wenn Entscheidungen spät oder gar nicht getroffen werden.

Aufträge und Loyalitäten
Wenn Organisationsmitglieder neue Rolle übernehmen, haben sie häufig selbst Ideen, wie sie den Bereich weiterentwickeln möchten. Häufig werden ihnen aber auch Aufträge mit auf den Weg gegeben, z. B. »Bring neuen Schwung rein«. Schwierig wird es, wenn Kollegen oder Mitarbeiter bewusst oder unbewusst anderen strategischen Prämissen folgen oder vorherigen Schlüsselpersonen gegenüber loyal sind.

Richtlinien und Programme

Ein häufig unterschätzter Einflussfaktor sind definierte Regeln einer Organisation zu Zeichnungsbefugnissen, Belohnungssystemen, Prozessabläufen oder Führungsinstrumenten. Diese für alle geltenden Richtlinien und Programme bestimmen das Handeln der Organisationsmitglieder. Konflikte entstehen, wenn diese Richtlinien zu Ungerechtigkeiten oder Rivalitäten führen oder wenn sich Einzelne die Freiheit nehmen, sich nicht an die Regeln zu halten. Wenn du in einer Konfliktsituation die dahinterliegenden strukturellen Themen erkunden möchtest, sind folgende Reflexionsfragen hilfreich:

- Wie klar sind deine Rollen und Verantwortlichkeiten definiert?
- Wie kommuniziert ihr intern und wie zu Nachbarbereichen?
- Wer entscheidet, wie schnell, mit wem und auf Basis welcher Befugnis?
- Wer vertritt die mit wem abgestimmten Interessen und Ziele?
- An welche Richtlinien haltet ihr euch und wie wirkt sich dies auf die Zusammenarbeit untereinander und mit anderen aus?

Stolpersteine gibt es im Organisationskontext viele. Entscheidend ist, wie es dir gelingt, Spannungen frühzeitig wahrzunehmen und die Wechselwirkungen zwischen persönlichen, sozialen und strukturellen Aspekten zu erfassen.

DEIN EINFLUSS AUF KONFLIKTSITUATIONEN

Konflikte ziehen Energie. Konflikte lähmen und lassen uns Dinge tun, die im Normalfall unseren Werten widersprechen. Dieser Sogwirkung zu entfliehen, kostet Kraft. Gleichzeitig ist es deine Entscheidung, ob du die Situation weiter eskalieren lässt oder ob du bestimmte Konfliktmuster bewusst unterbrichst. In spannungsvollen Situationen solltest du Folgendes unbedingt vermeiden:

- Aus eigenem Antrieb oder mithilfe geliehener Macht deine Interessen vehement durchsetzen
- Atmosphärische Spannungen ignorieren, Personen aus dem Weg gehen oder angestrengt auf der Sachebene argumentieren
- Sarkastische Äußerungen treffen, Gerüchte verbreiten und andere abwerten
- Koalitionen bilden oder direkt hierarchisch höhere Personen zur Klärung von Missverständnissen hinzuziehen
- Dem Gruppendruck nachgeben und über andere Bereiche lästern

Das klingt banal? Es passiert in Konfliktsituationen jedem von uns immer wieder. Wenn du dich in einer Konfliktspirale befindest, kannst du in frühen Stadien noch kontrolliert handeln, d. h. kurz innehalten, bevor du reagierst. Du kannst die Zeit nutzen, um dich bewusst für eine andere, vielleicht ungewohnte Handlungsoption zu entscheiden. Steve de Shazer bringt es auf den Punkt:

»Wenn das, was Du tust, nicht funktioniert, dann mach etwas anderes.«[51]

In stärker eskalierten Konflikten bist du als Konfliktbeteiligter nicht mehr kontrolliert handlungsfähig. Hier ist professionelle Unterstützung von neutralen Dritten gefragt. Wenn du dich selbst ohnmächtig fühlst, wenn die Konfliktarena zu groß geworden ist oder du dich mit deinen Gedanken und Gefühlen in einem Tunnel befindest, dann sei mutig und hol Unterstützung (vermittelnde Person, Mediator). Niemand möchte es wahrhaben, aber ohne Klärung wird es immer schlimmer.

KONFLIKTE ALS SYSTEMIMMANENTE PHÄNOMENE

Konflikte gehören dazu. Sie sind natürliche und unvermeidbare Phänomene in Organisationen. Friedrich Glasl wirbt dafür, die positiven Effekte von Konflikten in den Fokus zu rücken.[52] Aus Konflikten ergeben sich wichtige Veränderungsimpulse. Sie zwingen die Beteiligten, sich mit dysfunktionalen Strukturen und Prozessen auseinanderzusetzen und für diese Lösungen zu entwickeln. Diese Idee kann ich aus meiner Erfahrung als Mediatorin bestätigen:

- Nach einem Konflikt in einer Kita werden die Rollenverteilung in der Leitung überprüft und der Prozess der Eingewöhnung neuer Kinder weiterentwickelt.
- Ein Konflikt zwischen zwei Abteilungsleitern führt dazu, dass die personellen Ressourcen anders verteilt werden.
- Nach einem Konflikt im Familienunternehmen zwischen zwei Generationen werden der Leistungsanspruch und die Privilegien mitwirkender Familienmitglieder neu definiert.

Organisationen ohne Konflikt wären also gar nicht denkbar. Entscheidend ist die Art und Weise, wie in Organisationen mit Konflikten umgegangen wird. Organisationen mit einer guten Konfliktkultur fördern Rahmenbedingungen, in denen Konflikte gar nicht erst entstehen. Dazu gehören

Maßnahmen zur Konfliktprävention, Feedback- und Beschwerdesysteme sowie Trainings und Aufklärung. Schließlich ist die Kultur des Miteinanders ein wesentlicher Stellhebel zur Weiterentwicklung der Konfliktfähigkeit der Organisation.

UMSETZENSWERT

- Beobachte deine eigenen Muster im Denken und Verhalten und identifiziere eigene Verhaltensweisen, die in Konflikten beruhigende oder eskalierende Wirkung entfalten.
- Such aktiv das Gespräch und erfrage neugierig die Sichtweisen, Gefühle und Bedürfnisse des Gegenübers.
- Sprich offen über deine eigenen Unsicherheiten, Kränkungen und Bedürfnisse.
- Schlag bereitwillig Lösungen vor, die für beide Seiten in Ordnung sind.
- Hol professionelle Unterstützung bei stärker eskalierten Konflikten.

ERREICHENSWERT

Versteh dich als Teil des Ganzen und leiste in deinem Umfeld einen entscheidenden Beitrag zur Klärung von Konflikten.

ERWÄHNENSWERT

- Der Systemische Ansatz rückt die Wechselwirkungen in sozialen Systemen in den Fokus und fördert durch Veränderung dieser Dynamiken nachhaltige Lösungen.
- Wenn du tiefer eintauchen möchtest, empfehle ich dir das Buch von Friedrich Glasl: Selbsthilfe in Konflikten, Verlag Freies Geistesleben (2022).

» Teile deine Erfahrungen mutig, denn sie können andere inspirieren, eigene Wege zu finden und mutige Entscheidungen zu treffen. «

Anne ist engagierte Netzwerkerin, glückliche Berlinerin, überzeugte Eisenbahnerin, Freundin elektronischer Tanzmusik und wahnsinnig happy, dass ihr Buchprojekt »frau macht« nach jahrelanger Schweißarbeit kostenfrei online verfügbar ist.

15. DIE MACHT DER VORBILDFUNKTION
Dr. Anne Bergmann

SEID MUTIG & MACHT – UND TEILT EURE ERFAHRUNGEN

Als mich die Anfrage für diesen Beitrag erreichte, habe ich zunächst reflektiert, was ich mit den Begriffen »Mut & Machen« verbinde. Folgende Beispiele fielen mir zu den Stichworten sofort ein:

Unternehmen gründen

Einige aus meinem Freundeskreis haben Unternehmen gegründet und bei einem Gespräch mit Weinchen am Abend wurde mir bewusst, wie viele Risiken damit verbunden sind. Man steckt viel Kraft und weitere Ressourcen wie Eigenkapital oder Netzwerk hinein und weiß nicht, ob der Mut, den man aufbringt, und das viele, viele Machen entlohnt wird – im Sinne von Unternehmenserfolg.

Zivilcourage zeigen

Vor einiger Zeit erlebte ich, wie eine Person abends in der U-Bahn beleidigt wurde. Erst stellte sich ein Mensch vor die zu schützende Person, dann mehrere, sodass die Situation deeskaliert werden konnte. Das war sehr mutig. Denn im schlimmsten Fall drohte nicht nur weitere verbale Gewalt, sondern auch körperliche – und diese nicht nur gegen das Opfer, sondern auch gegenüber den Personen, die eingeschritten sind.

An Demonstrationen teilnehmen

Noch immer bin ich fasziniert von den Frauen im Iran, die für ihre Rechte auf die Straßen gehen, obwohl absehbar ist, was wahrscheinlich passieren wird (Gefängnis, Folter, Tod). Trotzdem stellen sich sehr viele Frauen gegen das Regime. Das ist sehr mutig. Zu ihrer Unterstützung wurde auch in Deutschland als Zeichen der Hoffnung der Aufruf »Frau – Leben – Freiheit« initiiert. Viele sind hier auf die Straße gegangen, um Solidarität und Bewunderung für die mutigen Iranerinnen zu zeigen.

Das sind sehr unterschiedliche Beispiele für »Mut & Machen«, die mir sofort in den Kopf kamen, und ich habe über ihre Gemeinsamkeiten nachgedacht. Neben der Tatsache, dass hier Menschen Mut zeigen und machen, sind sie auch Vorbilder für andere. Vorbilder, um den aufgebrachten Mut und das Machen entweder nachzuahmen oder sich zumindest davon inspirieren zu lassen und in der Konsequenz in gleichen oder anderen Dingen mutig zu werden und zu machen. Wenn wir also ein Unternehmen gründen, uns beim nächsten Vorfall in der Bahn mutig vor ein Opfer stellen, als Frau im Iran oder als Mensch in Deutschland für eine Solidaritätsbekundung auf die Straße gehen, sind wir ein Vorbild und inspirieren andere. Wir können andere bestärken, schützen oder eine Revolution anzetteln. Wow!

Es ist sehr wichtig, Vorbilder zu haben, die uns motivieren, inspirieren und ein Nachahmen bewirken. Denn tagtäglich stehen wir vor sehr vielen Fragen, suchen nach Orientierung und Antworten im Großen wie im Kleinen:

- Soll ich das Jobangebot annehmen, obwohl es mit Risiken verbunden ist?
- Was erwarte ich vom Leben als Single, als berufstätiger Papa, als Mensch mit gesundheitlichen Einschränkungen?
- Traue ich mich wirklich, allein zu reisen?
- Wieso schaffen immer andere vermeintlich so viel mehr als ich?
- Wie kann ich mich in dem Meeting besser durchsetzen, obwohl da dieser Kollege immer querschießt und dumme Sprüche macht?

All das sind Fragen, die sich bereits viele andere gestellt haben. All die Inspirationen, die wir aus den Erfahrungen und Lebensphasen vieler anderer Menschen schöpfen können, verdeutlichen, dass wir mit Fragen, Situationen und Begebenheiten nicht allein sind. Und sehr oft erhalte ich Feedback, dass das Teilen solcher Erfahrungen viele andere bestärkt und dazu inspiriert, ihren eigenen Weg zu gehen.

Wir alle können Vorbild sein! Niemand hat nichts zu erzählen, niemandes Geschichte ist nicht interessant genug und niemand ist nicht herausragend genug, etwas beisteuern zu können. Dabei dürfen Vorbilder nicht mit ungebetenen Ratschlägen verwechselt werden. Vorbilder dienen als (mustergültiges) Beispiel. Es geht um Eigenschaften, die dich ansprechen – die also für dich von Bedeutung sind. Ein Vorbild verkörpert etwas, was du anstrebst und dir den Ansporn gibt, es zu verwirklichen.

In der Quintessenz bieten Vorbilder Orientierung und Unterstützung. Das bedeutet, dass jeder von uns zum Vorbild für einen anderen Menschen werden kann! Auch du warst garantiert – bewusst oder unbewusst – schon einmal Vorbild. Und Vorbild zu sein ist nicht nur ein Privileg, sondern bedeutet darüber hinaus auch Verantwortung.

Vorbilder sind also bei Weitem nicht nur strahlende Leuchttürme. Es sind vor allem Geschichten von Menschen, die so sind wie du und ich:

- Menschen wie unsere Nachbarin, der gerade gekündigt wurde.
- Menschen wie unser Kumpel aus Studientagen, der mit seiner Depression kämpft und damit offen umgeht.
- Menschen wie unsere beste Freundin mit zwei Kindern, die gerade wieder in den Job einsteigt.

Genau die Menschen, die wir kennen, denen wir nahe sind, lassen uns verstehen und nachvollziehen, dass es nicht sehr viel braucht, um mutig zu sein und zu machen. Ihre Erfahrungen und Geschichten helfen uns, ähnliche Probleme und Konflikte zu meistern und immer wieder aus einer anderen Perspektive zu verarbeiten und zu verstehen. Das sind Menschen wie du und ich. Die waren mutig. Die haben gemacht. Auch ich kann das. Denn wir alle haben jeden Tag eine tolle Geschichte zu erzählen.

Und das ist mir das wichtigste Anliegen mit diesem Kapitel: Leider denken viele, sie hätten nichts zu erzählen, sie seien nicht mutig, sie würden zu wenig oder nichts machen und sie wären dadurch keine Quelle der Inspiration. Aber das ist falsch. Jeden Tag tun wir alle tolle Dinge, wir sind mutig und dadurch Vorbild und Inspiration für andere.

Darüber hinaus können geteilte Geschichten und Erfahrungen auch aufzeigen, was wir selbst nicht möchten, wo wir anderer Meinung sind oder anders reagieren würden. So können wir selbst stärker werden, mutig vorangehen und es fällt uns leichter, Entscheidungen zu treffen.

Indem wir unsere Erfahrungen teilen, ermutigen wir andere, ihre persönlichen Vorstellungen zu verwirklichen und eigene Werte zu leben. Wenn viele Beispiele mit uns geteilt werden, können wir den Raum für alle öffnen – als höchste Form der Solidarität.

Auch wissenschaftliche Studien belegen, dass mehr Vorbilder im täglichen Leben Veränderung und Umdenken bewirken. Nur ein ausgewähltes Beispiel aus der Forschung herausgenommen betrifft das Thema Schwangerschaft. Ein Wissenschaftlerteam des Staatsinstituts für Familienforschung an der Universität Bamberg hat über Netzwerkanalysen große Datensätze ausgewertet und ermittelt, dass es einen enormen Ansteckungseffekt hat, wenn am Arbeitsplatz andere Kolleginnen schwanger sind bzw. es vor Kurzem waren. Frauen werden dann häufiger selbst schwanger, ganz nach dem Motto: »Wenn die schwanger ist und eine Familie gründet, dann schaffe ich das auch.« Das private und berufliche Umfeld und Vorbilder darin haben einen messbaren Einfluss auf die Bereitschaft zur Familiengründung. Kurzum: Geburten sind ansteckend.[53]

Auch wenn es für die einzelnen Fälle nicht wissenschaftlich hinterlegt ist, könnte ich die Beispiele vom Anfang meines Beitrags verallgemeinern und sagen: Wenn Gründerinnen und Gründer noch häufiger ihre täglichen Aktivitäten im Rahmen des Unternehmensaufbaus offenlegen, wenn wir häufiger in der Öffentlichkeit Zivilcourage zeigen, wenn wir öfter für die uns wichtigen Dinge auf die Straße gehen und davon berichten, dann inspirieren wir andere zur Nachahmung.

ANSTECKEN, BEFEUERN, ERMUTIGEN

Es gibt so viele weitere Beispiele, die ihr tagtäglich erlebt und umsetzt. Ihr schafft endlich die Fahrerlaubnis. Oder macht die Steuererklärung. Oder kündigt diese doofe Versicherung. Oder engagiert euch ehrenamtlich in der Obdachlosenhilfe. Bewerbt euch als Abteilungsleitung. Oder. Oder. Oder.

Daher fordere ich euch auf: Seid mutig und macht! Aber auch: Teilt das, was ihr tagtäglich tut. Teilt das, wo ihr mutig oder vermeintlich auch nicht mutig gewesen seid. Denn genau das sind die Geschichten, die andere inspirieren und die andere dazu veranlassen, selbst mutig zu sein und zu machen.

NACHDENKENSWERT

- Wo warst du zuletzt mutig?
- Mit wem hast du das Ereignis (und das Gefühl) geteilt?
- Wie war die Resonanz?
- Inwiefern hast du damit inspiriert?
- Mit wem solltest du das Ereignis noch teilen, um zu inspirieren?

UMSETZENSWERT

Kein Meister ist je vom Himmel gefallen (und für Meisterinnen gilt dies leider auch). Daher: Beginne gern mit einer (noch so kleinen) Sache, auf die du in der letzten Woche richtig stolz warst — z. B., dass du endlich die ausgemisteten Klamotten zur Kältehilfe gebracht hast — und teile dies mit einer Person.

ERWÄHNENSWERT

Wenn du noch mehr solcher inspirierenden Vorbilder kennenlernen möchtest, schau doch dazu gern in mein Buch.[54] Kostenfrei digital unter www.frau-macht.weebly.com abrufbar.

UM-STEIGEN

» Mut bedeutet, auch nach dem Scheitern wieder aufzustehen und neue Wege zu gehen – selbst wenn der Anfang steinig ist «

Jasmin liebt das Leben und das Lernen, sie ist fasziniert von der Artenvielfalt zwischenmenschlicher Beziehungen.

16. VOM SCHULABBRUCH ZUM DOKTORTITEL
Dr. Jasmin Prüß

Wie jetzt? Man kann erst die Schule abbrechen und dann einen Doktortitel machen? JA, das geht. Aber es ist ein langer und durchaus verschlungener Weg. Zumindest war das bei mir so.

Aber von vorn: Nach der Realschule ... Okay, noch weiter vorn: Entscheidend war die vierte Klasse meiner Grundschule. Damals gab es noch die sogenannte Schullaufbahnempfehlung. Und meine Grundschullehrerin war der Meinung, dass ich zwar sehr intelligent, aber auch sehr langsam sei und dass ich mit meiner Langsamkeit auf dem Gymnasium schlichtweg nicht mithalten könne. Die Stempel, die sich regelmäßig auf meinen Arbeiten befanden, belegten dies in anschaulicher Weise: ein Kleeblatt für »super« und daneben das Abbild einer kleinen, feinen Schildkröte – das Symbol für »langsam«. Vielleicht kennst du etwas Ähnliches.

WENN ANDERE FÜR DICH ENTSCHEIDEN

Mein Mitspracherecht als Zehnjährige war natürlich deutlich eingeschränkt. Außerdem verstand ich nicht, was die Lehrerin immer mit »langsam« meinte. Ich fühlte mich nicht langsam. Ich war nur sehr genau in der Ausarbeitung. Aber gut, die Entscheidungsbefugnis lag bei meinen Eltern und diese wählten die Schulform der Realschule für mich. Sie folgten also der Empfehlung der Grundschullehrerin.

Im Grunde war die Realschule nicht verkehrt. Ich musste so gut wie nie lernen, Hausaufgaben machte ich kurz in den Pausen zwischen den Stunden, Klassenarbeiten gingen mir leicht von der Hand. So gesehen war für mich alles gut. Bis zum Ende der zehnten Klasse: Nun musste ich mich entscheiden, wie mein Leben zukünftig weiter verlaufen sollte.

Mittlerweile war ich 16 Jahre alt und hatte mehr Mitspracherecht. Aber eben noch nicht vollständig. Mein Wunsch war es, Altenpflegerin zu werden – was meine Eltern für ein No-Go hielten! Die üblichen Klischees über Pflegekräfte (und dann noch ausgerechnet Altenpflege), die heute noch genauso greifen, schlugen mir entgegen. Und gleichzeitig die – durchaus gut gemeinte – Idee meiner Eltern, dass ich »was Kaufmännisches« machen sollte. Etwas Solides, mit Ansehen, guten Arbeitszeiten, ausreichend Geld und Freizeit. So ganz konnte ich den Darlegungen meiner Eltern nicht die richtigen Argumente entgegensetzen. Mit 16 Jahren fehlten mir einfach noch die Kenntnisse der Einwandbehandlung. Immerhin konnte ich einen Kompromiss aushandeln: Ich mache etwas Kaufmännisches, aber ich gehe auch noch weiter zur Schule. Ich wollte die Oberstufe eines Wirtschaftsgymnasiums besuchen. Den Wunsch konnten meine Eltern zwar nicht nachvollziehen – immerhin brauchte ich für eine Ausbildung nicht weiter zur Schule zu gehen. Aber sie fanden auch keine Gründe, die dagegensprachen. Außer, dass man eigentlich nur Abitur machen muss, wenn man hinterher studieren möchte. Und studieren, so hörte ich oft, tun nur die, die keine Lust auf richtige Arbeit haben.

Aber immerhin hatte ich mir Zeit und Luft verschafft. Für mich war diese Lösung ein Mittelweg, da ich in der Schule sehr gut zurechtkam und die Entscheidung für einen Beruf hinauszögern wollte. Also war alles gut. So dachte ich es zumindest zunächst.

DAS SCHEITERN

Sehr schnell stellte sich allerdings heraus, dass die gymnasiale Oberstufe ein anderes Leistungsniveau voraussetzte und erforderte, als ich es von der Realschule gewohnt war. Da ich es gewohnt war, nichts zu tun – oder extrem wenig –, hing ich sehr schnell im Schulstoff hinterher. Es hagelte die ersten schlechten Noten und ich war völlig perplex. Statt nun konsequent zu lernen, was sicherlich die bessere Strategie gewesen wäre, blieb ich immer öfter dem Unterricht fern, um der Situation auszuweichen. Dies führte unweigerlich zu den nächsten schlechten Noten und schließlich dazu, dass ich mich im ersten Halbjahr der 12. Klasse von der Schule abmeldete, und zwar an meinem 18. Geburtstag. Dies war also die erste Amtshandlung, die ich als Volljährige vollzog.

So weit, so gut. Oder auch nicht. Meinen Eltern erzählte ich nichts von dieser Aktion, weil ich keinen blassen Schimmer hatte, was ich alternativ hätte machen sollen. Eine Ausbildung anfangen? Im Oktober und mit den schlechten Noten, die ich hatte (Durchschnitt 4,3) – keine gute Idee. Ein paar Wochen vergingen, ohne dass meine Eltern etwas merkten. Bis zu dem Tag, als meine Mutter ihren Geburtstag feierte und einer der Gäste mich fragte: »Wie läuft es eigentlich in der Schule?« Eine einfache Frage, die Millionen von Erwachsenen Millionen von Kindern stellen. Jeder von uns kennt diese schlichte Frage. Für mich blieb in diesem Moment allerdings die Welt stehen. Interessanterweise war es in genau diesem Augenblick absolut still und alle schauten mich an. Und ich rückte mit der Wahrheit heraus: »Ich gehe nicht mehr zur Schule.« Die Stimmung der Partygesellschaft und die Gespräche für den Rest des Abends kannst du dir sicherlich denken ...

Glücklicherweise waren meine Eltern hilfsbereit und ich dahingehend gesprächsbereit, wie ich mir meinen weiteren Werdegang vorstellte. Da ich unfassbar schlechte Noten hatte und nicht wusste, was ich sonst tun sollte, wollte ich die Schule wechseln und so etwas wie einen Neustart wagen. Mit der Hilfe meiner Mutter, die alles für mich regelte und die unangenehmen Gespräche von mir fernhielt, durfte ich auf ein allgemeinbildendes Gymnasium wechseln und begann dort wieder in der 11. Klasse. Meine Mitschüler waren freundlich (wie die vorherigen auch), die Lehrer waren klasse (wie die vorherigen auch), aber ich tat mich immer noch schwer. Der Schock der schlechten Noten aus der vorherigen Schule hatte mich zögernd, zweifelnd und ängstlich gemacht. Meine Noten wurden zwar besser und ich ging auch regelmäßig zur Schule. Nur fühlte ich mich überhaupt nicht wohl dort. Ich kam mir neben den anderen guten Schülern vor wie ein Loser. Wenn auch du dieses Gefühl schon einmal hattest, weißt du sicherlich: So will man sich auf keinen Fall fühlen!

EIN NEUSTART

Ich fühlte mich wie an einem Tiefpunkt in meinem Leben. Meine Ideen waren gescheitert. Einen richtigen Plan für die Zukunft hatte ich nicht. Nichts zu machen und »abzuhängen« kam für mich aber auch nicht infrage. Also packte ich meinen Stolz zur Seite und fragte meine Mutter, die bei einer Versicherung arbeitete, ob sie mir helfen könne. Ich fragte sie, ob sie dafür sorgen könne, dass ich eine Ausbildung bei dieser Versicherung machen kann. Sie konnte! **In dem Moment erkannte ich zum ersten Mal die Kraft eines Netzwerkes:** Meine Mutter war innerhalb des Unternehmens vorzüglich vernetzt. Später sollte ich noch feststellen, dass fast jeder meine Mutter kannte und irgendwann mit ihr zu tun hatte. Ich erkannte auch, dass ich mir keine groben Fehler erlauben durfte, wenn ich sie und ihre Stellung nicht in Verruf bringen wollte. Und ich wusste: Dies ist nun meine letzte Chance, doch noch etwas aus meinem Leben zu machen. So begann ich meine Ausbildung als Versicherungskauffrau in einer Versicherungsagentur.

Zweieinhalb Jahre später schloss ich die Ausbildung erfolgreich ab. Mein Notendurchschnitt wies eine Eins vor dem Komma aus und ich hatte die blamable Zeit der schlechten Noten hinter mir. Dass ich kein Abitur hatte, störte mich nicht. Immerhin wusste ich, dass dies nur relevant ist, wenn man studieren möchte. Zu diesem Zeitpunkt lag mir nichts ferner als das. Nach der Ausbildung wechselte ich den Arbeitsplatz und arbeitete als Versicherungskauffrau weiterhin in einer Versicherungsagentur. Ich mochte den täglichen Kontakt mit den Kunden und die Beratungsgespräche. Dennoch fehlte mir irgendetwas. Die Tätigkeit war in Ordnung, aber nichts, was ich mir für den Rest meines Lebens vorstellen konnte.

DAS LEBEN SELBST IN DIE HAND NEHMEN

Kennst du den Satz »Sei doch mal zufrieden mit dem, was du hast«? Diesen Satz hielt ich mir selbst und hielten mir andere natürlich entgegen. Er änderte aber nichts an meinem Wunsch nach Veränderung und Weiterentwicklung. Ich setzte mich also mit unterschiedlichen Optionen auseinander. Am Ende erklomm eine Option die Spitzenposition: eine (weitere) Ausbildung zur Altenpflegerin. Als ich dies kundtat, hielt mein Umfeld mich für verrückt bis nicht zurechnungsfähig. Ich war mir meiner Sache aber sicher. Zu diesem Zeitpunkt war es August, und ich setzte – dieses Mal selbst – alle Hebel in Bewegung. So konnte ich tatsächlich zum 1. Oktober des gleichen Jahres die Ausbildung in meinem Traumberuf beginnen. Ich nahm mein Leben selbst in die Hand und war der glücklichste Mensch auf Erden!

Ich liebte meine Wunschausbildung! Alles fiel mir leicht. Die guten Noten, die ich in der ersten Ausbildung als Versicherungskauffrau durch knallhartes Lernen erreicht hatte, flogen mir nun wieder zu. So, wie ich es von der Zeit auf der Realschule gewohnt war. Dabei war der Lernstoff in der pflegerischen Ausbildung deutlich umfangreicher als in der Ausbildung zur Versicherungskauffrau. Damit hatte ich mein zweites Learning: Mach das, was du liebst, und es fühlt sich nicht nach Arbeit an. Natürlich gab es Lernphasen. Diese waren für mich aber nicht mit dem Gefühl der Anstrengung, sondern mit dem Gefühl von Interesse und Vorankommen verknüpft. Ich durfte mich weiterbilden. Ich durfte das machen, wofür ich bestimmt war.

Sehr schnell stellte ich fest, dass ich in meinem Traumjob nicht die Bedingungen hatte, wirklich das zu tun, was ich mir vorgenommen und vorgestellt hatte. Ich wollte für die alten Menschen da sein, mich um sie sorgen und ihnen einen schönen Lebensabend ermöglichen. Die Bedingungen in unserem Gesundheitssystem zeigten aber auch damals schon ihre limitierende Wirkung, und sehr oft blieb von der gewünschten Begleitung der alten Menschen nur »durchkommen und fertig werden« übrig. Einem meiner höchsten Werte, die Menschen zu würdigen und sie zu unterstützen, konnte ich in diesem System auf dieser Position nicht gerecht werden.

WILLST DU HOCH HINAUS, MUSST DU HINDERNISSE ÜBERWINDEN

Zum ersten Mal in meinem Leben wusste ich: Wenn ich in eine Position kommen möchte, in der ich auf das Geschehen einwirken und dieses mitgestalten kann, muss ich die Legitimation dafür über ein Studium erwerben. Nur: Ich hatte nicht einmal das Abitur. Genau genommen war ich meilenweit davon entfernt! Ohne Abitur gibt es kein Studium. Und ohne Studium kann ich an den Gegebenheiten in der

Pflege alter Menschen nichts ändern. Zudem war ich mittlerweile bereits Mitte 20 …

Mein Wunsch, etwas ändern zu können, war indes so stark, dass sich im Folgenden die Frage nach dem »Ob« gar nicht stellte. Ich setzte mich sofort mit der Frage nach dem »Wie« auseinander: Wie kann ich das Abitur erlangen? Welche Möglichkeiten gibt es? Was möchte ich studieren? Und wo? Gibt es einen Numerus clausus (NC), den es zu beachten gilt? Fortan nervte ich die Schulleitung meiner Pflegeschule damit, alle geplanten Prüfungstermine und sonstigen relevanten Termine so früh wie nur irgend möglich genannt zu bekommen. Zeitgleich prüfte ich die Möglichkeiten, das Abitur auf dem zweiten Bildungsweg machen zu können: Zur Auswahl standen drei Jahre in der Abendschule neben der Arbeit oder ein Jahr in Vollzeit. Um nicht noch mehr Zeit zu verlieren – immerhin war ich nach zwei Ausbildungen und Berufstätigkeit nicht mehr die Jüngste –, wählte ich den kurzen Weg: Ein Jahr Vollzeitschule bis zum (Fach-)Abitur. Damit stellte sich die nächste Frage, nämlich die der Finanzierung. Fördergelder wie z. B. BAföG standen mir nicht zu. Meine Eltern meinten, wenn ich arbeiten könne – und mit zwei Ausbildungen war dies definitiv der Fall –, dann solle ich selbst zusehen, wie ich an mein benötigtes Geld für den Lebensunterhalt komme. Verübeln konnte ich es ihnen nicht. Aber ich wusste, was ich wollte, und ich war bereit, alles mir Mögliche dafür zu tun.

Damit komme ich zu meiner dritten Erkenntnis: Wenn dir etwas so wichtig ist, dass sich die Frage nach dem »Ob« gar nicht mehr stellt, sondern du nur schaust, wie du es möglich machst, dann bist du in der Lage, Grenzen zu überwinden. In meinem Fall lagen die Grenzen in Folgendem:

- Wie finanziere ich meinen Lebensunterhalt, während ich in Vollzeit zur Schule gehe?
- Wie kann ich meine Angst überwinden, wieder in der gymnasialen Oberstufe zu versagen?
- Wie gelingt es mir, mit der Schule bereits im August zu starten (und gute Noten zu erhalten), wenn im September erst die Abschlussprüfungen der Pflegeausbildung stattfinden? Einer der ausgewählten Studiengänge hatte immerhin einen NC.

Die Frage der Finanzierung ließ sich mit dem Hinweis meiner Eltern, dass ich mit meinen Ausbildungen in der Lage sei, mein Geld selbst zu verdienen, gut realisieren: In der Woche ging ich zur Schule und am Wochenende arbeitete ich als Pflegekraft. Da ich genau wusste, wofür ich dies machte, war es zwar eine arbeitsreiche, aber dennoch schöne Zeit. Die Freude über das, was damit möglich werden würde, trug mich mit einer gewissen Leichtigkeit durch diese Zeit. Das galt gleichermaßen für die Angst, wieder zu versagen. Mir war klar, dass die Schule sehr gut war – immerhin kannte ich sie. Und ich hatte die Hoffnung, dass es lediglich äußere und innere Umstände waren, die mir seinerzeit die schlechten Noten beschert hatten, und dass es nicht an einer generellen Inkompetenz meinerseits lag. Die Umstände waren nun bessere, dessen war ich mir sicher.

Die letzte Herausforderung, dass sich der Schulbeginn und das Ende der Ausbildung um sechs Wochen überschnitten, löste ich pragmatisch. Der Schuldirektor der Schule erteilte mir – mit Verweis auf meine eigene Verantwortung – die Erlaubnis, mir die ersten sechs Wochen den Lernstoff eigenständig und ohne Anwesenheitspflicht anzueignen. Die Schulleitung meiner Pflegeausbildung ermöglichte mir ihrerseits, zumindest teilweise an dem Unterricht der gymnasialen Oberstufe teilnehmen zu können, da meine Leistungen in der Pflege im sehr guten Bereich lagen und sie keine negativen Auswirkungen für die Abschlussprüfungen befürchtete. So waren die Tage in diesen sechs Wochen davon geprägt, zwischen beiden Schulen hin- und herzufahren, um jeweils so viel Unterricht wie möglich mitzubekommen. Nachmittags und abends lernte ich abwechselnd für die Abschlussprüfungen und arbeitete den Unterrichtsstoff des Gymnasiums nach. Ich hatte am Gymnasium eine Mitschülerin, die mir in dieser Zeit freundlicherweise ihre Mitschriften zur Verfügung stellte. Ab und zu traf ich mich mit meiner besten Freundin oder meinem Freund auf ein Bier oder ein Essen, um nicht völlig den Sozialkontakten und dem Genuss des Lebens zu entsagen. So gelang es mir, nach sechs Wochen die Pflegeausbildung sehr erfolgreich zu absolvieren und eine Woche später die ersten Klausuren auf dem Gymnasium ebenfalls mit sehr guten Noten zu bestreiten. Der Grundstein war gelegt. Am Ende des Schuljahres erlangte ich am 12. Juli 2002 die Fachhochschulreife mit einem Notendurchschnitt von 1,4. Und zwar auf genau der Schule, auf der ich acht Jahre zuvor so unsäglich versagt hatte. Endlich hatte sich der Kreis geschlossen und ich konnte die nächsten Schritte verwirklichen.

ERFOLGE BEFLÜGELN UND GEBEN DEN MUT WEITERZUMACHEN

Mein Weg führte mich nun über eine Aufnahmeprüfung an die Private Universität Witten/Herdecke. Durch das Bestehen dieses Assessment Centers war es mir möglich, auch mit meiner Fachhochschulreife eine Universität zu besuchen. Ab diesem Zeitpunkt war ich eine fast normale Studentin. Ich war mittlerweile 26 Jahre alt, als ich das Studium begann. Meinen Lebensunterhalt verdiente ich weiterhin damit, nebenbei als Pflegekraft zu arbeiten – bis ich eineinhalb Jahre später als Stipendiatin in die Stiftung der Deutschen Wirtschaft (sdw) aufgenommen wurde. Ab diesem Zeitpunkt konnte ich mich vollends dem Studium widmen und fühlte mich angekommen, wie eine »ganz normale Studentin«. Endlich!

Oder doch nicht? Nun ja, fast. In Witten absolvierte ich das Bachelor- und Masterstudium der Pflegewissenschaft und das Grundstudium der Wirtschaftswissenschaften. Danach begann ich als wissenschaftliche Mitarbeiterin an der Universität Heidelberg und machte mich an meine Doktorarbeit. Mit mittlerweile 31 Jahren gab es nun aber auch andere Prioritäten, nämlich die Familienplanung. Was soll ich dir sagen ... eine Doktorarbeit »neben« drei Kindern, die man großzieht ... aber das ist eine eigene Geschichte! So viel sei gesagt: Meine vierte große Lektion im Leben lautet, dass man mit Zielstrebigkeit, Beharrlichkeit, Ausdauer und Durchhaltevermögen sowie mit der Unterstützung durch andere Menschen selbst die schwierigsten Ziele erreichen kann.

ERREICHENSWERT

Wenn du zu einer Zeit in deinem Leben an einem bestimmten Punkt gescheitert bist, bedeutet das nicht, dass du für immer gescheitert bist oder weiter scheitern wirst.

Auch Umwege führen zum Ziel.

UMSETZENSWERT

- Glaub an dich und dein Ziel.
- Kläre deine Optionen und die Rahmenbedingungen.
- Hol Leute mit ins Boot, die dich unterstützen.
- Führe dir deine bisherigen Erfolge vor Augen – egal wie groß oder klein sie dir erscheinen mögen.

ERWÄHNENSWERT

Die Schweizer Erziehungswissenschaftlerin Margrit Stamm von der Universität Freiburg unterscheidet vier Typen von Schulabbrechern[55]:

- Schulversager: eher aus bildungsfernen Familien, fallen durch Leistungsprobleme auf
- Schulmüde: stören den Unterricht, ihre Noten sind ihnen egal
- Außenseiter: haben gute Leistungen, können sich aber nicht in das System Schule integrieren
- Rebellen: haben schlechte Noten und sind verhaltensauffällig

»

Der Schlüssel zu einem erfüllten Berufsleben liegt darin,
nicht nur die Geschwindigkeit, sondern auch die richtige
Richtung zu wählen
und anzupassen.

«

Jörn ist Gründer von »The Career Transition System« und »The MBB Offer Machine« und hilft Menschen, ihre wichtigsten Karriereentscheidungen zu treffen sowie ihre Karriereziele zu erreichen.

17. WIE DU DEINEN KURS NEU AUSRICHTEST
Dr. Jörn Kobus

VON AUFGABENERFÜLLUNG UND ERFÜLLENDEN AUFGABEN

Sie sind überall: Business-Zombies. Ich sehe sie jede Woche. Menschen, die sich als Person herunterfahren, um ihre Arbeit hochzufahren. Den Terminkalender voll mit leeren Aufgaben. Alle Jahre wieder eine kurze Selbstreflexion inklusive Persönlichkeitstest: »Soll es das wirklich sein?« Zwar ist die Antwort meist: »Nein!«, ändert aber nichts. Einfach immer weitermachen. Funktionieren. Links und rechts ausblenden und sich ducken oder maximale Beschleunigung im (Karriere)-Tunnel. Hyperloop.

Um eines gleich klarzustellen: Dies ist keine Aussteigerstory, denn wenn ich für eine Sache stehe, dann ist das Vollgas. Aber: Ich bin für Vollgas mit Richtung. Oder präziser: Erst die Richtung festlegen, dann die Geschwindigkeit erhöhen.

Denn es ist erstens nicht möglich, ein Ziel zu erreichen, das es gar nicht gibt, und zweitens unsinnig, ein Ziel zu erreichen, dessen Erreichen uns gar nicht hilft.

WAS WOLLTEN WIR EIGENTLICH (NICHT)?

Sprechen wir über Karriereplanung, bei der ich vereinfache und in zwei Extreme unterteile: die Lethargischen und die Springer.

- Die Lethargischen bleiben dort, wo sie bereits sind und – zumindest gefühlt – schon immer waren.
- Die Springer sind stark opportunistisch geprägt und immer auf der Suche nach dem nächsten Job und dem »Mehr«: Mehr Vergütung. Mehr Budget. Mehr Headcount. Mehr Entscheidungsgewalt. Mehr von ... irgendwas.

Beide Extreme können valide Karrierestrategien sein, wenn die Beteiligten zufrieden und erfüllt auf ihrem Karriereweg sind sowie das Leben leben, das sie sich vorstellen. Wenn! Basierend auf einigen Tausend Karrierediskussionen – über alle Senioritätslevel hinweg – scheint dies aber leider die Ausnahme und nicht die Regel zu sein. Denn sowohl die Lethargischen als auch die Springer sehen sich in den meisten Fällen nach Veränderung des Status quo. Es fällt beiden Extremen und wohl auch den meisten Menschen dazwischen sehr schwer zu definieren, was sie eigentlich von ihrer Karriere wollen.

Und nun zu dir. Kannst du eine für dich zufriedenstellende Antwort auf die Frage geben, was du mit deiner Karriere eigentlich genau erreichen möchtest und wie du wissen wirst, ob du dabei »erfolgreich« warst oder auch nicht? Dabei geht es nicht um oberflächliche Antworten wie z. B. für ein Job-Interview (»Wo sehen Sie sich in zehn Jahren?«), sondern darum, dass du weißt, wofür du deine Arbeitszeit gerade einsetzt und in Zukunft einsetzen möchtest. Was möchtest du damit genau erreichen?

Ich nenne die Antwort auf die Frage nach dem »beruflichen Wofür« die Karrierevision. Sie ist die Grundbedingung für systematische bzw. zielgerichtete Karriereentscheidungen. Fehlt diese, ist es schwer zu erreichen, was du wolltest, weil gar nicht klar war, was das genau ist. Die Karrierevision fokussiert dabei das Berufliche, das gleiche Konzept ist aber erweiterbar (Gesundheit, Partnerschaft, Finanzen ...). Letztlich ist das Prinzip immer das gleiche: ein wohlüberlegtes, langfristiges Ziel zu haben und dann von diesem Ziel aus rückwärts zu planen und die Entscheidungen der Gegenwart an diesem Ziel auszurichten.

Wenn ich mit meinen Klienten oder auch mit Menschen im Alltag über ihre Karrierevision spreche, höre ich immer und immer wieder die Antwort: »Ich habe sehr klare Ziele«. Und dann kommt so etwas wie:

- Ich möchte 200.000 Euro verdienen.
- Ich möchte eine Führungskraft werden.
- Ich möchte für eine Top-Beratung arbeiten.
- Ich möchte mein eigenes Unternehmen gründen.
- Ich will an Hochschule XYZ studieren.
- Ich möchte unabhängig sein.
- Ich will auswandern.
- Ich möchte …

Anschließend frage ich: »Wofür?« Wofür wird es dir dienlich sein, wenn du das genannte Ziel erreicht hast? Warum wirst du dann zufriedener oder glücklicher sein? Warum trifft die Zielerreichung deine ganz persönliche Definition von Erfolg?

Was folgt, ist in der Regel eine Verteidigungslinie, warum das alles sinnvoll ist, und dann Stille. Und mehr Stille.

In nahezu allen Diskussionen ist die Begründung, »wofür« dieses Karriereziel bzw. diese Karriereentscheidung denn dienlich sei, nicht oder maximal oberflächlich vorhanden. Das gilt für alle Senioritäten und Spezialisierungen: vom Studienabgänger bis zum C-Level. Von Management bis Fachkarriere.

DIE KARRIEREVISION

Wie aber findet man eine hilfreiche Karrierevision? Wahrscheinlich gibt es unzählige Möglichkeiten, sich anzunähern. Allerdings ist mir keine bekannt, die sich in Gänze in dieses Kapitel packen ließe. Das Wichtigste in Kürze: Ich habe ein Video mit einer detaillierten Hilfestellung als Ergänzung zu diesem Kapitel aufgenommen. Den Link dazu findest du am Ende dieses Kapitels.

Eine gute Karrierevision zeichnet sich dadurch aus, dass sie

- stabil genug ist, um eine Richtung vorzugeben, aber
- flexibel genug, um Freiraum in der Zielerreichung zu erhalten.

Sie sollte den Status quo sowie die berufliche Vergangenheit miteinbeziehen. Beispielhafte Fragen sind:

- Was macht mir Spaß/keinen Spaß?
- Was kann ich gut/nicht gut?
- Was will ich lernen (und warum)?
- Wovon möchte ich mehr/weniger und warum?
- Was ist mir wichtig (und warum)?
- Welche Werte sind mir am wichtigsten und wie lebe ich sie?

Auch sollte eine Karrierevision deine jetzige und möglicherweise zukünftige Verantwortung für deinen Sozialkreis berücksichtigen (mit kleinen Kindern oder zu pflegenden Verwandten bist du vielleicht örtlich nicht flexibel oder musst ein bestimmtes Mindesteinkommen erwirtschaften, um den Rest deines Lebens nach deinen Vorstellungen gestalten zu können).

Ein pragmatisches Format der Karrierevision hat sich in der Arbeit meiner Klienten besonders bewährt:

1. Eine langfristige Vision: Das ist das, woran sich deine beruflichen Handlungen ausrichten und messen lassen.
2. Lernziele: Sie geben dir eine konkrete Richtung, was du kurzfristig tun musst, um dich langfristig deiner Karrierevision anzunähern.
3. Werte: Klarheit darüber, wie du deine Ziele erreichen willst.

Ein konkretes Beispiel – meine eigene Karrierevision:

1. Ich werde in den nächsten zehn Jahren die professionellen Laufbahnen von mindestens einer Million Menschen positiv beeinflussen.

2. In den nächsten ein bis drei Jahren muss ich dafür noch mehr über Social Media, Online-Marketing, professionelles Schreiben, Psychologie und Content-Erstellung lernen.
3. All das werde ich mit Fokus auf meine wichtigsten Werte (Familie, Ergebnisse, Authentizität, Vertrauen, Direktheit, Freiheit und Spaß) umsetzen.

Diese Karrierevision funktioniert gut für mich, und wie du merkst, bist du soeben Teil der Umsetzung geworden.

Eine Karrierevision kann dir helfen, deine Zielsetzungen zu reflektieren und zu objektivieren. Du kannst das Format oben gern anpassen, aber bitte stell sicher, dass du deine Gedanken und deine Karrierevision verschriftlichst, also einen Vertrag mit dir selbst schließt.

Ich behandle die Zielsetzungen meiner Klienten, die nicht aufgeschrieben sind, als nicht existent. Es ist menschlich (aber nicht hilfreich), alles Uneindeutige nach Belieben und Tagesform zu interpretieren.

Da ich natürlich weiß, dass nur ein Bruchteil der Leser seine Karrierevision wirklich aufschreibt, noch ein kurzer Hinweis: Egal ob Azubi oder Manager im Multimilliarden-Konzern, nimm dir bitte diese paar Minuten, um über deine (berufliche) Zukunft nachzudenken. Jetzt.

WARUM EINE KARRIEREVISION DEN UNTERSCHIED MACHEN KANN

Welche Konsequenzen kann es haben, wenn man keine Vision für seine Karriere hat? Ich entschied mich nach dem Studium für einen Einstieg in die Strategieberatung (McKinsey & Company), ohne mir klar darüber zu sein, wofür (!) ich das mache.

Um es klar auszusprechen: Das Problem war dabei nicht McKinsey & Company – das Problem war ich. Ich wollte mir »alle Türen offenhalten«, weil ich in Wahrheit überhaupt keine Ahnung hatte, was ich mit meiner Karriere genau anstellen wollte.

Aus der Karrieresicht galt ich als »Top-Performer«, als »High Potential«, als »Young Professional«, weil ich gelernt hatte, alle an mich gestellten Anforderungen herausragend zu erfüllen. Wozu das geführt hat?

- Stipendien im sechsstelligen Wert
- Top-Studienergebnisse
- Summa-cum-laude-Promotion
- McKinsey (~ acht Jahre)

Wozu das nicht geführt hat?

- Zufriedenheit
- Genugtuung
- Klarheit

Bevor ich mich mit meiner Karrierevision auseinandersetzte, war ich ein Getriebener meines eigenen Anspruchs auf »Erfolg«. Der Ablauf meiner »Erfolge« war dabei immer ähnlich: Ich steckte mir ein meist kurzfristiges Ziel — oder es wurde mir vorgegeben — und ich erreichte es mit immer denselben Werkzeugen:

- Brachialer Druck
- Extremes Commitment
- Harte Priorisierung (damit ich an mehreren Fronten liefern kann)
- Support von den absolut besten Individuen in meinem Zugriffsfeld

Mit der Präzision und Zuverlässigkeit eines Uhrwerkes erfüllte ich die Anforderungen und Aufgaben. Tick, Tick, Tick, Tick. Das Problem daran war, dass ich es nie schaffte, in den von mir erfüllten Anforderungen, Aufgaben oder Projekten Genugtuung und Zufriedenheit zu finden. Vielleicht punktuell am Abend des Erfolges, aber eigentlich war spätestens am nächsten Tag das nächste Ziel da. What's next?

Und an dieser Stelle würde ich wirklich gern meine Heldengeschichte auspacken. Leider habe ich keine.

Allerdings machte ich innerhalb des letzten Jahrzehnts eine spannende Beobachtung, die sich mehr und mehr manifestierte: Ich kann mich zwar für meine eigenen Erfolge wenig begeistern, für die Erfolge derjenigen, denen ich geholfen habe, aber schon. Das war die zukunftsentscheidende Erkenntnis und bildet nun den Kern meiner Karrierevision.

Ich weiß jetzt genau, warum ich beruflich das tue, was ich möchte, wofür ich stehe und wie ich es umsetzen werde. Als Umsetzungsvehikel meiner Karrierevision habe ich eine Firma aufgebaut, die – wenn ich einmal ganz ehrlich bin – meine persönliche Unzulänglichkeit (keine Freude und Genugtuung für eigene Erfolge) nutzt, indem sie anderen dabei hilft, ihre beruflichen Ziele zu erreichen. All das hat eine Karrierevision für mich verursacht, als sie gefehlt hat, und bewerkstelligt, als sie vorhanden war.

EINE KARRIEREVISION VERÄNDERT SICH UNUNTERBROCHEN

Eine Karrierevision soll dazu dienen, systematische Entscheidungen für unser Berufsleben zu treffen. Allerdings verändern sich die Rahmenbedingungen, in denen diese Entscheidungen getroffen werden, kontinuierlich:

- Extern, z. B. durch nicht zu kontrollierende Einflüsse wie internationale Konflikte oder makroökonomische Entwicklungen, aber auch
- Intern, z. B. durch die Veränderung eigener Werte und Prioritäten oder durch den Eintritt in eine neue Lebensphase (Heirat, Kinder, Pflegefall …).

Das bedeutet, dass eine Karrierevision regelmäßig auf ihre Aktualität geprüft werden sollte. Diesen Aufwand kann (und sollte) man nicht jeden Monat betreiben. Aber ein- bis zweimal pro Jahr scheint ein guter Zeitraum, um zu reflektieren, wo man auf dem Weg steht und ob die gesetzte Richtung nach wie vor mit dem übereinstimmt, was man will.

Aufgrund der Vielzahl und der Frequenz der Veränderungen ist es praktisch unmöglich, »perfekte« Karriereentscheidungen zu treffen. Das ist in Ordnung, solange man sich grob in die richtige Richtung bewegt.

EINE KARRIEREVISION LÖST NICHT ALLE ZIELKONFLIKTE

Leben bedeutet, in einem ständigen Zielkonflikt zu sein. Das gilt schon innerhalb der Karriere (»Soll ich X oder Y priorisieren?«, »Soll ich Z zusätzlich machen?«, »Soll ich mir einen neuen Job suchen?«), aber erst recht, wenn verschiedene Lebensbereiche um dieselben Ressourcen (deine Zeit, dein Geld, deinen Schlaf ...) konkurrieren.

- Soll ich mir freinehmen, um mehr Zeit mit meinem Kind zu verbringen?
- Soll ich Projekt X noch fertig machen, auch wenn es nur fünf Stunden Schlaf bedeutet?
- Soll ich Hobby X fallen lassen, weil ich neben dem Job nicht mehr dazu komme, mich zu engagieren?
- Soll ich Geld in eine Kapitalanlage oder in meine Ausbildung investieren?
- ...

Klarheit über das, was dir am wichtigsten ist, damit du dein Leben so leben kannst, wie du es möchtest, wird dir helfen, diese Zielkonflikte zu lösen. Für die meisten Abwägungsentscheidungen wird es keine »perfekte« Lösungen geben, nur sinnvolle.

Das bedeutet aber auch, dass es nicht immer reicht, nur zu wissen, was dir wichtig ist. Irgendwann wirst du wissen müssen, was dir am wichtigsten ist. Und so wird es auch leichter zu akzeptieren, dass du in deiner Karriere langsamer vorankommst, wenn du den Fokus zum Beispiel auf die Zeit mit deinen Kindern oder auf deine Gesundheit gelegt hast.

JEDES SCHEITERN NUR EIN WEITERER MEILENSTEIN

Scheitern ist ein weiterer Bestandteil großartiger Karrieren. Eine gute Karrierevision wird dir helfen, mit Scheitern und Rückschlägen viel leichter umzugehen.

Warum? Weil Scheitern nichts Absolutes mehr ist! Denn wenn du dir deiner Sache sicher bist und weißt, was du willst, kannst du ein Scheitern bei dem Zwischenziel als ein Feedback ansehen, das dir sagt, dass du noch einen weiteren der unzähligen zu Verfügung stehenden Wege zum langfristigen Ziel ausprobieren solltest.

- »Was soll ich denn jetzt nur machen?« wird ersetzt durch
- »Dann probiere ich eben etwas anderes aus, ich weiß ja, was ich will«.

Das Mindset ändert sich in: Ich weiß, was und warum ich es will. Nun muss ich nur noch einen Weg finden, es auch zu erreichen.

FAZIT

Ich bin ziemlich orientierungslos durch die erste Dekade meines beruflichen Lebens gegangen. Das hätte ich verhindern können. Ich bin mir zwar sicher, dass ich kein Einzelfall war und auch, dass ich es nicht besser gewusst habe, aber trotz allem lag es in meiner eigenen Verantwortung, meine Karriere zu gestalten. So, wie es in deiner Verantwortung liegt, deine Karriere zu gestalten.

Nichts liegt mir ferner, als pseudo-sinnvolle Vorschläge für dich und deine präzise Situation zu geben. Ich kenne dich und dein Leben nicht. Aber die Frage, mit der ich enden möchte, ist: Kennst du es denn? Und handelst du entsprechend? Du weißt schon: Mut und Machen.

Alles Gute bei deinen Entscheidungen (und vielleicht – nur vielleicht – magst du sie aufschreiben)!

NACHDENKENSWERT

Bist du zufrieden mit deiner Karriere und deinem Karrierefortschritt? Wofür gehst du jeden Tag arbeiten?

ERREICHENSWERT

Zu wissen, was du möchtest und wie du es erreichen willst, wird dir helfen, deine Entscheidungen leichter zu treffen und weniger zu hinterfragen.

ERWÄHNENSWERT

Hier geht es zum versprochenen Video mit mehr Details zur Karrierevision.

https://dr-j.io/careervision

Bitte vergiss nicht, deine Gedanken (und Ziele) zu verschriftlichen!

» Scheitern ist kein Ende, sondern ein Anfang – es gibt uns die Chance, neu zu beginnen und aus unseren Fehlern zu lernen! «

Felix investiert in nachhaltige Start-ups im Ernährungssektor von »Farm to Fork«. Vorher hat er seine eigene Firma aufgebaut und 2020 verkauft.

18. ERFOLGREICH SCHEITERN
Felix Leonhardt

»Success is going from failure to failure without a lack of enthusiasm«

Anonym[56]

»Das war schon mutig, so früh eine Firma zu gründen« — ein Satz, den ich sehr häufig hörte und doch nie verstand. Mit 18 war ich dualer Student in einer klassischen Hamburger Kaufmannsfirma und sehr unglücklich. Jeden Tag mit Anzug und Krawatte von 8 bis 17 Uhr in einem Büro sitzen, wenig spannende Aufgaben und viel Langeweile — für mich gab es nichts Schlimmeres. Während der dreimonatigen Vorlesungszeiten hatte ich wenigstens Kommilitonen um mich herum, in der Firma traf ich je nach Abteilung drei bis zehn Kollegen, die alle im Durchschnitt 15 bis 30 Jahre älter waren als ich. So bis zur Rente arbeiten?

Eigentlich war das duale Studium das Ticket zur sicheren Karriere. Eine Firma bezahlte mir das Studium mit einem monatlichen Gehalt. Ich war finanziell früh unabhängig. Doch an dem Tag, an dem das Gehalt auf mein Konto kam, war ich nur ein wenig besser drauf als an den anderen 29 Tagen des Monats. So wollte ich nicht weitermachen.

War es mutig, so nicht arbeiten zu wollen? Für mich wäre es eine Qual gewesen, so arbeiten zu müssen. Wir alle verfügen über vier echte Ressourcen in unserem Leben, die wir gegeneinander eintauschen können:

- Zeit
- Geld
- Gesundheit
- Beziehungen

Für mich war nach dem dualen Studium klar, dass meine Zeit nach meiner Gesundheit das wertvollste Gut ist, das ich habe. Und ich wollte nicht meine Zeit in einem Job oder einem Umfeld verschwenden, in dem ich nichts bewegen würde.

Also gründete ich mit 21 meine erste Firma. Neben dem Studium machten wir zunächst zwei Frozen-Yogurt-Läden, dann einen dritten auf. Die Läden liefen eher mäßig, die Produktqualität schwankte und wir hatten viele Probleme mit den alltäglichen Abläufen. Wir verdienten wenig Geld, arbeiteten sehr hart — und ich hatte mich noch nie besser gefühlt.

Der Kontrast war eindeutig: der bequeme Job ohne finanzielles Risiko auf der einen Seite, auf der anderen Seite das Aufstehen morgens um fünf, um Eismaschinen sauber zu machen oder sicherzustellen, dass in allen Läden noch frische Toppings vorrätig sind. Es klingt paradox, aber es war eine großartige Zeit für mich.

Da wir bemerkten, wie schwer es ist, in der Gastronomie seinen Lebensunterhalt zu verdienen, entschieden wir, die Firma weiterzuentwickeln. Wir wollten mehr bewegen. Uns war es nicht genug, einfach nur gesündere und bessere Lebensmittel zu verkaufen. Inspiriert von Viva Con Aqua und Lemonaid entschieden wir uns dafür, eine Marke für Konsum mit positiven Auswirkungen zu gründen. Wir wollten auf dieser Welt wirklich etwas bewegen und verändern.

Da wir Frozen Yogurt schon kannten und das Feedback zum Produkt großartig war, entschieden wir uns, Frozen Yogurt in Bio-Qualität in den Lebensmitteleinzelhandel zu bringen. Und mit jedem verkauften Produkt wollten wir mit einem festen Betrag soziale Projekte der Welthungerhilfe unterstützen. Im Sommer 2013 wurde deswegen lycka geboren.

Das einzige Problem: Wir hatten kein Geld für die erste Produktion. Wir hatten auch kein Geld, um unsere Design-Agentur zu bezahlen.

Wir wussten, dass wir ein Weltklasse-Design bräuchten, um im Einzelhandel erfolgreich zu sein. Deswegen fragten wir einfach die größten und erfolgreichsten Markenagenturen in Europa, ob sie für uns eine Marke erstellen könnten. Lust hatten sie alle, es gab nur einen Haken: Sechsstellige Preise waren für uns alles andere als realistisch.

Eine schwedische Agentur bot uns an, das Projekt zum größten Teil auf eigene Kosten umzusetzen; anscheinend fanden sie uns gut. Wir akzeptierten, aber 17.500 Euro waren mehr, als wir im Sommer 2013 auf dem Konto hatten. Also handelten wir aus, dass wir die Rechnung im März 2014 begleichen konnten, und sagten zu. Manchmal muss man auf sich selbst setzen.

Wir schafften es bis zum März, die ersten Business Angel zu begeistern, und brachten im Frühjahr 2014 lycka in die Läden. Die ersten Verkaufszahlen waren gut und wir waren sehr positiv gestimmt. Im ersten Jahr machten wir mehr als 100.000 Euro Umsatz. Für uns damals ein großer Erfolg.

2015 expandierten wir in deutlich mehr Supermärkte und merkten schnell, hier funktioniert etwas nicht. Die durchschnittlichen Verkaufszahlen gingen herunter, die Nische für Frozen Yogurt war zu klein. Wieder standen wir vor einer Herausforderung und Entscheidung. Aufgeben oder weitermachen? Wenn wir weitermachten, was war unser Plan B?

Anstatt aufzugeben, entwickelten wir sehr schnell neue Produkte, immer mit dem gleichen Anspruch: superlecker, Bioqualität und immer mit einem sozialen Aspekt. Jedes Jahr wuchsen wir und brachten immer neue Produkte in den Handel. Es fühlte sich großartig an, sein eigenes Baby so wachsen zu sehen.

Gut lief unser veganes Eis, das schnell zum Hauptprodukt unserer Marke lycka wurde. Der erste wirklich großartige Hit war unsere vegane Tiefkühlpizza, die wir 2019 auf den Markt brachten.

Bis zum Verkauf der Firma im Jahr 2020 haben wir über 120 Produkte gelauncht, von denen vielleicht 25 Produkte sich von Anfang an sehr gut verkauften. Das heißt im Umkehrschluss auch, dass 95 Produkte nicht so gut gelaufen sind. Eine kleine Trefferquote? Viele Niederlagen? Wieso haben wir nicht schon vorher aufgegeben?

Was uns getragen hat, war unser Team und unser Enthusiasmus für die Mission, unsere Branche etwas besser zu machen. Wir wollten wirklich etwas bewegen. Das Wichtigste dabei war, sehr schnell zu lernen, mit tollen Leuten gemeinsam zu arbeiten und nicht aufzugeben.

Mit jedem neuen Produkt haben wir dazugelernt und Dinge optimiert. Unsere Erfolgsquote wurde jedes Jahr besser, Schritt für Schritt. Im Nachhinein ist mir klar geworden, dass ich jeden Fehlversuch brauchte, um besser zu werden. Und ganz ehrlich: Toll hat sich das in diesen Momenten nie angefühlt. Auf diese Weise habe ich innerhalb der acht Jahre Unternehmertum viele Lektionen gelernt. Die wertvollste ist vermutlich die einfachste: Machen lohnt sich. Und was auch immer die erste Idee ist, ist vermutlich fast egal. Einfach mal machen, könnte ja gut werden. Bleib am Ball, lern schnell, entwickle dich und deine Produkte stets weiter.

Wir haben mit drei Frozen-Yogurt-Läden angefangen und Ende 2020 ist daraus eine Firma im Wert von über 25 Millionen Euro geworden.

Während der acht Jahre haben wir viele Finanzierungsrunden abgeschlossen, zwei Akquisitionen durchgeführt, eine Firma von einem DAX-Konzern übernommen, unsere Produkte in über 8.000 Läden gebracht und vor allem über eine Million Euro für unsere Projekte mit der Welthungerhilfe in Malawi und Burundi gesammelt. Das ist der erste Punkt, über den ich mich richtig freue.

Nach dem Verkauf verließ ich die Firma und durfte dann mit ansehen, wie sie in die Insolvenz geführt wurde, ohne dass ich etwas daran ändern konnte. Das war hart, und doch lag auch darin wieder eine großartige Chance: Viele aus unserem Team entschieden sich zu gehen, als ich die Firma verließ, und gründeten eigene Firmen. Anscheinend war der Funke zum »Einfach mal machen« übergesprungen. Und das ist der zweite Punkt, der mich sehr stolz macht.

Mit meiner jetzigen Firma investiere ich in Start-ups. Und ich muss sagen, dass meine damalige Idee wirklich nicht sonderlich gut war. Ich weiß jetzt, dass das meistens egal ist. Hauptsache, man macht.

NACHDENKENSWERT

In jedem Fehler steckt auch ein kleiner Helfer. Auch buchstäblich. Fehler und Helfer haben nämlich genau die gleichen Buchstaben, nur in einer anderen Reihenfolge. Nur durch Fehler können Lernerfolge erzielt werden und nur durch sie wächst man über sich hinaus.

ERWÄHNENSWERT

Lesetipp: »Disciplined Entrepreneurship: 24 Steps to a Successful Startup« von Bill Aulet (Wiley, 2013)

UMSETZENSWERT

Was immer deine Idee ist, du kannst heute damit anfangen. Validiere sie direkt. Bau eine kleine Demo und hol dir Feedback. Es ist egal, wie weit die Demo von der endgültigen Vision entfernt ist – jeder Schritt zählt. Wenn der Stein erst einmal ins Rollen gekommen ist, wer weiß, wo er landet?

» Unternehmertum erfordert den Mut, sich ständig neu zu erfinden und Ungewissheit als Chance für persönliches Wachstum zu begreifen «

Sven ist mehrfach ausgezeichneter Arzt und DeepTech-Gründer. Nebenbei sitzt er in Beiräten von Start-ups und einem Investmentfonds. Zuvor hat er in deutschen Krankenhäusern und für die Fallschirmjäger gearbeitet.

19. VOM ARZT ZUM UNTERNEHMER
Dr. Sven Jungmann

VOM ARZT ZUM DEEPTECH-UNTERNEHMER

Als ich beschloss, die Medizin zu verlassen, hielt man sich mit Meinungen nicht zurück. Einige gaben mir gut gemeinte Ratschläge: »Sie werden keinen sicheren Job mehr haben« und »Ohne Spezialisierung wirst du nie als echter Arzt gesehen werden«. Andere erhoben den Finger und verwiesen auf gesellschaftliche Erwartungen: »Sie sind es der Gesellschaft schuldig, am Krankenbett zu bleiben« oder »Lass dich nicht vom Geld korrumpieren«. Aber die Zwänge und die Monotonie des Klinik-Jobs erstickten meine Kreativität. Ich fühlte mich fremdbestimmt und konnte nicht so viel für meine Patienten tun, wie ich es mir erhoffte — vor allem, weil ich stumpfe Tätigkeiten ausführen musste wie Formulare ausfüllen und Faxe abtippen.

Ich ging mit dem Ziel, ein besseres Gesundheitssystem aufzubauen, ein System, das meine Leidenschaft für die Rückkehr ans Krankenbett wecken würde. Also stürzte ich mich in die Ungewissheit des Unternehmertums. Nun ja, nicht ganz, ich blieb zunächst noch ein paar Jahre angestellt und baute digitale Start-ups für Unternehmen auf, zuerst für die Helios

Kliniken und später über einen »Corporate Venture Builder«. Der große Sprung kam erst Jahre später, als ich einen Ingenieur kennenlernte, der mit einem neuen Gerät Krankheiten wie Krebs im Atem erkennen wollte. Während ich dieses Kapitel schreibe, stehe ich in Verhandlungen über den Verkauf dieses Unternehmens an eine amerikanische Firma, die eine erklärbare künstliche Intelligenz entwickelt, zunächst mit dem gleichen Ziel wie wir, aber inzwischen ist unsere gemeinsame Vision viel größer geworden.

Hier möchte ich mit dir teilen, was ich auf diesem Weg vom Arzt zum Unternehmer gelernt habe.

UNTERNEHMERTUM — EINE ENTSCHEIDUNG

Unternehmertum ist weder angeboren noch erlernt. Es geht um mehr als Fähigkeiten und Mentalität. Man braucht eine gute Portion Optimismus, Neugier und Bescheidenheit, aber es geht auch um Identität und um Anpassungsfähigkeit. In Cambridge, wo ich Entrepreneurship studiert habe, haben wir gelernt, dass unternehmerischer Erfolg ein ständiges Lernen und Verlernen erfordert. Was uns in der Vergangenheit erfolgreich gemacht hat, muss uns nicht zwangsläufig zu den nächsten Zielen führen, und oft können uns alte Gewohnheiten und Denkweisen im Weg stehen. Diese Reise endet nie, Unternehmer sind per Definition immer auf der Suche nach etwas Neuem, wo es noch keine klaren Antworten gibt. Du bist ein Entdecker, sei offen für Überraschungen und lerne, dich immer wieder neu zu erfinden, egal wie oft du es schon getan hast.

SICH ZUR EIGENEN IDENTITÄT BEKENNEN

Viele verbinden ihre Identität mit ihrem Beruf. Das zeigt sich besonders bei traditionellen Berufen wie dem Arztberuf. Da gibt es ein klares Rollenbild, ein gewisses Prestige und eine definierte gesellschaftliche Stellung, die man als Unternehmer in der Regel erst einmal nicht hat. Natürlich ist es bequemer, eine vordefinierte Rolle zugewiesen zu bekommen, als sich selbst zu finden und sich in dieser Individualität zu behaupten. Aber es ist unsere eigene Entscheidung, wer wir sein wollen.

Rollenmodelle können uns dabei nur bedingt helfen, denn wenn wir zu einer Kopie von jemand anderem werden, können wir uns selbst nie voll und ganz ausleben. Irgendwann habe ich erkannt, dass ich keines der Leben führen wollte, die selbst die beeindruckendsten Ärzte, die ich kannte, geführt haben. Und noch länger hat es gedauert, bis ich begriffen habe, dass ich nicht alles machen muss, was ich kann, sondern mich auf die Dinge konzentrieren sollte, die mir wirklich Energie geben. Erst dann können wir wirklich die Menschen finden, die uns perfekt ergänzen, weil wir dann auch für sie der richtige Partner sind. Wenn es in einem Gründerteam wirklich komplementäre Fähigkeiten gibt, ist die gemeinsame Leistungskraft exponentiell und nicht nur additiv.

DER GRÖSSTE FEHLER, DEN UNTERNEHMER MACHEN

Angst droht oft, unsere Ambitionen zu lähmen, aber sie kann auch ein wertvoller Wegweiser sein, wenn wir die Furcht vor ihr verlieren. Meine Zeit beim Militär hat mich gelehrt, dass Angst unsere Entscheidungen beeinflussen, aber nicht diktieren sollte. Ich habe meine Höhenangst überwunden, indem ich zu den Fallschirmjägern gegangen bin, und meine Angst vor Krankheit, indem ich Arzt geworden bin. Und meine Angst vor dem Rampenlicht habe ich überwunden, indem ich Redner wurde und im Fernsehen auftrat. Durch die bewusste Konfrontation mit diesen Ängsten gewann ich Selbstvertrauen und fand Wachstum auf der anderen Seite des Unbehagens.

Unternehmertum macht Angst. Sicher ist nur das Risiko der Pleite, die hundertfachen Absagen, die langen Nächte und das fehlende Einkommen. Ob all der Schweiß jemals zum Erfolg führt, ist ungewiss. Das größte Risiko besteht jedoch darin, es nie zu versuchen und damit weder die Chance auf etwas Großes zu haben noch die unglaubliche Fülle an Lernerfahrungen und Kontakten, die mit der Start-up-Reise einhergehen.

EIN MARATHON, KEIN SPRINT

Als ich in London an einem Graffiti mit der Aufschrift »Overnight success takes years« vorbeikam, musste ich lachen. Jahre später habe ich verstanden, wie viel Wahrheit in diesen vier Worten steckt. Ständige Anstrengung war die Norm meiner letzten zehn Jahre. Selbst wenn ich nicht motiviert war, habe ich weitergemacht. Von Montag bis Sonntag, von früh bis spät. Konsequenz in der Umsetzung ist eine wichtige Zutat für unternehmerischen Erfolg. Es ist das Versprechen an sich selbst, jedes Mal ein Detail besser zu machen als zuvor. Es gibt selten den einen großen Sieg, sondern Erfolg entsteht durch eine Reihe kleiner Erfolge über einen längeren Zeitraum hinweg. Manchmal sieht man erst später, wie ein Erfolg zum nächsten führt.

Das bedeutet aber nicht, dass man sich endlos erschöpfen sollte. Mehr Anstrengung führt nicht immer zu besseren Ergebnissen. Ich dachte zu lange, dass ich nur dann erfolgreich bin, wenn ich mir die Nächte um die Ohren schlage und meinen Urlaub opfere. Aber je höher man kommen will, desto mehr kommt es auf die Qualität der eigenen Entscheidungen an — und die leidet, wenn man sich zu wenig um sich selbst kümmert. Bis ein Unternehmen erfolgreich ist, vergeht oft mehr als ein Jahrzehnt, und wir müssen der Gesundheit von Geist und Körper Priorität einräumen.

UNSER UMFELD BEEINFLUSST UNS MEHR, ALS UNS LIEB IST

Zu Beginn meiner Karriere bewunderte ich Kliniker, welche die Exzellenz verkörperten, die ich anstrebte. Doch als sich meine Vorstellungen von meinem eigenen Leben verdichteten, stellte ich fest, dass keiner von ihnen so lebte, wie ich es mir für mich wünschte. Jeder von ihnen hatte kluge Ratschläge für mich, aber nur wenige davon waren für mich relevant. Auf der Suche nach Rat wurde mir klar, wie oft Menschen ihre eigenen Erfahrungen, Vorurteile und Wünsche auf andere projizieren, und ich musste lernen zu verstehen, welcher Rat für mich wirklich hilfreich ist. Heute stelle ich mir zwei Fragen, bevor ich entscheide, wie viel Aufmerksamkeit ich einem Rat schenke. Erstens: Kommt er von jemandem, dessen Leben ich gern führen würde oder der etwas erreicht hat, was ich auch erreichen möchte? Zweitens: Hat diese Person wirklich über meine Ziele, meine Situation und meine Vorlieben nachgedacht, bevor sie mir einen Rat gegeben hat? Erst wenn ich beide Fragen mit Ja beantworten kann, nehme ich einen Rat wirklich ernst.

Erst als ich erfahrene Gründer und Investoren in meinem Freundeskreis hatte, ging meine Lernkurve steil nach oben. Mit ihnen konnte ich meine

Herausforderungen diskutieren und aus ihren Fragen und Gedanken lernen, worauf es in diesen Momenten wirklich ankommt. In der Abstraktion von Lehrbüchern und Vorlesungen gehen die Details, auf die es ankommt, oft verloren. Das implizite Wissen aus jahrelanger Erfahrung entfaltet sich oft erst in den Besonderheiten realer Herausforderungen. Gerade in der Welt der Innovation tummeln sich viele, die viel reden, aber den Weg nie wirklich gegangen sind. Ich habe gelernt, auf diejenigen zu hören, die bewiesen haben, dass sie etwas können und nicht nur wissen.

NÄHREN, WAS UNS ENERGIE GIBT

Mir wird oft und gern gesagt, dass ich eigentlich zu viel mache: ein Unternehmen gründen, Bücher und Artikel schreiben, Vorträge halten, in Beiräten sitzen, einen Song herausbringen. Das sei alles Ablenkung und die allgemeine Weisheit sei, dass man sich auf eine Sache konzentrieren müsse. Das mag für andere stimmen, aber für mich gibt es eine andere Logik. Gründen bedeutet oft, ständig einstecken zu müssen, ein Meer von Ablehnung und Spott zu ertragen und lange Zeit kein Einkommen für seine harte Arbeit zu sehen. Mein Portfolio hat mir dabei geholfen, durchzuhalten — finanziell, aber auch emotional. Es tat einfach gut, für eine Beratung oder einen Vortrag geschätzt zu werden oder zwischen zwei anstrengenden Fundraising-Terminen ein lustiges Gespräch mit einem geschätzten Co-Autor zu führen. Ohne solche Momente wäre ich wahrscheinlich irgendwann finanziell und emotional am Ende gewesen.

Auch negative Emotionen können eine wichtige Quelle von Energie und Wachstum sein. Frustration wurde zu meiner größten Superkraft. Ein schmerzhafter Liebeskummer hat mich empathischer gemacht. Die Erschöpfung nach einer langen Nachtschicht hat mir mehr Klarheit über meine tiefe Frustration gegeben, die aus meiner aktuellen Lebenssituation entstand. Die Ablehnung eines Preises machte mich so wütend, dass ich es besser machen wollte. Die Quintessenz ist, dass wir für uns verstehen müssen, was uns Energie nimmt und was uns Energie gibt. Und das müssen wir bewusst nutzen.

WIE MAN PRIORITÄTEN SETZT UND SEIN LEBEN GESTALTET

»Heute werde ich tun, was andere nicht tun, damit ich morgen tun kann, was andere nicht können.«

– Jerry Rice[57]

Ein Unternehmen zu gründen, erfordert eine radikale Prioritätensetzung, bei der du Dinge, die du am meisten willst, für Dinge, die du am wenigsten willst, opfern musst. Du musst zu Abendessen mit Freunden, Wochenendausflügen und Theaterkarten Nein sagen. Viele werden dich nicht verstehen und manche werden es sogar persönlich nehmen. Aber unsere knappste Ressource ist nicht Zeit, sondern Aufmerksamkeit.

Wenn man Prioritäten setzt, darf man jedoch nicht vergessen, dass es ein Leben jenseits der Karriere gibt. Beruflicher Erfolg ist nicht gleichbedeutend mit Erfüllung. Ich habe Gründer erlebt, die sich nach dem Unternehmensverkauf unerfüllt fühlten und sich auf eine lange Reise der Selbstfindung begaben oder destruktive Entscheidungen trafen. Wir fixieren uns oft auf leicht messbare Ziele wie Geld oder Titel. Aber persönliches Wachstum, Freundschaften, glückliche Kinder und bedeutungsvolle Momente geben uns das tiefste Gefühl von Sinn.

Auf meinem Weg habe ich gelernt, dass Selbstreflexion und emotionale Kompetenz entscheidend sind, um zu verstehen, was mich wirklich glücklich und zu einem guten Teammitglied macht. Ohne diese Grundlage kann das Streben nach Erfolg leicht zu einem leeren Unterfangen werden. Dies spiegelt eine grundlegende Wahrheit wider: Das, woran du arbeitest, arbeitet mehr an dir als du an der Sache. Die Erfahrungen, die wir machen, prägen nicht nur unsere Leistung, sondern auch unseren Charakter und unsere Ziele.

DU SCHEITERST ERST DANN, WENN DU AUFGIBST

Eine der größten Herausforderungen des Unternehmertums sind nicht die Hindernisse selbst, sondern die Versuchung, zu früh aufzugeben. Fortschritte scheinen oft langsam zu sein, und die Frustration kann so groß werden, dass es verlockend ist, eine Idee für etwas Neues und Besseres aufzugeben. Aber Ausdauer ist der Schlüssel. Es ist leicht, die kleinen Fortschritte auf dem Weg zu übersehen, besonders wenn die ersten Ergebnisse nicht den Erwartungen entsprechen. Durch mein Engagement und die Verfeinerung meines Ansatzes habe ich gelernt, dass Rückschläge oft dem Durchbruch vorausgehen. Jede Herausforderung birgt Lektionen. Trotz aller Widrigkeiten weiterzumachen, führt zum Erfolg. Man darf sich dabei allerdings nicht in sein erstes Produkt verlieben, sondern in das Problem, das man zu lösen versucht. Und man muss bereit sein, Dinge aufzugeben, die man liebt. Bescheidenheit ist eine wichtige Zutat für gutes Unternehmertum.

Wenn du erfolgreiche Unternehmer fragst, was sie gern gewusst hätten, bevor sie ihr Unternehmen gründeten, wirst du oft hören: »Tausend Dinge, aber ich bin froh, dass ich sie nicht wusste, sonst hätte ich es nie getan.«

Es ist wichtig, die Schwierigkeiten durchzustehen, dabei zu lernen und sich anzupassen. Ein schrittweiser Fortschritt mag am Anfang schwer zu erkennen sein, aber jeder Misserfolg verfeinert deine Herangehensweise. Auf diese Weise entwickelst du die Widerstandsfähigkeit und die Anpassungsfähigkeit, die du brauchst, um deine Ideen in die Realität umzusetzen. Letztendlich führt Beharrlichkeit dazu, dass deine Bemühungen, Rückschläge und Lektionen zusammenkommen und dir den Weg zum Erfolg ebnen. Die Gründerreise ist auch eine Reise zu dir selbst.

NACHDENKENSWERT

- Welche Grundwerte definieren deine Identität und wie könnten sie deine langfristige Karriere bestimmen?
- Gibt es Denkweisen oder Gewohnheiten, die dich daran hindern, neue Ziele zu erreichen? Wie könntest du sie ändern oder ablegen, um dein Wachstum zu fördern?
- Was gibt dir Energie und Erfüllung? Wie könntest du ihnen bewusst Priorität einräumen, um auch in schwierigen Zeiten widerstandsfähig zu bleiben?

ERWÄHNENSWERT

Schau dir auf YouTube das Video an: Don't follow your passion.[58] Von @ a16z

https://www.youtube.com/watch?v=uaSqh4DiQSw

ERREICHENSWERT

- Eine tägliche Fitnessroutine einhalten, die auch Erholungsphasen zulässt.
- Den Unterschied zwischen Überzeugung und Sturheit verstehen und leben.
- Ein soziales Umfeld haben, das sich gegenseitig stärkt, respektiert und motiviert, und den Rest hinter sich lassen.

» Wir brauchen Mut, traditionelle Praktiken zu hinterfragen und innovative Ansätze zu integrieren, um unsere ökologische Verantwortung zu erfüllen. «

Florian steht in der Mitte des Lebens und ist Gründer von »Schöne Neue Welt Ingenieure« mit neuen Ansätzen in einem alten Geschäftsfeld.

20. NACHHALTIGE BAUWENDE
Florian Scheible

WIE WOLLEN WIR MORGEN LEBEN?

Für ein solides Haus braucht es ein solides Fundament. Wie jedoch soll dieses Fundament aussehen, wenn man noch nicht weiß, wie das Haus aussehen wird, das dereinst darauf errichtet werden soll? In der Architektur sind zu Beginn des Entwurfs Fragen nach dem Bedarf, dem Ort und der Beziehung zu den Nutzern und zur Umgebung relevant. Neuerdings sind es auch Fragen nach dem Material und den Emissionen. Überlegungen zum Fundament gehören jedoch in der Regel nicht zu den ersten Fragen, die man sich stellt.

Wenn man diese Überlegungen auf das Leben überträgt, könnte man sagen: Habe ich bereits in jungen Jahren eine ausgeprägte Haltung, also ein solides Fundament, und gestalte mein Leben so, dass es von dieser Haltung geleitet wird, dann setzt dies ein hohes Maß an Selbstreflexion voraus. Gerade als junger Mensch greift man oft Gelegenheiten auf, von denen man meint, dass sie sich gut einfügen würden, oder man folgt Interessen und Neigungen. Erst durch das eigene Handeln über die Jahre hinweg schält sich eine immer klarere Ausrichtung heraus, ein Bewusstsein, das auch die Grundlage von späteren Entscheidungen bildet.

So jedenfalls ging es mir mehrfach in der Vergangenheit. Mit rund 20 Jahren Berufserfahrung und vier fast erwachsenen Kindern stand ich vor einigen Jahren vor der Frage, ob das, was ich tue und wie ich es tue, genau das ist, was ich auch in der zweiten Hälfte meines Arbeitslebens fortsetzen möchte. Eine Frage, die sicher viele umtreibt, die in der Mitte des Lebens stehen.

Nach einer Ausbildung zum technischen Zeichner im Stahlbau und dem Zivildienst in einer Obdachlosenberatung habe ich Architektur studiert. Diese Schritte waren eine Folge von äußeren Randbedingungen (Wartesemester und Wehrpflicht) und Neigung (Kunst und Technik vereinen). Neben den fachlichen Aufgaben habe ich immer nach den sozialen Aspekten der Tätigkeiten gesucht. Ehrenamtliche Aufgaben als Jugendvertreter in der Ausbildung, im Studierendenrat, als Vorstand im Alumniverein der Stiftung der Deutschen Wirtschaft und mein berufspolitisches Engagement in der Architektenkammer gehörten und gehören dazu. Auch die Mitwirkung bei der Organisation und Strukturierung der Büros, in denen ich arbeitete, waren Teil meiner Tätigkeiten. Das Ziel waren gute Arbeitsbedingungen.

Allen Aktivitäten lag jedoch nicht das Ziel oder auch nur der Versuch zugrunde, zu einem ganzheitlichen Bild des eigenen Handelns zu finden. Vieles war dem Bedürfnis geschuldet, Alltagsprobleme zu meistern und das Leben als solches in den Griff zu bekommen.

Das Heranwachsen der eigenen Kinder konfrontierte mich mit der Frage, welche Welt ich ihnen hinterlassen werde und ob ich ausreichend Verantwortung dafür übernommen habe, an den Grundlagen für eine lebenswerte Zukunft mitzuwirken. Einige Erkenntnisse aus diesen Überlegungen möchte ich hier teilen.

REFLEXION

Bereits 1990 haben wir uns in der Schule intensiv mit dem Treibhauseffekt, dem Umweltschutz und den Konsequenzen für Natur und Menschheit befasst. Danach habe ich mir aber rund 25 Jahre lang neben Mülltrennung und Vermeidung von Urlaubsflügen keine nennenswerten Gedanken mehr dazu gemacht. Obschon das Wissen um den Ressourcenverbrauch vorhanden war, handelte ich genauso wenig danach wie die meisten anderen in meinem Umfeld. Die Fahrt aufnehmende Debatte um Umweltbewusstsein und unseren ökologischen Fußabdruck haben aber die enormen ökologischen und damit auch gesellschaftlichen Herausforderungen in den Fokus des gesellschaftlichen Diskurses und auch meiner Überlegungen gerückt. Neben ökologischen Gesichtspunkten stellen sich hier Fragen des gesellschaftlichen Zusammenhalts, beides hängt eng miteinander zusammen.

Wir sind als Gesellschaft gut darin, Fakten zu analysieren, Schlussfolgerungen zu ziehen und diese im nächsten Moment zu ignorieren. Man denke nur an Freizeitbeschäftigungen, die mit Gesundheitsrisiken verbunden sind, aber dennoch Spaß machen, weshalb man negative Folgen in einer ungewissen Zukunft nicht ernst nimmt. Auch hierbei werden Gesundheitskosten vergesellschaftet, doch erst einmal müssen diejenigen das nur vor sich selbst verantworten. Wenn wir in gleicherweise so beim Planen von Gebäuden vorgehen – und tatsächlich ist dies auch heute noch in der Regel der Fall –, ist das Resultat jahrzehntelang für alle sichtbar und die negativen Umweltwirkungen belasten unser Ressourcenbudget langfristig.

Bauen exponiert sich im öffentlichen Raum; die Art, wie wir bauen, offenbart eine Haltung und ist ein Spiegel der Zeit und der Gesellschaft, die es hervorgebracht haben. Die Resultate manifestieren dies für lange Zeit. Allen am Planen Beteiligten kommt daher eine besondere Verantwortung zu. Umso wichtiger ist es, die dem Bauschaffen zugrunde liegende Haltung immer wieder zu hinterfragen und einem fortlaufenden Diskurs zu unterwerfen.

Planen und Bauen verfügen wie kaum ein anderer Wirtschaftszweig über einen enormen Widerstand gegenüber Veränderungen. Andererseits ist das Bauen von Behausungen eine der ältesten Tätigkeiten des Menschen. Heutzutage ist das Bauen überreguliert, mit Tausenden Normen, Verordnungen und Richtlinien, und mit hohen Haftungsrisiken versehen, was jede Veränderung im Keim zu ersticken droht. Fachliches Wissen wird auch dadurch immer weiter fragmentiert und immer spezieller, die Planung großer Projekte erfordert ein sich immer weiter aufgliederndes Know-how. Korrekterweise ist hier anzumerken, dass diese Aufgliederung sicher auch wirtschaftlichen Interessen unterworfen ist. Und es gibt sehr wohl auch nennenswerte Versuche, dem entgegenzuwirken, beispielsweise die Forschungsprojekte »Einfach Bauen« und »Gebäudetyp e«.[59]

Es zeigt sich: Unser privates wie berufliches Handeln ist unfassbar vielen Zwängen unterworfen, von denen wir uns oft nur schwer befreien können. Daher ist es so wichtig, das eigene Tun kontinuierlich zu hinterfragen und die zahllosen Abhängigkeiten, in denen wir stehen, in die Waagschale zu werfen: Sind die Paradigmen, die ich für mein Leben sehe, wirklich so unverrückbar, wie ich meine? Ist mein Handeln dazu geeignet, den Fußabdruck, den ich hinterlasse, kleiner werden zu lassen? Was muss ich möglicherweise ändern, um mir selbst später sagen zu können: Ich habe alles getan, was mir möglich war, um in meinem Umfeld ökologische und gesellschaftliche Verantwortung zu übernehmen. Was oft dazu gehört: sich nicht von Bequemlichkeiten leiten zu lassen, sondern auch bereit zu sein, Mühen auf sich zu nehmen.

GRÜNDUNG

Ende 2022 bot sich unerwartet die Gelegenheit zur Gründung eines eigenen Unternehmens und damit die Chance, für meine Fragen neue Antworten zu finden. Gemeinsam mit einigen Gleichgesinnten stellten wir das Planen ressourcenschonender und emissionsarmer Bauten ins Zentrum des Gründungsgedankens.

Wir wollten gerade die bekannten Herausforderungen als Chance begreifen, die Dinge anders anzugehen. Neben den ökologischen Ansprüchen legten wir den Fokus auf einen Kollektivansatz und ein kooperatives Umfeld.

Dabei spielte auch der Name unseres Büros eine wichtige Rolle. Im Planungsumfeld war es lange üblich, dass die Büros die Namen der Inhaber wiedergeben. Die Kammergesetze fordern dieses überkommene Relikt noch heute. Aber gerade die Ausrichtung auf Namensgeber hilft nicht dabei, Initiative, Vielfalt und Kreativität zu fördern. Wir entschieden uns für »Schöne Neue Welt Ingenieure«. Die vielfältigen Bedeutungsebenen geben immer wieder Anlass zu Diskussionen, was im besten Marketingsinn dazu beiträgt, dass der Name haften bleibt. Er steht für unsere Suche nach neuen Ideen und einem zukunftsfähigen

Selbstverständnis. Der Name provoziert auch bewusst, denn der notwendige Wandel im Bauen erfordert mutiges Umdenken und Handeln.

Die Überzeugungen und Werte werden damit zum Motor der Arbeit. Wir möchten aktiv mit Planungspartnerinnen und -partnern an Projekten arbeiten, die nachhaltig und umweltbewusst umgesetzt werden. Dabei geht es um kreatives Denken und den Austausch von Ideen. Die Gründung ermöglicht, neue Arbeitsmethoden auszuprobieren und ein kreatives, motivierendes Umfeld zu schaffen. Wir setzen auf moderne Konzepte wie New Work und rollenspezifisches Arbeiten. Diese Ansätze geben den einzelnen Teammitgliedern mehr Eigenverantwortung und Gestaltungsfreiheit. Die räumliche Unabhängigkeit spielt dabei eine entscheidende Rolle – egal ob im Berliner Büro, im Ausland oder auf einem Segelboot, das Team arbeitet dort, wo es für das Projekt und die Gemeinschaft am besten passt. Das wird von Außenstehenden oft als Experiment verstanden. Denn es werden tradierte Logiken der Kontrolle und Überwachung von Arbeitszeiten und -inhalten aufgegeben. Für uns ist dies inzwischen bewährter Alltag.

MACHEN

Für die Arbeit sollte der zentrale Aspekt die enge Verzahnung zwischen der Planung und dem Anspruch an das nachhaltige Bauen sein. Die Auswahl des richtigen Materials, die Kreislauffähigkeit und die Verfügbarkeit sind essenziell. Dies führt zu einem spannenden Diskurs zwischen Architektur und konstruktiven Regeln, um umweltbewusstere Konzepte zu entwickeln.

Für uns als Team steht fest, dass der Wandel im Bauwesen von einem klaren Umdenken begleitet sein muss: Können vorhandene Gebäudestrukturen weitergenutzt werden? Können Bauteile aus Urban Mining verwendet werden? Und wie lässt sich die Planung so gestalten, dass die Materialien später wiederverwendet werden können? Nur durch diese Überlegungen kann nachhaltiges Bauen Wirklichkeit werden.

Der Tragwerksplanung und der Entwicklung von Gebäudehüllen kommt in diesem Zusammenhang eine besonders wichtige Rolle zu, da die Struktur durch ihre Materialwahl rund 70 Prozent des Ressourcenverbrauchs bestimmt und die Gebäudehülle mit ihrer Performance vor allem den Energieverbrauch über den Lebenszyklus steuert.

Die Frage, ob ein Neubau überhaupt notwendig ist oder ob bestehende Strukturen genutzt werden können, steht am Anfang eines Projekts. Wenn neue Bauteile unvermeidlich sind, sollte Urban Mining, also die Wiederverwendung vorhandener Materialien, eine zentrale Rolle spielen. Erst wenn diese Möglichkeiten ausgeschöpft sind, beginnt die Suche nach neuen, möglichst umweltverträglichen Materialien wie z. B. Holz-Beton-Verbunddecken oder Lehmbau. Die Suche nach besseren Lösungen führt zu reduzierten Glasanteilen, Dachüberständen für konstruktiven Holzschutz, modularen Bauweisen und einem stärkeren Bemühen, gebrauchte Baumaterialien zu verwenden. Traditionelle Konzepte wie immer weiter und immer schlanker zu bauen, verlieren an Bedeutung, da der Fokus nun auf der sinnvollsten und ressourcenschonendsten Nutzung der Materialien liegt.

Die Zielsetzung ist klar: Emissionen verringern und alle Ressourcen bestmöglich nutzen. Wir beobachten, dass diese Ansätze beginnen, die Ästhetik der Architektur zu verändern.

Konkret sichtbar wird das beispielsweise bei einem Projekt, bei dem ein ehemaliges Warenhaus beplant wird, das zu einem Bürogebäude umgenutzt werden soll. Dessen bestehende Stahlbetonstruktur wird weiterverwendet und erhält eine neue Hülle aus Glas und Holz.

Die größten Herausforderungen ergeben sich daraus, stets neugierig und offen für neue Methoden zu bleiben. Bestehende Normen infrage zu stellen und innovative Ansätze konsequent umzusetzen. Mit dem Willen zum Umdenken und der Überzeugung, Teil grundlegender Veränderungen zu sein, lassen sich echte Fortschritte erzielen. Eine Haltung, welche die individuellen Fähigkeiten eines jeden Teammitglieds einbezieht und respektiert, sorgt für ein Umfeld, in dem Innovation gedeihen kann und in dem ein jeder seinen Teil beiträgt und Verantwortung übernimmt.

So kann es eine kollektive Vision sein, gemeinsam neue Wege zu beschreiten und mit Überzeugung und Selbstvertrauen eine nachhaltige Bauweise zu etablieren, die Architektur und Ingenieurwesen auch als einen weiteren Schlüssel zum Umweltschutz begreift.

VERANTWORTUNG

Im Kern geht es darum, Verantwortung zu übernehmen und zu versuchen, mit Innovation und Veränderung sowie der Vernetzung von technischen, kulturellen und gesellschaftlichen Aspekten einen positiven Beitrag zu leisten.

ERREICHENSWERT

Globale Krisen fordern uns heraus. Kann es mir gelingen, mein Handeln so darauf auszurichten, dass ich im Guten wirksam werde?

NACHDENKENSWERT

Die Organisationsform kann über den Erfolg einer Geschäftsidee entscheiden.

Welche Faktoren beeinflussen die Überzeugungskraft meiner Geschäftsidee? Welche Rolle spielt das Team dabei?

ERWÄHNENSWERT

- Die Grundprinzipien kollaborativen Arbeitens von Frederic Laloux, Reinventing Organizations, Vahlen 2015
- Die konkrete Umsetzung von Bernd Oestereich und Claudia Schröder: Agile Organisationsentwicklung, Vahlen 2019

AN-
KOMMEN

»

Durch empathische Führung können wir die Stärken und Potenziale jedes Einzelnen freisetzen und so einen echten Unterschied machen.

«

Simon, CEO bei BBDO Germany, ist ein internationaler Marketing- & Werbeexperte, Berater und Speaker. Er ist Autor & Co-Herausgeber des Anti-Rassismus-Buches und SPIEGEL-Bestsellers »People of Deutschland«.

21. MENSCHENZENTRIERTE FÜHRUNG FÜR DIE ZUKUNFT
Simon Usifo

HERKUNFT UND HEIMAT

Im Rheinland aufgewachsen zu sein, empfinde ich bis heute als Privileg, besonders wegen der Rheinromantik zwischen imposanten Schlössern und Burgen, dem Frohsinn und der Geselligkeit von Winzerfest und Karneval. Die Behauptung, es handle sich bei Köln nicht nur um eine Stadt, sondern um ein »Jeföhl«, ist symptomatisch für das Selbstverständnis einer ganzen Region. Erst recht, wenn man, wie ich, hier geboren ist.

Doch die vermeintliche Idylle trügt. Was ist, wenn die Geburt auf dem rheinländischen Boden weniger wert ist als intuitiv angenommen? Der amerikanische Soziologe Charles Horton Cooley betont im frühen 20. Jahrhundert die soziale Natur der Identitätsbildung. Es beschreibt, wie Menschen ihr Selbstkonzept durch die Reflexion der Reaktionen und Wahrnehmungen anderer formen.[60]

Als Sohn eines schwarzen nigerianischen Vaters und einer weißen französischen Mutter stelle ich fest, dass mir trotz scheinbar perfekter Integration — zumindest in der Wahrnehmung meines Gegenübers — stets ein µ an Deutschsein fehlte. Früher mangelte es mir an der eigenen Sensibilisierung für strukturelle Diskriminierung sowie an der Möglichkeit, meine Gefühle diesbezüglich zu artikulieren. Erst im Nachhinein erkenne ich, dass die ständige Frage nach der Herkunft, das Exotisieren durch die ungefragten Berührungen meiner Haare, die Kriminalisierung in Spielwarenläden, die Schikane bei der Fahrscheinkontrolle, rassistische Witze auf meine Kosten, die in meinem Umfeld gemacht werden, einige wenige Beispiele für Phänomene sind, die man heute als Fremdmarkierung, Mikroaggressionen und unbewusste Vorbehalte bezeichnen würde. Kurz gesagt: Rassismus.

Ich entschied mich für die Flucht nach vorn. In Räume, in denen mein vermeintliches Anderssein keine wesentliche Rolle spielt. Damals gab es genau zwei Situationen, in denen es sich so anfühlte, als könnte ich komplett in der Masse untergehen, obwohl ich zwangsläufig herausstach. Die erste Situation erlebte ich als Mittel- und Langstreckenläufer im Leistungssport. Dort fühlte es sich an, als würde ich meine Laufschuhe an- und meine Hautfarbe ausziehen. Zudem erlebte ich es als Praktikant im Ausland bei großen internationalen Unternehmen. Dort wurde ich auch zum ersten Mal selbstverständlich als Deutscher akzeptiert — ohne Nachfragen. Gleichzeitig unterstützten mich Mentorinnen und Mentoren.

Getragen von dieser unerwarteten Zugehörigkeit wagte ich direkt nach meinem Studium der Medienökonomie in Köln den Sprung ins Ausland. Ich stellte mich der Herausforderung, mit mittelmäßigem Schulenglisch und ohne substanzielle Berufserfahrung die internationale Werbebranche von London aus zu erkunden.

UMWEGE ALS WEGWEISER

Was auf dem Papier nach einem mustergültigen Karriereeinstieg anmutet, entpuppte sich im ersten Jahr als eine meiner größten Herausforderungen. Völlig überfordert von meiner Arbeit als Account Executive in der Mediaagentur des international führenden Netzwerkes Ogilvy, lernte ich nach einer ziemlich langen Erfolgssträhne in Schule und Studium, wie es ist, mit Rückschlägen umzugehen. IBM, einer der größten Kunden, war mehrere Nummern zu groß, und London als Pflaster nicht weich genug. An Anstrengung sollte es nicht mangeln. Doch ich wusste nicht nur bereits nach drei Monaten, dass das keine nachhaltige Lösung war. Ich kämpfte schon in meinem ersten Berufsjahr mit einer Gürtelrose. Die psychische Belastung war zu groß.

Nach einem Jahr gab ich auf und gestand mir ein, dass ich auf das falsche Pferd gesetzt hatte. Ich versuchte, nicht nur die Agentur zu wechseln, sondern auch den Media-Bereich hinter mir zu lassen. Mit sehr viel Glück konnte ich innerhalb des WPP-Konzerns zu einer Schwester-Agentur von Ogilvy wechseln, die im Bereich Kreativität beheimatet war. Wie eine Topfpflanze, bei der lediglich der Standort und die Orientierung zum Licht geändert wurden, blühte ich komplett auf. Während meine Karriere zügig Fahrt aufnahm, stellte sich in meiner Londoner Zeit ein neues Identitätsgefühl ein, das sich noch weiter steigern sollte, als ich nach etwas mehr als vier Jahren, gemeinsam mit meiner jetzigen Frau, für Ogilvy nach Shanghai zog.

Ich bezeichne es im Nachhinein als eine Art »coming out« als Deutscher. Zu einem Zeitpunkt, an dem ich mich schon damit abgefunden hatte, nicht zu 100 Prozent zu der Gesellschaft zu gehören, in die ich hineingeboren war, lösten die knapp zehn anfänglichen Jahre meiner Karriere im Ausland etwas ganz Neues in mir aus.

Aus dem Gefühl, zwischen den Stühlen groß geworden zu sein, entsprang plötzlich eine ziemlich klar greifbare Sehnsucht. Es war, als könnte ich Deutschland plötzlich viel leichter als meine eigentliche Heimat verorten. Das wurde zunächst durch recht triviale Entbehrungen angestoßen und ich realisierte, dass Sozialisierung so viel relevanter ist als die Herkunft der Eltern. Ich hätte nicht damit gerechnet, dass mich nun Dinge wie eine fehlende Doppelverglasung, vernünftiges Brot, akkurate Dichtungsfugen im Bad, ausreichend Wasserdruck in der Dusche und Pünktlichkeit beschäftigen würden, oder die Störgefühle beim Parken entgegen der Fahrtrichtung. Sie erinnerten mich daran, wie ich aufgewachsen war und woher ich wirklich kam. Ich fing an, mich selbst neu zu verstehen. Ich akzeptierte, dass ich zu leichtfertig die Deutungshoheit meiner eigenen Identität in die Hand der Mehrheitsgesellschaft gelegt hatte.

Als unsere Tochter in Shanghai das Licht der Welt erblickte, wurde schnell klar, dass wir schon bald China verlassen würden — diesmal in Richtung Heimat.

Ich blieb bei Ogilvy und leitete als Geschäftsführer das Berliner Büro. Es war meine erste signifikante Führungsposition.

Mit steigender Verantwortung änderte sich der Beruf: eine interessante Mischung aus solider Berufserfahrung auf der einen und dem Gefühl, wie ein Kleinkind laufen zu lernen, auf der anderen Seite. Es ging immer weniger um Werbung und immer mehr darum, Entscheidungen zu treffen. Diese hingen immer mehr davon ab, welche Werte mich antrieben. Nicht nur das Spannungsfeld zwischen Werten, die es zu leben gilt, und dem Druck, einen Mehrwert zu liefern, wurde komplexer. Auch die Marktrealität. Der Gedanke, dass Transformation unser Kerngeschäft war, ließ mich nicht mehr los.

Technologie befeuert den Wandel in allen Bereichen, bei den Kundenanforderungen, den Geschäftsmodellen und bei den Machtverhältnissen, für die Beschäftigten und nicht zuletzt in unserer Gesellschaft. Alles verändert sich. Selbst die Veränderung. Sie wird zunehmend exponentiell. Extrapolation unmöglich. In einer Welt, die wie noch nie datengetrieben und technologiebasiert funktioniert, scheint es, als würde sich alles am Ende doch auf den Menschen verlassen. Die Algorithmen haben alles totoptimiert und so gleichgemacht, dass Differenzierung schwerfällt. Kreativität erlebt eine Renaissance, auch wenn sie kaum wiederzuerkennen ist.

PRIVILEGIEN ERKENNEN

In meiner Zeit in Berlin wuchs ich förmlich mit den Herausforderungen. Diverse Umstrukturierungen reduzierten die Chefetagen meiner Agentur in Deutschland mit ihren diversen Tochtergesellschaften am Ende auf eine einzige GmbH. Von 24 Geschäftsführerinnen und Geschäftsführern blieben fünf übrig, gebündelt in einer zentralen Geschäftsleitung. Ich überlebe diese Reise nach Jerusalem und werde zunächst Chief Delivery Officer, später Chief Client Officer. Eigentlich läuft alles rund. Ich bin 40 Jahre alt. Es ist genau das Alter, in dem mein Vater plötzlich an einer Lungenembolie starb. Ihm blieb die Vollendung seines sozialen Aufstiegs damals verwehrt. Ich jedoch darf den Staffelstab übernehmen und laufe unbeirrt weiter. Von der Sozialwohnung über die U17 Nationalmannschaft in die Chefetage. Leichtigkeit verspüre ich allerdings keine. Im Gegenteil. Ich bin zu sehr auf Erfolg getrimmt. »Besser sein« ist die Standardantwort auf strukturelle Benachteiligung. Aber wofür? Vor lauter »nach oben wollen« scheine ich die Orientierung verloren zu haben. Verrät dieses emotionale Vakuum schließlich die Oberflächlichkeit meiner Motive?

In diesen Jahren erfolgte eine sehr intensive Auseinandersetzung mit mir selbst. Beschleunigt durch externe Faktoren wie die Pandemie und vor allem den gewaltsamen Tod von George Floyd.
Ich fange an, mich wieder verstärkt sozial zu engagieren, unter anderem als Wertebotschafter bei der Bildungsinitiative GermanDream. Hier gehe ich in Schulen und treffe auf mein jüngeres Ich. Es stellt sich eine gewisse Erfüllung ein – wie früher, als mein Herz zu hüpfen anfing, wenn ich mich ehrenamtlich in Schülervertretungen, Studentenparlamenten und Vorstandsgremien meines Sportvereins einbrachte. Als Autorin Martina Rink mich fragte, ob ich mit ihr zusammen das mittlerweile als SPIEGEL-Bestseller erfolgreiche Anti-Rassismus-Buch »People of Deutschland« herausgeben und darin meine eigene Geschichte erzählen möchte, gewann meine Selbstreflexion erneut an Schwung.[61]
Ich erkannte, dass ich mich bisher zu sehr in einer Art Komfortzone bewegt hatte: Zu dem Zeitpunkt arbeitete ich seit fast 14 Jahren beim weltweit führenden Werbe- und Marketingkonzern WPP. Bisher hatte ich mich von Themen wie Rassismus und Diversität ferngehalten und meine Denkweise den sehr von weißen Menschen dominierten Räumen angepasst, in denen ich mich tagtäglich bewegte. Auch meine eigenen Privilegien und Rassismen hatte ich ignoriert. Wie auf einen Film, den man nach 20 Jahren erneut sieht und beim zweiten Mal komplett anders interpretiert, schaute ich auf mein Leben und konnte es, ganz nach Kierkegaard, rückwärts besser verstehen.[62] Ich fing an, mich weiterzubilden, mich generell für die strukturelle Benachteiligung von marginalisierten Gruppen zu interessieren und mich zu sensibilisieren. Ich verstand immer besser, wie sehr ich selbst privilegiert bin und welche Verantwortung damit einhergeht. Als heterosexueller Cis-Mann ohne Behinderung. Als lightskin Person of Color. Als jemand, dessen beide Eltern studiert haben. Als jemand, der am Ende dann doch immer Zugang zu gesellschaftlichen Machtstrukturen erhalten hat und dem stets Chancen gegeben wurden zu wachsen.

Ich erkannte auch, dass sich mein persönlicher Mangel an gewissen Privilegien als mein größtes Privileg erwies: Ich lernte von Kindheit an, zwischen Welten zu navigieren, die wenig miteinander zu tun hatten. Ich wuchs bilingual auf, träumte in unterschiedlichen Sprachen. Halb weiß, halb Schwarz entwickelte ich ein besonders hohes Maß an Empathie. In gewisser Weise schloss sich der Kreis immer mehr. Mein Selbstbewusstsein als Führungskraft war nie höher als von dem Moment an, an dem ich anfing, mich selbst zu verstehen und zu akzeptieren. Ich begriff, dass anders sein nicht zwangsläufig schlechter ist. Ich erkannte, dass die Komplexität unserer neuen Welt eine ganz neue Art der Führung erfordert. Eine, die mir liegt. Eine menschenzentrierte Führung.

VON MACHT ZUM MÖGLICHMACHEN

Als ich verstand, welche Elemente meines Lebens identitätsstiftend sind und welche als Bewältigungsmechanismen entlarvt werden können, stellte sich eine Souveränität ein, die befreiend wirkte. Das Gefühl, von der eigenen Erwartungshaltung getrieben zu sein, in eine Norm zu passen, die von Anfang an von mir glorifiziert wurde, verflog. Ich erkannte als Kontext meines Lebens ein System, das den Herausforderungen der Zeit längst nicht mehr so gut gewachsen ist, wie ich es bin. Ich ließ die Londoner Tage hinter mir, in denen ich für meine einfühlsame Art am Telefon kritisiert wurde, in denen man darauf bestand, dass ich ein Stimmtraining mit Experten aus dem Theater absolviere, um im Umgang mit Menschen härter zu werden.

Ich erkannte, dass die Werte, die mich antreiben, im Einklang sind mit Leistungswillen und einer kompetenzorientierten Gesellschaft. Ich lernte auch in der Praxis das, was sowohl Amy Edmondson in ihrer Studie »Psychological Safety and Learning Behavior in Work Teams« [63] als auch eine Studie von Google im Rahmen des »Project Aristotle« [64] belegen: Psychologische Sicherheit ist der wichtigste Faktor für die Effektivität von Teams. Ich lernte, dass jene Eigenschaften, die fälschlicherweise als Soft Skills verschrien sind, in Wahrheit die härtesten Skills sind, die wir haben. In einer Welt, die permanent von Volatilität, Ungewissheit, Chaos und Ambiguität geprägt ist, sind gerade jene Fähigkeiten gefragt, die durch Widrigkeiten geschärft werden. Ich lernte den Wert von Resilienz, aber auch von emotionaler Intelligenz und der Empathie, die hiermit einhergeht, neu kennen. Ich beschloss, die Rolle von interkultureller Kompetenz und die Fähigkeit, mit einer erhöhten Mehrdeutigkeit umzugehen, nicht mehr kleinzureden. Ich merkte, dass sich nicht nur Erfolg einstellt, sondern auch eine gewisse Leichtigkeit.

Ich verließ Ogilvy und damit WPP für die renommierte, aber deutlich kleinere Kreativschmiede 72andSunny in Amsterdam, wo ich als President und Managing Director das Europageschäft leitete. Ich versuchte, ab diesem Zeitpunkt verstärkt meinen Einfluss dafür zu nutzen, ein Umfeld zu schaffen, in dem sich alle wohl und zugehörig fühlen. So auch heute, mittlerweile als CEO der internationalen Kreativagentur BBDO Germany. Dabei habe ich folgende Punkte als essenziell erfahren:

1. Aufbau einer Vertrauenskultur mit einer offenen, transparenten Kommunikation
2. Empathie: Einfühlungsvermögen und ein offenes Ohr für die Bedürfnisse der Beschäftigten
3. Wertschätzung: Regelmäßige, proaktive Anerkennung
4. Individuelle Förderung der persönlichen und beruflichen Entwicklung, auch durch Mentoring
5. Respektvolle Behandlung aller
6. Einbindung der Beschäftigten in Entscheidungsprozesse
7. Förderung eines gesunden Gleichgewichts zwischen Arbeits- und Privatleben
8. Delegieren von Verantwortung und Befähigung von Beschäftigten
9. Inklusion, Gleichberechtigung, Diversität als Norm, aber unter Berücksichtigung aller Diskriminierungs-Dimensionen
10. Führung nicht als Hierarchiestufe, sondern als Verhalten

Meine Ambition ist es, mich nicht nur mit Menschen zu umgeben, von denen ich selbst lernen kann, sondern auch meine eigene Plattform dafür zu nutzen, Menschen zum Wachstum zu verhelfen. Das ist das, was ich am Ende unter menschenzentrierter Führung verstehe. Ich bin fest davon überzeugt, dass das der beste Weg ist, nicht nur Erfolg, sondern auch Zukunftsfähigkeit zu garantieren. Heute weiß ich, dass es bei Führung eben nicht um Macht über andere, sondern um das Befähigen anderer geht. Entscheidend ist dabei, wie wir Wachstum definieren. Wachstum heißt nicht immer nur zwangsläufig »höher, schneller, weiter«.

Manchmal heißt Wachstum auch, näher an unserem authentischen Ich zu sein. Diesen Mythos musste ich auch für mich entzaubern. Nämlich die Fehleinschätzung, dass wir für das geliebt werden, was wir leisten — anstatt für den Menschen, der wir sind.

WISSENSWERT

Grundlagen menschenzentrierter Führung (Auszug):

- Aufbau einer Vertrauenskultur
- Empathie
- Inklusion
- Wertschätzung
- Einbindung in Entscheidungsprozesse

NACHDENKENSWERT

- Wie sehr reflektiere ich meine eigenen Privilegien?
- Wie setze ich mich für das Wachstum anderer ein? Wofür nutze ich meine Stimme aktiv?
- Wem verleihe ich Sichtbarkeit und wem gebe ich Chancen?

ERWÄHNENSWERT

Möchtest du mehr zum Thema lesen, dann schau dir gern mein Buch dazu an.[65]

» Mutig sein und einfach machen – der Schlüssel zu unternehmerischem Erfolg. «

Christin, passionierte Draußen-Enthusiastin, baute gemeinsam mit ihrem Mann ein solides, anerkanntes mittelständisches Unternehmen auf. Seit dem Exit genießt sie die intensivere Auszeit mit ihrer Familie und unterstützt nicht nur Gründungsinteressierte als Coachin und Beraterin auf ihrem Weg.

22. MUT ZU GEHEN, WENN ES AM SCHÖNSTEN IST
Dr. Pia Christin Taureck

DAS GEHEIMREZEPT EINER ERFOLGREICHEN UNTERNEHMERIN

Es war morgens, neun Uhr am Sonntag. Die Sonne fand langsam ihren Weg über die Bäume der benachbarten Grundstücke. Ein leichter Kaffeegeruch bahnte sich seinen Weg zu mir auf die Laderampe des Start-ups. Ich blickte auf den Stapel Beutelchen mit kleinen Ersatzteilen, die ich vorher mit einem Kompressor ausgepustet hatte. In zwei bis drei Stunden müsste ich gemeinsam mit Jonas fertig sein. Der Auftrag sollte am nächsten Tag zum Kunden versandt werden. Wir hatten keine Zeit, auf die normale Montagschicht zu warten. Einfach machen …

2008 hatte ich Jonas, den ich bei meinen Freunden den »Gründer« nenne, auf der Weihnachtsfeier meines Uni-Hiwi-Jobs kennengelernt. Ich war Teil eines Businessplan-Teams und genoss die Arbeit im Gründerbereich, da ich dort viel für mein Diplomstudium lernte. Nach einigen Treffen wurde aus uns beiden privat ein Paar und so entwickelte sich für uns ein selbstverständlicher Unternehmeralltag. Neben meinem Studium und der Hiwi-Arbeit verbrachte ich jede freie Minute in dem Start-up, das zu diesem Zeitpunkt aus vier Personen bestand. Ich gab Aufträge in Excel ein, verpackte Produkte, diskutierte mit Jonas Entscheidungen und strategische Ideen. Energievoll machen.

VOM START-UP ZUM ETABLIERTEN UNTERNEHMEN

Sechs Jahre später. Das Familienunternehmen gedieh. Ich saß an meinem provisorischen Schreibtisch im Meetingraum und ging Bewerbungen durch, denn wir wuchsen weiter. Nach meiner Promotion mit Förderung durch die Stiftung der Deutschen Wirtschaft und ein paar Monaten in einer Unternehmensberatung für den Mittelstand war ich nun doch – anders als ursprünglich gewollt – voll in die Geschäftsführung des Unternehmens eingestiegen und stand an der Seite meines Ehemannes Jonas. 2014 hatten wir etwa 20 Mitarbeitende. Der Kauf einer weiteren deutschen Traditionsmarke stand in den Startlöchern. Ein ständiger Duft von Veränderung lag in der Luft. Die Stimmung war positiv aufgeheizt. Die ersten Generalisten wurden durch Experten oder Expertinnen ersetzt und die Diskussionen in den Meetings wurden fachspezifischer. Wir schätzten die Meinung des Teams, liebten die eigene Weiterentwicklung und das Überschreiten von Grenzen. Gemeinsam machen brachte uns voran!

HERAUSFORDERUNGEN WÄHREND DER COVID-19-PANDEMIE

Weitere sechs Jahre vergingen. Von heute auf morgen schlossen die Kinderbetreuungen, der erste Covid-Lockdown 2020 ließ uns an ganz neue Grenzen stoßen. Große Kunden setzten die Zahlungen aus; der Einzelhandel, unsere Bastion, schloss auf damals unvorhersehbar lange Zeit. Am Samstag rief ich alle bei uns arbeitenden Eltern an und versuchte, eine Lösung zu finden. Bei mittlerweile 60 Mitarbeitenden war das gar keine leichte Aufgabe. Wir fanden individuelle Lösungen. Viele Eltern nutzten die Möglichkeit, ihre Kinder zu betreuen und in alternativen Zeiten zu arbeiten. Es fühlte sich an, als würden alle näher zusammenrücken. Viele hatten Existenzängste, da die Partner in Kurzarbeit rutschten oder arbeitslos wurden. Wir versuchten, als Team zu bestehen. Es gab einen Schub im digitalen Bereich und ich hatte zum ersten Mal das Gefühl, dass es alltäglicher wurde, bei Telefonaten ein Kind im Hintergrund zu hören.

Für mich als Unternehmerin war dies bereits vor Covid der Alltag, aber nun wuchs die Akzeptanz. Jonas und ich ergänzen uns gegenseitig sehr gut. Ich bin die Strategische, die im ersten Moment den Überblick behält, alle zusammenbringt, einteilt und motiviert. Er übernimmt im zweiten Moment, packt mit an, bringt innovative Ideen ein. Gemeinsam manövrierten wir das größer werdende Unternehmensschiff durch die unruhige Zeit. Einfach mutig sein!

DER HÖHEPUNKT

Zwei Jahre später, 2022. Um mich herum saßen Menschen mit feinen Ballkleidern, die Moderatorin begann ihre Verleihungsrede. Und der Große Preis des Mittelstands, auch der Oskar genannt, ging an ... uns. Mein Mitgesellschafter-Geschäftsführer-Ehemann und ich standen auf der Bühne. Ich fluchte kurz über meinen Anflug von Emanzipation, der mich dazu verleitet hatte, den schweren Oskar selbst in die Luft zu recken; Jonas nahm den Blumenstrauß. Ich hielt inne, schaute auf fröhliche Unternehmergesichter und war einfach glücklich. Glücklich über das, was wir mit unserem Team, mittlerweile 125 Leute, erreicht hatten. In allen fünf Kategorien des Preises hatten wir uns durchgesetzt: Die Gesamtentwicklung des Unternehmens war einzigartig, wir hatten sichere Arbeits- und Ausbildungsplätze geschaffen, setzten auf Innovation und Modernisierung, engagierten uns in der Region und zeigten einen hohen Servicegedanken, Kundennähe und ein herausragendes Marketing. So fasste es die Jury zusammen.

Viele Hände wurden bei der Preisverleihung geschüttelt, und eine der zahlreichen Fragen brannte sich bei mir ein: Wie lautet das perfekte Rezept für eine erfolgreiche Unternehmensgründung und -führung? Mutig sein und manchmal einfach machen – als Unternehmer oder Unternehmerin und natürlich als Team. Doch gibt es noch mehr?

DIE ZUTATEN FÜR EINE ERFOLGREICHE UNTERNEHMENSFÜHRUNG

Man nehme eine große Schüssel Selbstvertrauen, manche würden es vielleicht Naivität nennen. In die Schüssel kommt eine zündende Idee. Diese Idee wird gewürzt mit einer Prise Enthusiasmus, je einem Löffelchen Neugierde und Kreativität. Und jetzt nur nicht den Fokus verlieren, denn der ist besonders wichtig, um den richtigen Zeitpunkt zum Untermischen der Teamgeist-Komponente zu sehen.

Diese Komponente wird in einer extra Schüssel zusammengerührt, die Zutaten müssen auf ihre Beständigkeit, Zuverlässigkeit und Integrität geprüft werden, damit sie sich gut mit dem bestehenden Teig vermengen. Nur nicht vergessen, auch selbst zu diesen Werten zu stehen, sonst gelingt das Rezept nicht. Die Mischung sollte etwas aufgehen, man muss den Zutaten Zeit geben, um zu reifen, und die Freiheit, sich zu entwickeln. Dabei muss man immer das Ziel im Blick behalten und sich niemals zu weit davon entfernen, damit es greifbar bleibt und der Teig nicht übermütig wird oder umschlägt. Zum Schluss alles behutsam durchrühren. Dabei unbedingt darauf achten, dass auch alle Zutaten gut miteinander harmonieren. Wenn alles homogen zusammengefügt ist, sollte der Ofen gut geheizt werden. Nur mit einem gesunden Blick auf die Kohlen kann das Feuer dauerhaft genährt werden. Und auch hier einfach mutig sein und Geschmacksvarianten im Rezept probieren!

In dem Grundrezept ist das Feuer meines Erachtens die entscheidende Komponente. Ohne dieses Feuer, das man spürt, wenn man für seine Sache brennt, kann man keine Menschen begeistern, mitreißen und anstecken. Mir sagte einmal ein Mensch, er habe noch nie solch eine Passion und innere Zufriedenheit bei den Mitarbeitenden empfunden wie in unserem Unternehmen. Er spürte die Atmosphäre, als er den Hof betrat. Doch was macht das mit uns selbst als Unternehmerin? Es wäre übertrieben zu sagen, dass das Feuer uns über alles hinwegträgt. Die zahllosen schlaflosen Nächte, die manchmal unübersichtlichen Fäden in der eigenen Hand und die stets größer werdenden Einschläge bedrohen täglich das Unternehmen – und die Unternehmer. Je größer das Unternehmen wird, desto intensiver werden die Herausforderungen. Das Team trägt sie mit. Doch es gehört auch eine große Portion Mut dazu, zu filtern, was dem Team guttut und was die Unternehmer oder Unternehmerinnen erst einmal selbst auf eine souveräne Bahn bringen müssen.

DIE METAPHER DES REGENSCHIRMS

Mir half stets die Metapher des Regenschirms, mit dem man als verantwortliche Person alle negativen Einschläge abwehrt und das Team vor diesen beschützt, indem man die Mitarbeitenden fordert und einbindet, sie gleichzeitig fördert und beschützt. Dies ist eine Jonglage-Übung, die wir über Jahre hinweg studieren können. Dabei verbessern wir uns immer weiter, entdecken uns neu und lernen uns kennen. Und eine gesunde Portion Pragmatismus gehört in den Alltag. Machen ist wie wollen, nur cooler.

In den Jahren als Unternehmerin habe ich vieles über mich gelernt. Oftmals habe ich mir zu wenig Zeit genommen, Dinge richtig zu verarbeiten. Reflektieren ist immens wichtig, Innehalten unabdingbar. Ein Lob anzunehmen ist vollkommen in Ordnung, auch wenn es manchmal schwerfällt. Uns sagte einmal jemand, wir hätten eine Perle von einem Unternehmen geschaffen. Das tat gut. Wir sollten uns gestatten, glücklich zu sein. Wir sollten mutig sein, denn es ist unerlässlich, um Hilfe zu fragen.

DIE ROLLE DER UNTERNEHMERIN

Als ich im Herbst 2021 spontan entschied, meine Ausbildung zur systemischen Coachin zu beginnen, habe ich an diesen Punkten weitergearbeitet. Auch wenn Reflektieren zu einem meiner Grundwerkzeuge aus dem Ego-Baukasten gehört, so habe ich mir sehr wenig Zeit genommen, dies gemeinsam mit meinem Mann zu tun. Während der Ausbildung schärfte sich mein systemisches Bewusstsein und ich entdeckte sowohl mich als auch meine Methoden neu, insbesondere in der Führung von Mitarbeitenden. Ich stellte fest, dass viele Ansätze, die ich bereits über Jahre praktiziert hatte, plötzlich einen akademischen Namen trugen. Mir hat diese Ausbildung sehr geholfen, noch detaillierter nachzufragen, die Stille nach einer Frage auszuhalten, mutig zu sein und Fragen zu stellen, die den Verhandlungspartner oder Mitarbeitende irritieren, bei denen sie ins Nachdenken kommen. Metaphern mit sehr bildhafter Sprache und insbesondere skalierende Fragen haben mich dabei immer begeistert. Lies dazu auch gern das Kapitel »Konflikte meistern« von Gundula Ganter.

Doch was ist eigentlich eine Unternehmerin? Welche objektive Definition existiert und finde ich mich darin wieder? Der Duden beschreibt das Wort Unternehmerin als eher selten benutzten Begriff. Das kann ich aus meiner Praxis bestätigen, es gibt wenige Frauen an der Spitze von Unternehmen. Und es gibt wenige Mütter, die Unternehmerinnen sind.
Der Duden gibt auch einige Synonyme an:

- Entrepreneurin. Im Studium hatten wir die Theorie der Gelegenheits- und Verlegenheits-Entrepreneure.[66] Eine Gelegenheit ist dabei für den Entrepreneur ein offensichtliches betriebswirtschaftliches Defizit, das er oder sie lösen möchte. Ein Verlegenheits-Entrepreneur sucht sich aktiv eine Gründungsidee, um ihrer derzeitigen Lage, wie beispielsweise der Arbeitslosigkeit, zu entkommen. Statistisch gesehen sind Gelegenheits-Entrepreneure langfristig erfolgreicher. Aus meiner Erfahrung schauen Verlegenheits-Gründer zu sehr auf ein mögliches Statussymbol, wie zum Beispiel Geld, und verlieren die eigene Idee aus dem Blick.
- Arbeitgeberin. Stimmt. Wir gehörten zum größten Mittelstand in der Region und haben viele Arbeitsplätze geschaffen. Darauf war ich stets sehr stolz – auch wenn natürlich die Anzahl der Arbeitsplätze zur Größe des Unternehmens passen sollte. Und man sollte nicht außer Acht lassen, dass das Führen eines Teams stets unserer vollen Konzentration und intensiven Zuhörens bedarf.
- Geschäftsfrau. Stimmt. Sich bei Verhandlungen zu behaupten, immer die Win-win-Situation herauszuheben, hat für mich meistens gut funktioniert. Der Begriff beinhaltet meiner Meinung nach auch, Verantwortung und Risiko zu tragen. So konfrontierte uns einmal unsere Head of Marketing bei einer Entscheidung, die ihr nicht gefiel, mit den Worten: »Dann trägst du die Verantwortung und das Risiko«. Stimmt – stets und selbst und ständig.
- Erzeugerin. Stimmt. In unserer internen Produktentwicklung haben wir zahlreiche Prototypen zur Marktreife gebracht. Aber auch sonst haben wir viel erzeugt: eine eigene Produktwelt, eine stetig wachsende internationale Fangemeinde und ein spannendes Team. Ebenso ein wachsendes Unternehmen. Schumpeter, einer der Begründer der modernen Makroökonomie, prägte den Begriff

der kreativen (oder auch schöpferischen) Zerstörung.[67] Hierbei ist der Kerngedanke, dass alles Neue durch die Zerstörung von etwas Altem entsteht. Diesen Ansatz haben wir in unseren Grundwerten verankert. Das Credo »das haben wir schon immer so gemacht« haben wir kontinuierlich an den Pranger gestellt. Nur durch Veränderungen reifen Prozesse, ein Unternehmen, ein Team.

WACHSTUM UND VERÄNDERUNG

So durchlebten wir über die Jahre die in zahlreichen Studien und an der Universität gelehrten Wachstumsschritte, setzten dabei aber stets auf organisches Wachstum und Eigenständigkeit. Bei 20 Mitarbeitenden verließen wir die sehr familiären Strukturen. Ein wichtiger Schritt war, die Buchhaltung in das Unternehmen zu integrieren und nicht nur die Zuarbeiten für eine externe Lösung zu liefern. Bei 40 Mitarbeitenden entwickelten sich die ersten Unterabteilungen und Differenzierungen, zum Beispiel grenzte sich die Grafik leicht von dem Bereich Text und Kommunikation ab. Dies passierte allerdings auch zwischen den Personen, wodurch sich das Führungsbild und das Miteinander bewusster ändern musste, um weiterhin an einem gemeinsamen Faden zu ziehen. Bei 80 Mitarbeitenden hatten wir bereits das mittlere Management zum größten Teil etabliert und die zweite Ebene verankert. Einige neue Führungskräfte waren den alten Strukturen entwachsen und nun ihren ehemaligen Kolleginnen und Kollegen vorgesetzt. Eine spannende Herausforderung, die man mit viel Geduld, Team-Coaching und Weiterbildungen formen konnte. Eine steigende Unabhängigkeit in den Abteilungen führte auch zum Abgrenzen gegenüber den anderen Abteilungen und zu einem Führungsteam-Zurechtrucklen, um das Thema Vorbildfunktion nicht zu vergessen. Neue Prozesse und Strukturen mussten her. Die Organisation als lebender Organismus, den man stets pflegen und nähren muss. Meiner Meinung nach sind die maßgeblichen Messgrößen für den Erfolg eines gesunden Unternehmens der Umsatz, das Finanzergebnis sowie eine geringe Fluktuation bei den Mitarbeitenden. Und der Umgang auf Augenhöhe miteinander. Gemeinsam kann man alles lösen. Man muss nur immer ganz bei sich bleiben und Mut zur Veränderung beweisen.

MUT ZUR VERÄNDERUNG UND KONTINUIERLICHES LERNEN

Und was ist noch erwähnenswert, wie macht man weiter, wie mutig kann man sein? Immer so viel, dass man auf sich selbst achtet und dass das Feuer nicht leidet. Man sollte das Netzwerk pflegen und die Reife haben, sich gern einmal einen Rat zu holen – selbst wenn man ein ganz eigenes Fazit daraus zieht. Mein Doktorvater, Prof. K. Sadrieh, sagte immer: »Kopieren und besser machen.« Dieser Ansatz hat mir schon oft geholfen, über meinen eigenen Schatten zu springen und ganz offen von anderen zu lernen. Eine weitere Kernweisheit, die im betriebswirtschaftlichen Studium gelehrt wurde, ist das Prinzip der Sunk Costs.[68] Dabei geht es darum, dass bereits getätigte Ausgaben keinen Einfluss auf zukünftige Entscheidungen haben sollten. Ein überlebenswichtiger Ansatz, wie ich finde.

UMSETZENSWERT

Mach dir eine Liste, von wem du dir gern einmal einen Rat einholen würdest.

NACHDENKENSWERT

Wie nah bei deinem persönlichen Feuer stehst du auf einer Skala von 1 bis 10? Eher bei 1 – ich friere so sehr, dass ich eine Wolldecke benötige? Oder bei 10 – ich stehe mitten in der Glut und mir ist alles völlig klar?

ERWÄHNENSWERT

Laut Paul Watzlawick kann man nicht nicht kommunizieren.[69] Besonders als Unternehmer oder Intrapreneur solltet ihr euch immer bewusst machen, dass jede Geste, jede Reaktion oder auch jede ausgelassene Reaktion eure Mitarbeitenden verunsichern könnte. Also überlegt genau, was ihr bewirken wollt.

» Der Weg zu langfristigem Erfolg liegt darin, mutig herauszutreten und eigene Wege zu gehen. «

Carena liebt es am, über und unter dem Wasser als Taucherin, ist fasziniert von kontrastreichen Fotografien und träumt von ihrer eigenen Bibliothek. Sie bewundert auch die unscheinbaren Dinge im Leben und probiert immer noch, die Welt neugierig wie durch Kinderaugen zu sehen.

23. MUT ZAHLT SICH AUS
Carena Scheunemann

WARUM ES SICH LOHNT, ERSTER ZU SEIN

Der Mensch ist seit jeher auf der Suche nach Entdeckungen und Erfindungen, die Aufmerksamkeit und Anerkennung nur dann garantieren, wenn man sie als Erster der Öffentlichkeit präsentiert bzw. als Erster von der Öffentlichkeit wahrgenommen wird. Dem »First Mover«, also dem Mutigen, der sich als Erster traut, gilt die Aufmerksamkeit. Dieses Leistungsbestreben ist ein elementarer Bestandteil unserer Gesellschaft. Diese in unserem Kulturkreis fest verankerte Mentalität, nach Siegen zu streben und zu den Besten zu gehören, bringt auch der Volksmund zum Ausdruck. Redewendungen wie beispielsweise »Der frühe Vogel fängt den Wurm«, »Den Letzten beißen die Hunde« und »Wer zuerst kommt, mahlt zuerst« belegen dies.

Der Drang, Erster zu sein, wird nicht nur bei Sportwettkämpfen öffentlich zelebriert und gefördert, sondern spielte auch in der Geschichte eine tragende Rolle. Wer entdeckte als Erster Amerika? Wer überquerte als Erster im Alleinflug den Atlantik? Wer landete als erster Mensch auf dem Mond? Die Antworten auf diese Fragen geben uns die Geschichtsbücher. Lediglich auf Fragen wie »Wer hat bei der Entdeckung Amerikas eine wichtige Rolle gespielt – außer Christopher Kolumbus als Kapitän der ›Santa Maria‹?«, »Wer flog nach Charles Lindbergh schneller und mit weniger Treibstoffverbrauch über den Atlantik?« und »Wie war der Name des Astronauten, mit dem Neil Armstrong seine Mondlandung durchführte und der ihn nach ihm betrat?« haben die wenigsten eine Antwort parat, da diese nicht Bestandteil unserer Allgemeinbildung sind.

Mut rechnet sich also! Dass dies auch im wahrsten Sinne des Wortes »Rechnen« der Fall sein kann, möchte ich mit diesem Beitrag aufzeigen. In Zeiten der Aufmerksamkeitsökonomie mit all seiner Informations- und Reizüberflutung wird »höher, schneller, weiter« zu oft in »lauter, schriller, mehr« übersetzt. In die Kakofonie des Gleichklangs einzustimmen, erfordert keinen Wagemut. Es führt lediglich dazu, dass aus Überfluss Verdruss wird. Wer das Gleiche studiert, weil es gerade angesagt ist, die gleichen Akkorde nachspielt, Bilder mit »Malen nach Zahlen« erschafft oder sich strikt an das Rezept hält, erschafft zwar Neues – jedoch nichts Neuartiges.

WIESO DAS STREBEN NACH STABILITÄT ZU EINTÖNIGKEIT FÜHRT

Wer sich schon öfter einmal gefragt hat, wieso eigentlich alles ähnlich klingt, ausschaut, schmeckt, riecht oder sich anfühlt, wieso es den Mainstream, die Trends und Hypes überhaupt gibt, dem sei das »Standortspiel am Strand« von Harold Hotelling[70] ans Herz gelegt. In seinem 1929 erschienenen Aufsatz »Stability in Competition« beschrieb er, wieso rational agierende Produzenten versuchen, ihre Produkte so zu gestalten, dass sie den Produkten ihrer Wettbewerber möglichst ähnlich sind. Es ist beispielsweise vorteilhaft, sich bezüglich Standort, Qualität und anderer Parameter – wenn überhaupt – nur minimal zu unterscheiden. Hotelling begründete damit die Location Science, die Wissenschaft vom Standort, die auch auf viele weitere Bereiche übertragen werden kann.

Zum Spiel: Mithilfe des Standortspieles wird an einem Strand die beste Lage für den Verkaufsstand eines Eisverkäufers ermittelt. Diese befindet sich logischerweise genau in der Mitte des Strandes. Doch wie verhält es sich, wenn bereits ein Eisverkäufer in der Strandmitte seine Waren anbietet? Verblüffenderweise ist auch dann die beste Lage für den zweiten Verkaufsstand diejenige direkt neben der Konkurrenz. Die Gründe hierfür möchte ich kurz aus spieltheoretischer Sicht erläutern.

Zwei Eisverkäufer teilen sich einen 100 Meter langen Strand als Verkaufsrevier. So erscheint es auf den ersten Blick logisch, dass sich beide kooperativ verhalten und den Strand exakt unter sich aufteilen, indem sie ihre Verkaufsstände bei 25 bzw. 75 Metern errichten. So können die Strandbesucher jeweils den Stand aufsuchen, der ihnen am nächsten liegt. Nun liegt es oft in unserer Natur, unser Gebiet (unseren Markt, unseren Einfluss usw.) zu vergrößern.

Nehmen wir an, ein Verkäufer unterliegt der Verlockung und nähert sich ein paar Meter der Strandmitte an. Nun ist es ihm möglich, etwas mehr auf die Kundschaft seines Konkurrenten zuzugreifen. Dies bedeutet im (wirtschaftlichen) Umkehrschluss für den zweiten Eisverkäufer, sich gleichfalls der Mitte zu nähern, um den entstandenen Gebiets- und Kaufverlust auszugleichen. Dieser Vorgang verdeutlicht, dass es im Endeffekt für beide Eisverkäufer die bestmögliche Entscheidung ist, ihre Verkaufsstände in der Strandmitte in direkter Nachbarschaft zu positionieren. Nur so hat keiner von beiden einen Nachteil zu befürchten.

Und so kommt es, wie es kommen musste. Beide Eisverkäufer buhlen mit ähnlichen Angeboten und Preisen um die Gunst ihrer Kundschaft, nur sind sie hier statt des Einheitsbreis mit Einheitseis unterwegs. Getreu dem Motto: Nur nichts wagen, man könnte ja etwas verlieren! Wieso wir uns vor allem in solchen kniffligen Situationen so schwertun, auch darauf hat die Spieltheorie eine Antwort.

EINE MINI-EINFÜHRUNG IN DIE SPIELTHEORIE

In unserem alltäglichen Leben fällt das Wort »Spiel« oftmals nur in Zusammenhang mit sportlichen Tätigkeiten, kindlichen Interessen oder Computern. Doch dieses Gebiet ist weitaus mehr. So existieren auch Spielfelder abseits von Sport, Kindheit und Computerspielen beispielsweise in Rahmen wirtschaftlicher, politischer und sozialer Interaktionen, denn auch hier suchen Erwachsene nach Strategien, um zu gewinnen. Strategien sind überall dort zu finden, wo Menschen zukünftige Erfolge nicht vom Zufall abhängig machen wollen, zum Beispiel im Sport, in der

Kriegsführung, in der Unternehmensführung, im Wahlkampf und in der persönlichen Lebensplanung. Es ist also eindeutig eine enge Verknüpfung der Begriffe »Spiel« und »Strategie« zu erkennen.

Das »Gefangenendilemma« ist das Parade(bei)spiel der Spieltheorie. Bei diesem Klassiker handelt es sich um ein 2x2-Bimatrix-Spiel, d. h., zwei Spieler besitzen je zwei Entscheidungsmöglichkeiten. Diese Konstellation, eine spieltheoretische »Minimalausstattung«, ist gerade deshalb so wertvoll, weil es in einer Matrixform darstellbar und sehr gut als Einstieg in die Problemstellungen der Spieltheorie geeignet ist. Gleichzeitig zeigt es eine der interessantesten und wichtigsten sozialwissenschaftlichen Fragestellungen rund ums Zusammenspiel vom Einzelnen und der Gemeinschaft auf.

Das »Gefangenendilemma« ist ein Spiel, bei dem zwei Gefangene angeklagt werden, gemeinsam ein Verbrechen, zum Beispiel einen Raub, begangen zu haben. Das Verhör der möglichen Täter findet in getrennten Zellen statt. Die beiden Gefangenen haben zwei Handlungsmöglichkeiten zur Auswahl. Entweder sie gestehen oder sie schweigen.

Sollten beide schweigen, könnten sie nur eine geringfügige Gefängnisstrafe von beispielsweise einem Jahr wegen unerlaubten Waffenbesitzes erhalten.

Bei einem Geständnis beider werden sie jedoch, da ihnen das Verbrechen nun nachgewiesen ist, zu vier Jahren verurteilt.

Falls einer schweigt und der andere gesteht, so wird der Geständige als Kronzeuge freigelassen, wohingegen der Leugnende erstens für das Verbrechen an sich und zweitens für Behinderung der Justiz fünf Jahre Gefängnis erhält.

Ein Geständnis beider Spieler, das für sie beide vier Jahre Gefängnis bedeuten würde, ist hier das Minimax-Paar und bedeutet auch das einzige Gleichgewicht, d. h. es liegt kein Grund vor, die getroffene Entscheidung später zu bereuen. Dieses Minimax-Paar (auch Minimax-Kriterium oder Min-Max-Theorem) beschreibt eine risikoaverse Herangehensweise zur Entscheidungsfindung. Ein Angeklagter schaut sich die schlechtmöglichsten Ergebnisse der verschiedenen Entscheidungsalternativen an (vier Jahre Gefängnis bei Gestehen vs. fünf Jahre bei Schweigen). Dann entscheidet er oder sie sich für das weniger schlechte Ereignis. In unserem Beispiel bedeutet dies ein Jahr weniger Gefängnis.

Hinzu kommt, dass dieses Gleichgewicht auch ein Gleichgewicht in dominanten Strategien ist. Dies sind Strategien, die immer optimal sind, unabhängig von den gegnerischen Handlungen.

Für das Gefangenendilemma bedeutet dies, dass ein Geständnis die anscheinend beste Handlungsalternative ist, denn gegen die beiden Entscheidungsmöglichkeiten des anderen erhält der geständige Gefangene immer eine bessere Auszahlung, sprich weniger Gefängnisstrafen (vier Jahre bzw. keine), als wenn er schweigen würde (fünf Jahre bzw. ein Jahr). Das echte Paradoxon liegt darin, dass alles auf »Gestehen« als beste Entscheidung hindeutet. Unabhängig von der Handlung des anderen liegt ein Geständnis im besten Interesse des Gefangenen. Nichtsdestotrotz wiegen die vier Jahre Gefängnis bei zwei geständigen Spielern bedeutend schwerer als das eine Jahr bei zwei schweigsamen Gefangenen.

Das Gefangenendilemma ist ein integraler Bestandteil der Spieltheorie. Ein historisches Gefangenendilemma war beispielsweise das Wettrüsten während des Kalten Krieges. Wenn zwei Staaten davor Angst haben, dass sie der jeweils andere überfällt, haben sie zwei Handlungsoptionen: Entweder sie rüsten auf oder nicht. Aus rein mathematischer Sicht wäre die beste Strategie aufzurüsten. Deshalb sind die Versuche, ein Dilemma in solchen wirtschaftlichen, politischen und sozialen Fragen zu entschärfen, so wichtig!

Vor diesem Hintergrund sind Versprechen und bindende Verträge die Basis für ein kooperatives Spiel. Mehrphasenspiele, bei denen in einer der späteren Runde eine Bestrafung als Handlungsoption in Aussicht gestellt wird, falls ein Versprechen oder Vertrag von der gegnerischen Partei gebrochen werden sollte, bieten Erweiterungen der zu berücksichtigenden Entscheidungsspielräume.

MUTLOSIGKEIT ALS MATHEMATISCHES OPTIMUM

Genau solche Dilemmata treten in allen Lebenslagen auf. Ein Dilemma ist eine Situation, in der mindestens zwei Möglichkeiten zur Auswahl stehen und von denen keine offensichtlich vernünftig ist. Dies führt dazu, dass man sich in einer Zwickmühle befindet, eine Entscheidung zwangsläufig eine weitere nach sich zieht und der eingeschlagene Weg nicht mehr verlassen werden kann – man befindet sich in einer Spirale. Typische

Spiralen sind z. B. ein Verdrängungswettbewerb, eine Schweigespirale, eine Preis-Lohn-Spirale, ein Bieterwettbewerb oder eine Werbe-Auflagen-Spirale (eine von vielen Spiralen in der Medienökonomie). All diese Spiralen spiegeln wahre Zwangslagen wider, die mit dem Gesamtkonzept des Gefangenendilemmas zusammenhängen. Auch unsere Eisverkäufer waren in einer Ortsspirale – Meter für Meter zur Strandmitte.

Wie Mutlosigkeit zu Austauschbarkeit führen kann, sehen wir jeden Tag in der Werbung. Zwei Beispiele aus der Wirtschaftsgeschichte zeigen, wie gefangen man in solch einer Spirale sein kann.

In den USA der 60er- und Anfang der 70er-Jahre unterlag der Zigarettenmarkt einer starren Aufteilung zwischen mehreren Unternehmen. Es fand ein regelrechter Kampf um den Werbemarkt statt. Die Unternehmen standen jedes Jahr wieder vor der Wahl, sich bei der Festlegung ihrer Werbebudgets zwischen Kooperation (keine Werbung) oder Konkurrenz (Werbung) zu entscheiden. Bei ihren Vorgehensweisen unterstellten sie einen direkten Zusammenhang zwischen der Höhe des Werbebudgets und dem dadurch erreichten Marktanteil. Sie wählten den kostenintensiven Weg der Konkurrenz und überboten sich jährlich in ihren Werbeausgaben. Die Spirale drehte sich mehr und mehr nach oben und führte zu zunehmenden finanziellen Belastungen für die Unternehmen.

Die Unternehmen hatten eine Konkurrenzsituation geschaffen, weil sie sich für eine dominante Strategie entschieden hatten. Sie wählten den Weg der individuellen Rationalität. Das Dilemma bestand darin, dass die Unternehmen, keine andere Entscheidung mehr treffen konnten, nachdem sie sich für den Weg der Konkurrenz entschieden hatten. Denn im Verlauf des gegenseitigen Überbietens wären bei Werbungsverzicht immense Verlustaussichten die Folge gewesen, welche mit der Zeit stetig zunahmen.

Die Auflösung dieses Dilemmas erfolgte per Gesetz im Jahre 1971. Seitdem ist Werbung für Zigaretten im Fernsehen und Rundfunk in den USA verboten. Die Tatsache, dass es kaum zu Protesten seitens der Zigarettenindustrie kam, belegt, dass die Zigarettenindustrie dies mehr als Erlösung denn als Beschneidung empfand. Hinzu kam, dass trotz des Werbeverbots keine wesentliche Veränderung beim Verkauf von Zigaretten eintrat. Zwei Jahre vor dem Verbot wurden 510 Milliarden Stück verkauft. Im Jahre 1973 waren es bereits 590 Milliarden Stück.[71]

Der Konsumrückgang, den sich der Gesetzgeber erhofft hatte, stellte sich nicht ein.

Im Umkehrschluss bedeutet dies, dass die Unternehmen in diesem Zeitraum trotz des Werbeverbots keinen Umsatzrückgang zu verzeichnen hatten. Die Auflösung des Dilemmas hatte somit lediglich zu Kosteneinsparungen auf Unternehmensseite geführt.

In ein ähnliches Gefangenendilemma hatten sich auch Pharmaunternehmen manövriert. In den Jahren vor dem »EFPIA Code of Practice«[72], einem freiwillig selbst verpflichtenden Ethikkodex für Mitgliedsunternehmen darüber, wie verschreibungspflichtige Arzneimittel beworben werden dürfen, wie mit medizinischen Fachkräften und Patientenorganisationen interagiert werden darf und wie die Zuwendungen an Ärztinnen und Ärzte, Organisationen des Gesundheitswesens und weiteres medizinisches Fachpersonal offenzulegen sind, befanden sich Pharmaunternehmen in einer Spirale von Marketingausgaben, nicht um Marktanteile zu vergrößern, sondern nur, um sie zu verteidigen.

Es war üblich und rechtlich zulässig gewesen, dass wichtige Meinungsführerinnen und Meinungsführer im Rahmen wissenschaftlicher Bildung zu entfernten Reisezielen und unterhaltsamen Veranstaltungen eingeladen wurden und darüber hinaus noch Geschenke erhielten – Zuwendungen über das Maß der Fortbildung hinaus.

Ein Pharmaunternehmen spielte ein solches Spiel, um seine wichtigsten Kundinnen und Kunden zufriedenzustellen und dadurch sein Geschäft zu sichern. Dies mündete in einer spiralförmigen Entwicklung im Marketingkampf um Aufmerksamkeit, bei dem die Unternehmen immer mehr in die Vermarktung investierten und investieren mussten, um nicht in der Bedeutungslosigkeit zu versinken. Für ein einzelnes Unternehmen gab es keinen Ausweg. Wenn es seine teuren Aktivitäten eingestellt hätte, hätte es den Markt oder zumindest einen großen Teil davon verloren.

Hinzu kommt, dass der Ausweg mittels direkter Kooperation zwischen den Unternehmen, beispielsweise durch Absprachen, aus kartellrechtlichen Gründen unmöglich gewesen wäre, denn alle wettbewerbsbeschränkenden Vereinbarungen zwischen Unternehmen sind grundsätzlich verboten. So wurde auch hier die freiwillige Selbstverpflichtung mit offenen Armen empfangen. Der Wunsch nach marketingtechnischer Selbstkasteiung war riesig; mittlerweile zählen 37 nationale Verbände und 38 Pharmaunternehmen zu den Mitgliedern. Der Ausbruch aus dem Gefangenendilemma war gelungen!

TRAUT EUCH!

Nun können wir nicht für jedes Dilemma auf neue Gesetze und Kodexe hoffen. Doch wie können wir sonst daraus ausbrechen? Die Antwort ist so simpel wie schwer: Mut. Mut, etwas Neuartiges zu wagen, um dem Einheitsbrei Ade zu sagen. Hier lohnt es sich, der »First Mover« zu sein. Werdet Pioniere! Und denkt daran: Es reicht bei Weitem nicht aus, Erster zu sein, sondern man muss von den anderen in der Rolle des Ersten wahrgenommen werden!

Dieser bedeutende Unterschied kommt beispielsweise beim Fall Amazon.com zum Tragen. Der Internetbuchhändler und Marktriese ist entgegen der landläufigen Meinung nicht die erste Onlinebuchhandlung gewesen. Diesen Status kann »Book Stacks Unlimited« für sich behaupten – bei deutlich geringerem Marktanteil.[73]

Die Übertragung der Marketingstrategien »first-to-market« und »First Mover« auf unser Leben bedeutet, neue Kategorien zu erschaffen, in denen wir Erster sein und als solcher wahrgenommen werden können.

Im übertragenen Sinn bedeutet dies, wie Amelia Earhart zu handeln. Sie wurde nicht dadurch bekannt, dass sie als erster Mensch allein über den Atlantik flog, sondern dadurch, dass sie die erste Frau war, der dies gelang.

Traut euch! Findet eure Nische, in der ihr etwas Neuartiges erschafft, das andere wahrnehmen. In eurem privaten und beruflichen Umfeld gibt es sie noch: die Funken des Novums im Großen wie im Kleinen. Ihr könnt als Erster etwas hinterfragen, auch wenn die Vorgaben in Stein gemeißelt scheinen; ihr könnt euch als Erster für etwas anderes entscheiden, obwohl es hier schon immer so gemacht wurde; als Erster etwas ausprobieren, das vorher noch keiner gewagt hat; als Erster lächeln, wenn euch eure Mitmenschen mit ihrer schlechten Laune erdrücken; als Erster nachgeben, um eure Energie nicht für unsinnige Streitigkeiten zu verschwenden, und als Erster vergeben, denn ihr könnt andere Menschen kaum ändern.

Und fürchtet euch nicht! Pragmatisch betrachtet, ist das Risiko begrenzt. Falls etwas nicht (beim ersten Mal) funktionieren sollte, könnt ihr jederzeit in die Kakofonie des Gleichklangs zurückfallen. Ihr könnt immer noch die in Stein gemeißelten Vorgaben umsetzen, eure Entscheidung revidieren, wieder grimmig gucken, den Streit weiterführen oder euch weiterhin daran aufreiben, andere Menschen ändern zu wollen.

Ironie beiseite — selbstverständlich könnt ihr euch jederzeit in eure Komfortzone zurückziehen, ist sie doch euer Netz und euer doppelter Boden. Nur um euch und euren Mut zu sammeln – und um von dort erneut Anlauf zu nehmen!

ERWÄHNENSWERT

Die Spieltheorie, begründet von John von Neumann und Oskar Morgenstern, analysiert strategisches Denken und Handeln mit mathematischen Methoden, wobei ihr Werk »Theory of Games and Economic Behaviour« von 1944 als Geburtsstunde der modernen Spieltheorie gilt. Für ihre bedeutenden Beiträge zur Weiterentwicklung der Spieltheorie wurden John Nash, John Harsanyi und Reinhard Selten 1994 mit dem Nobelpreis für Ökonomie ausgezeichnet.[74]

WISSENSWERT

Die Gefangenendilemma-Situation zeigt das Nash-Gleichgewicht in dominanten Strategien, bei dem beide Gefangenen in ihrem besten, von den Entscheidungen des anderen unabhängigen Interesse handeln und so jeder mit seiner Entscheidung zufrieden bleibt. Das Leben des Mathematikers John Nash, nach dem dieses Gleichgewicht benannt ist, wird in dem Film »A Beautiful Mind« behandelt.[75]

NACHDENKENSWERT

Robert Axelrod[76] initiierte ein Gefangenendilemma-Turnier, um zu erforschen, ob und wie sich Kooperation trotz eigennütziger Anreize entwickelt. Bei diesem Computerturnier wurde das Gefangenendilemma mehrfach hintereinander durchgespielt. Jedes Programm trat wiederholt gegen jedes andere an. Die Computerprogramme wurden von Wissenschaftlerinnen und Wissenschaftlern verschiedener Fachrichtungen eingereicht. Diese haben die Strategien, die das Verhalten in den Durchgängen bestimmen, vorher festgelegt. Überraschenderweise gewann das einfachste Programm »Tit for Tat« (»Wie Du mir, so ich Dir«), entwickelt vom emeritierten Professor für Psychologie und Mathematik Anatol Rapoport.[77]

Hierbei handelt es sich um eine freundliche Strategie, die im ersten Zug immer kooperiert und dann die vorherigen Züge des Gegners kopiert. Trifft »Tit for Tat« auf »Tit for Tat«, kooperieren die Spieler folglich immer. Trotz mehrerer Versuchsreihen und -bedingungen konnte diese Strategie nicht vom Thron gestürzt werden.

» Manchmal öffnen sich im Leben Zeitfenster für unsere Träume; es erfordert Mut, diese Gelegenheiten zu erkennen und zu ergreifen, selbst wenn das bedeutet, ins Ungewisse zu springen «

Anne liebt Esel, Ultimate Frisbee und Hirnforschung und sie redet mit ihrem Fahrrad Emily.

24. WIE REALISIERE ICH MEINEN TRAUM?
Anne Westwards

»Was zum Geier mache ich hier?«, fragte ich mich, als ich unter der sengenden Mittagssonne Kirgistans zum ersten Mal in die Pedale meines schwer beladenen Expeditionsfahrrads trat. In der Gluthitze kam es mir besonders dämlich vor, dass wohl die Hälfte meiner 40 kg Gepäck aus Wintersachen bestand. Aber es war nicht nur das: Die Hälfte meiner Ausrüstung hatte ich noch nie getestet. Und um dem Ganzen die Krone aufzusetzen, hatte ich mein neues Fahrrad auch noch nie voll beladen gefahren.

»Emily«, sagte ich mit erstickter Stimme zu meinem Rad und tätschelte den Lenker. Ich hatte es nach einer Freundin benannt, die mir aus einer tiefen Krise geholfen hatte. Wenn ich schon allein zu diesem Abenteuer aufbrach, so hatte ich in meinem Rad Emily zumindest eine verlässliche Begleiterin. Allerdings fand ich jetzt heraus, dass sie voll beladen so behäbig war wie ein kleines Nilpferd. Schon mit den ersten Tritten in die Pedale wurde mir klar, dass dies eine langsame Reise werden würde. Ich hatte keine Ahnung, dass sie mich quer durch Asien und den Nahen Osten führen sollte, anderthalb Jahre lang, durch 13 verschiedene Länder, durch die Wüsten der Arabischen Halbinsel ebenso wie über die höchsten Gebirgspässe der Welt. Dass ich dafür meinen Traumjob absagen würde, der in Seattle auf mich wartete.

Meine ursprüngliche Idee? Ich wollte in Etappen von Zentralasien nach Berlin radeln, jeden Sommer ein Stück weiter, entlang des Netzwerks der alten Seidenstraßen. Ich wollte anfangen mit einer Fahrradtour durch Kirgistan und Tadschikistan, über den sagenumwobenen Pamir Highway, der durch ein märchenhaft schönes, einsames Hochgebirge führt. Allein das klang für die meisten Menschen in meinem Kreis schon verrückt genug. Und dann noch allein, als Frau! Ich hatte nicht damit gerechnet, dass ich mich ins Radwandern verlieben würde. Woher hätte ich das auch wissen sollen? Ich war vor dieser Reise noch nie länger als einen Tag geradelt. Aber nach zwei Monaten war ich derart Feuer und Flamme, dass ich beschloss, einfach so lange weiterzufahren, wie ich jeden Morgen mit Begeisterung aus meinem Zelt sprang. So wurden aus zwei Monaten anderthalb Jahre.

JETZT ODER NIE

Warum ich vorher nicht zumindest eine Probetour gemacht hatte, zumindest eine Woche durch Brandenburg? Meine Vorbereitungen hatten schlicht länger gedauert als gedacht, so dass meine Ausrüstung erst Anfang September vollständig war. Damit hatte ich die Wahl, entweder sofort aufzubrechen, um es gerade noch über die Gebirgspässe zu schaffen, bevor der Schnee sie blockieren würde, oder die Radreise auf das nächste Jahr zu verschieben, mit der Ungewissheit, ob ich mir dann die Zeit würde nehmen können. Also stürzte ich mich direkt ins Abenteuer, mit guter theoretischer Vorbereitung, aber völlig ohne Erfahrung. Ich vertraute schlicht darauf, dass ich unterwegs schon alles Praktische lernen würde, was ich brauchen sollte.

Ich verstand erst später, dass sich fast alle Radreisenden jahrelang, mitunter sogar ein halbes Leben lang auf solch eine Reise vorbereiten, um sie dann z. B. am Anfang der Rente umzusetzen. Und dass fast alle in Europa anfangen und sich von diesem bekannten Terrain aus in Richtung Asien vorarbeiten. Schließlich gibt es in Europa noch Fahrradwerkstätten und Ersatzteile, genauso wie Zeltplätze, Supermärkte und fließendes Wasser. Auf das meiste davon konnte ich nicht mehr zählen, nachdem ich Kirgistans Hauptstadt Bischkek verlassen hatte. Als ich das erste Mal im kirgisischen Hochland vor atemberaubender Kulisse mein Zelt aufbaute, war nicht nur das Zelt neu: Ich hatte noch nie allein gezeltet, geschweige denn wild. Als ob das nicht abenteuerlich genug gewesen wäre, kamen in meiner ersten Nacht auch noch Wölfe aus den Bergen herunter und strichen heulend um mein Zelt, noch bevor ich in meinen Schlafsack gekrochen war. Ich erstarrte sprichwörtlich vor Angst und verbrachte die halbe Nacht bibbernd neben meinem warmen Schlafsack, weil ich mich aus der Schockstarre nicht lösen konnte.

TRÄUME, KATALYSATOREN UND ZEITFENSTER

»Wie dämlich!«, mögen jetzt manche sagen. »Warum macht sie es sich so schwer? Und warum macht sie das überhaupt?«

Wir alle haben Momente im Leben, in denen sich eine Tür zu einem lang gehegten Traum öffnet und in denen wir uns fragen: Traue ich mich? Als das bei mir geschah, nahm ich meinen Mut zusammen und sprang ins Ungewisse.

Ich hatte schon lange von einer Radreise geträumt. Den ersten Langstrecken-Fahrradfahrern war ich sechs Jahre zuvor begegnet, während meiner ersten langen Überlandreise von China nach Berlin. Ich war völlig begeistert von der Idee, weitab der Touristenströme umweltschonend und langsam zu reisen und den ganzen Tag draußen zu sein, im Kontakt mit Menschen und der Natur. Wundervoll! Ich traute mich aber nicht, mir diesen Traum einzugestehen, jedenfalls nicht genug, um kleinere Radreisen zu starten. Dafür fehlte mir auch schlicht ein gutes Fahrrad, denn mein klappriges Stadtrad wäre unter schwerem Gepäck vermutlich sofort zusammengebrochen. Aber ich fing an, allein zu reisen und von den üblichen Touristenpfaden abzuweichen. Träume sind Pläne, die im Entstehen begriffen sind. Und wenn Träume auf Zeitfenster treffen, dann kann Magie entstehen. Manchmal wird all das noch befeuert durch einen Katalysator, in meinem Fall durch einen Virus.

Kurz vor meiner Radexpedition erkrankte ich schwer an Pfeifferschem Drüsenfieber. Je später im Leben man sich infiziert, desto schwieriger und langwieriger ist die Genesung. Meine Chancen standen mit Anfang 30 nicht gut. Zum Glück hatte ich als Leistungssportlerin viele Muskeln – der ideale Energielieferant, weil sie viel leichter zu verbrennen sind als Körperfett. Und dennoch fand ich mich auf einmal im Krankenhaus wieder und hörte, wie besorgte Ärzte diskutierten, ob meine Organe durchhalten würden. Schlagartig wurde mir klar, dass mein Leben sehr viel kürzer sein könnte als gedacht. Glücklicherweise überstand ich die Erkrankung und erkannte, dass es höchste Zeit war für meine Radreise.

Es gibt keinen perfekten Zeitpunkt. Aber manchmal öffnen sich Zeitfenster. Nach meiner langen Erkrankung war ich physisch zwar angeschlagen, aber immer noch sehr durchtrainiert. Ich hatte genügend Ersparnisse, war zwischen zwei Jobs und niemand hing von mir ab, weder Kinder noch gebrechliche Eltern. Ich wusste, dass ich es mein Leben lang bereuen würde, mein Fahrradabenteuer nicht jetzt anzugehen.

GEGENWEHR UND KINDLICHES LERNEN

Womit ich nicht gerechnet hatte, war die Gegenwehr meines Umfeldes. Freunde glaubten, ich hätte den Verstand verloren, allein als Frau durch vorwiegend muslimische Länder reisen zu wollen. Meine Mutter sprach während meiner Vorbereitungszeit fast ein halbes Jahr lang nicht mehr mit mir, im Versuch, mich umzustimmen. Ich aber war mir meiner Entscheidung so sicher wie noch niemals zuvor in meinem Leben. Gleichzeitig hatte ich auch gehörigen Respekt davor, allein in so ein Abenteuer aufzubrechen. Meine Lösung? Ich konzentrierte mich auf die Handvoll Freunde und Freundinnen, die meinen Traum bedingungslos unterstützten. Sorge hatte ich zur Genüge – was ich von anderen brauchte, war Zuversicht. Ich nahm mir daher die Freiheit, während der Vorbereitung meinen Kreis auf diese wenigen Menschen zu beschränken. Sonst hätte ich mich vermutlich nie getraut loszuradeln.

»Aber du hast das doch noch nie gemacht!«, wandten viele ein. Richtig, ich war kein Fahrradprofi und hatte keine Ahnung von Ernährung, Wasser- oder medizinischer Versorgung in der Wildnis. Aber als kleines Kind konnte ich schließlich auch nicht lesen oder Rad fahren. Hat es mich davon abgehalten, all das lernen zu wollen? Warum sollte ich mir nicht den fabelhaften Entdeckungsgeist von Kindern zurückerobern? So las ich alles, was ich in die Finger bekommen konnte, vor allem von erfahrenen Radreisenden; ich belegte Fahrradreparatur-Kurse und lernte, mich selbst zu verarzten. Mit all meinem neuen Wissen entwarf ich ein Expeditionsfahrrad – Emily –, bei dem ich jedes Detail selbst festlegte, und ließ es in Berlin bauen.

WER BIN ICH UND WAS IST MIR WICHTIG?

Das Großartige an einer Radreise (oder an jedem anderen Abenteuer, bei dem man die bekannten Strukturen verlässt) ist absolute Freiheit. Das ist gleichzeitig das Angsteinflößende. Der Alltag von Studium und Beruf bietet uns ein Gerüst, das uns einerseits Halt und Struktur bietet und andererseits den Spielraum für unsere Entscheidungen begrenzt. Das ist auch gut so, denn komplette Freiheit kann uns überfordern. Auf einer langen Radexpedition ist auf einmal alles möglich und das wirft grundlegende Fragen auf: Wer bin ich? Was brauche ich, was ist mir wichtig? Was reizt mich, was möchte ich lernen? Wo sind meine Grenzen?

Mit diesen Fragen wird man unterwegs definitiv konfrontiert. Ich war froh darüber, schon vorher viel an innerer Arbeit gemacht zu haben, in Workshops, Coachings, und durch Körperarbeit. Ich hatte gelernt, auf meine Intuition zu hören, und sie sagte mir glasklar, was ich wollte und was nicht. Daran richtete ich meine ganze Ausrüstung und mein Fahrrad aus, genauso wie alle Entscheidungen unterwegs.

Ich wollte in die Natur, fernab der Zivilisation, und so autark wie möglich sein. Also nahm ich alles Nötige an Werkzeug und Ersatzteilen mit und plante mein Fahrrad so, dass ich alles selbst reparieren, große Mengen Wasser transportieren und für meine Navigation den nötigen Strom selbst erzeugen konnte.

Für mich war es wichtig, mich auf das Wesentliche zu beschränken und meine Ausrüstung sorgfältig zu behandeln, damit sie möglichst lange hielt. Mein einziges Paar warme Socken war bald mehr bunt als blau, nachdem ich es zahllose Male gestopft hatte. Dass ich alle fünf Tage einen Ruhetag einlegte, um mein Fahrrad zu warten, wurde von vielen belächelt, aber es störte mich nicht. Das ist das Wundervolle daran, wenn man auf seine eigenen Bedürfnisse hört: Man hört auf, sich mit anderen und deren Herangehensweise zu vergleichen, im Wissen, dass jede und jeder einfach den eigenen Wünschen folgt.

So möchten sich manche körperlich maximal fordern und jeden Zentimeter des Weges radeln. Bei mir war es das genaue Gegenteil: Nach 27 Jahren Leistungssport bestand für mich die Herausforderung darin, genau diesen Leistungsgedanken loszulassen und stattdessen liebevoll mit meinem Körper umzugehen (auch wenn ich definitiv oft an meine körperlichen Grenzen stieß). Ich glaube, das war auch einer der Gründe, warum ich unbedingt allein radeln wollte: Ich wollte eine bessere Selbstfürsorge erlernen. Wenn man allein mitten im Nirgendwo auf 4.000 Metern Höhe unterwegs ist und nur durch die eigene Muskelkraft vorankommt, muss man sich zwangsläufig gut um sich kümmern.

SICH SELBST NEU ENTDECKEN

In solch offenen, unstrukturierten Räumen jenseits der typischen Routinen lernt man Neues aber nicht nur gezielt. Man entdeckt auch völlig unerwartete Seiten an sich selbst. Wo in Berlin hätte ich herausfinden können, dass mich Einsamkeit in der Natur absolut glücklich macht? Wie sehr ich es genieße, wochenlang nur meine Umgebung in mich aufzunehmen, ohne jede Ablenkung durch Gespräche, Musik oder auch nur Bücher (und das mir, die Bücher sonst verschlingt)?

Ich entdeckte auch meine Liebe zur Langsamkeit. Ich machte mir zur Regel, keine Einladung zum Tee oder zum Essen auszuschlagen – es sei denn, mein Bauchgefühl meldete ernsthafte Zweifel an meinen Gastgebern an. Statt also die Kilometer zu zählen (es wurden um die 15.000, aber genau habe ich es nie zusammengerechnet), habe ich über anderthalb Jahre hinweg zahllose Tassen Tee getrunken, mit Menschen, mit denen ich in meinem früheren Alltag nie in Kontakt gekommen wäre – Lkw-Fahrer, Ziegenhirten, Nomaden –, von denen ich aber unheimlich viel lernen durfte. Menschen, die ihre Herzen und ihre Häuser (oder Hütten oder Jurten) für mich öffneten, mir einen Platz zum Schlafen auf dem Boden anboten oder ihr weniges Essen mit mir teilten. Menschen, die mich zum Nachdenken brachten, zum Lachen oder Weinen, auch wenn wir oft keine Sprache teilten. Menschen aus verschiedenen Kulturräumen (Kirgistan, Tadschikistan, Usbekistan, Kasachstan, Iran, den Vereinigten Arabischen Emiraten, Oman, Mongolei, China, Pakistan, Indien, Thailand und Laos), die mir zeigten, was uns verbindet: unsere Menschlichkeit. Selten habe ich mich anderen Menschen so verbunden gefühlt wie jenen Nomaden, die verstanden, was es bedeutet, tagelang den Elementen zu trotzen, und mir deshalb Essen schenkten. Nie war ich anderen Menschen dankbarer gewesen als jenen Bergbauern, die mich aus einem Schneesturm heraus an ihr Herdfeuer einluden.

RADIKALE FLEXIBILITÄT

Ist dir an der Liste oben etwas aufgefallen? Genau, ich habe unterwegs meinen Plan verworfen, von Asien nach Berlin zu radeln. Ich schaffte es mit Mühe und Not noch vor dem Schnee über das Pamir-Gebirge, auch wenn die Temperaturen dort nachts bereits auf unter -20 °C fielen und ich fürchtete, die Nächte in meinem Zelt nicht zu überstehen. Am Kaspischen Meer zwang mich der Wintereinbruch zu einer Entscheidung: Sollte ich durch den Südkaukasus weiter nach Westen radeln, heim in Richtung Europa, direkt in den Winter? Oder sollte ich nach Süden in den Iran abbiegen, wo mich zwar angenehmere Temperaturen erwarten würden, aber auch das Regime der Mullahs?

Mit solchen Fragen wird jede und jeder konfrontiert, der sich aufmacht, seinen Träumen zu folgen. Die Dinge laufen nie wie geplant. Dein Visum wird nicht verlängert, die Landesgrenze wird geschlossen. Ich habe mir daher eine radikale Flexibilität angewöhnt. Gegen die Realität anzukämpfen ist unter bestimmten Umständen Energieverschwendung. Wenn ein Grenzsoldat seine Waffe auf mich richtet, diskutiere ich nicht – und erst recht nicht mit einem Sachbearbeiter in einem Konsulat (im schlimmsten Fall konfisziert der meinen Pass). Stattdessen denke ich mir: »Aha, so ist das«, akzeptiere die Umstände und richte dann alle Energie auf einen neuen Plan.

Am Kaspischen Meer entschied ich mich für den Iran und das veränderte mein Leben. Dort entdeckte ich eine innere Rebellin, von der ich nicht wusste, dass sie existierte, und entschloss mich, als Mann verkleidet zu radeln, um dem Kopftuchzwang zu entgehen. Das führte später dazu, dass ich über diese Zeit ein Buch schrieb, aber das wäre dann schon wieder eine andere Geschichte. Erleben konnte ich diese Geschichte nur, weil ich meinen alten Plan losließ und mich wieder einmal entschied, ins Unbekannte zu springen.

Was immer dein Traum ist, der sacht und leise an die Tür klopft: Hör hin! Es werden sich Gelegenheiten ergeben. Ob du dann springen möchtest, ist ganz deine Entscheidung. Für mich führte sie zu den bisher besten Erfahrungen meines Lebens.

ERWÄHNENSWERT

Cheryl Strayed: »Wild«, Atlantic Books 2013
Auch wenn es um eine Langstrecken-Wanderung geht, hat das Buch mich maßgeblich zu meiner Radreise inspiriert.

NACHDENKENSWERT

Wenn ich alle Zeit und alles Geld der Welt hätte, keine Verpflichtungen, keine Einschränkungen ... was würde ich tun? Was will ich im tiefsten Kern meines Herzens? (Das kann etwas sein, das mich unheimlich reizt, vor dem ich aber gleichzeitig Angst habe.)

UMSETZENSWERT

Versuch, das, was du im tiefsten Kern deines Herzens willst, im Kleinen einmal zu machen, und zwar schon nächstes Wochenende. Vergiss nicht, dich danach dafür zu feiern! Und schau dann, ob du Lust bekommst, es vielleicht eine Nummer größer zu versuchen.

»

Glück entsteht nicht
nur durch Zufall, sondern
durch mutiges Handeln,
das Teilen von Ideen und
das Offenlegen von
Herausforderungen.
Dadurch eröffnen sich
neue Möglichkeiten.

«

Katarina liebt Reiseabenteuer und Sommertage am Meer.
Vera liebt es, voller Energie neue Dinge anzustoßen,
und besteigt für ihr Leben gern Berge.

25. NIMM DEIN GLÜCK SELBST IN DIE HAND
Katarina Körner & Vera Meinert

»WOW, WAS EIN ZUFALL, DU BIST ABER EIN RICHTIGER GLÜCKSPILZ!«

Amy dachte immer, dass sie gern als Anwältin für eine wohltätige Organisation arbeiten möchte, weil sie den Eindruck hatte, so wirklich etwas bewirken zu können. Eines Tages bekommt sie in ihrem Social-Media-Feed einen Job angezeigt, den sie sehr ansprechend findet. Als sie daraufklickt, bemerkt sie, dass der Job in einer Großkanzlei ist, und will die Anzeige schon wieder schließen. Ein solches Arbeitsumfeld konnte sie sich nie vorstellen. Doch dann beschließt sie, dem Job eine Chance zu geben, bewirbt sich und bekommt die Stelle. Ein Jahr später kann sie sich nicht mehr vorstellen, woanders zu arbeiten.

Marvin ist Ingenieur und sein Weg wirkt ziemlich geradlinig: Er hat an verschiedenen, mitunter sehr renommierten Universitäten studiert und war für einige Forschungsaufenthalte im Ausland. Er interessiert sich sehr für grüne Technologien und hat eines Tages eine Gründungsidee in diesem Bereich. Obwohl er sich selbst nie als Gründer gesehen und nie geplant hatte, ein Unternehmen zu gründen, fällt ihm auf einmal auf, wie viele wertvolle Kontakte er auf seinem bisherigen Weg gesammelt hat, die jetzt für seine Gründung hilfreich sind.

Yasemin ist Berufseinsteigerin, sie arbeitet als Unternehmensberaterin. Obwohl der Job ihr Spaß macht, beschließt sie nach einiger Zeit, diesen für ein Masterstudium aufzugeben. Nach dem Studienabschluss nimmt Yasemin erneut Kontakt zu einer ehemaligen Projektkollegin auf, mit der sie immer gern gearbeitet hat, und ist überrascht, wie viel Unterstützung ihr entgegengebracht wird. Die Kollegin bietet Yasemin an, sie bei ihrer weiterführenden Joborientierung zu unterstützen und an weitere Kontakte zu vermitteln.

Wahrscheinlich denkst du an dieser Stelle: »Wow, was für Glückspilze, so viel Glück muss man erst mal haben!«

ZUFALL – ODER STECKT MEHR DAHINTER?

Beim zweiten Lesen der drei kleinen Szenarien wird dir auffallen, dass das, was einem zuerst als pures Glück erscheint und somit vermeintlich zufällig ist, nicht im luftleeren Raum passiert ist: Amy hat sich überwunden, sich auf eine Stelle zu bewerben, die nicht in ihre ursprüngliche Vorstellung passte. Marvin traute sich, einen nie geplanten Schritt zu machen und sein Netzwerk dafür anzusprechen. In ihrer Orientierungsphase, in der sie noch keinen konkreten Plan hatte, öffnete sich Yasemin einer Person, die schon früher von ihrer Arbeit begeistert war.

Das Konzept des aktiven Glücks, Serendipität, aus dem englischen »Serendipity«, besagt, dass es neben einer sich zufällig bietenden Gelegenheit vor allem eine Person braucht, die diese erkennt und ergreift. Serendipität schließt nicht aus, dass du das Glück einfach auf der Straße finden kannst. Es sagt viel eher aus, dass es auf dich als Person, deine Einstellung und den Blick ankommt, mit dem du durch die Straße (und die Welt) gehst, um das Glück zu erkennen und anzunehmen.

UND WAS BRAUCHT ES, UM ZUFÄLLE ALS CHANCEN ZU SEHEN?

Dass du dein Glück aktiv gestalten kannst, mag verrückt klingen, aber es gibt einige Dinge, die du tun kannst, um mehr Gelegenheiten zu kreieren, diese als Chance zu erkennen und somit mehr Gestaltungsfreiraum zu haben:

Interpretiere Netzwerke neu: dein gesamtes Umfeld zählt

Marvin erinnert sich an die inspirierenden Menschen, die er in den letzten Jahren und in ganz verschiedenen Kontexten getroffen hat. Wenn er jetzt über sie nachdenkt, fällt ihm auf, wie hilfreich viele von ihnen im Zusammenhang mit der Gründung sein könnten. Das Wort »Netzwerk« ruft oft die Assoziation eines rein beruflichen, aktiv gepflegten Netzwerks hervor, doch das ist irreführend. Alle Menschen in deinem Umfeld können ein wichtiger Teil deines aktiven Glücks werden. Ob Freunde, Freundinnen, Familie, Bekannte oder eine zufällige Begegnung auf einer Veranstaltung, einer Party oder bei einer Lesung, jeder dieser Menschen kann die Person sein, die dir die Tür zur nächsten Chance aufstößt.

Sprich über deine Ideen und Vorhaben

Was wäre eine Idee ohne Feedback? Egal ob es sich um eine Idee, ein Vorhaben, einen Gedanken oder nur um eine neue Begeisterung handelt – geh raus und sprich darüber. Durch bewusstes Teilen kannst du bereits viel erreichen. Jede Person, mit der du sprichst, wird dir einen neuen Gedanken oder eine neue Perspektive zu deiner Idee geben. Und fast immer kennt die Person noch weitere Menschen, die sich für das Thema interessieren oder noch Input für dich haben. Im besten Fall wirst du also gleich an die nächste spannende Person weitervermittelt, der du von deinem Vorhaben berichten darfst.

Zeig deine Energie und Begeisterung für ein Thema

Das Geniale ist: Wenn du richtig für eine Idee oder ein Vorhaben brennst, dann wird die Energie, mit der du darüber sprichst, dein Gegenüber anstecken. Du wirst viel positives Feedback, Begeisterung und Unterstützung erhalten, einfach nur, weil du so viel positive Energie ausgestrahlt hast. Dein Gegenüber kann gar nicht anders, als dich zu unterstützen!

Zeig dich verletzlich und sprich über deine Herausforderungen und Sorgen

So wichtig es ist, deine Begeisterung und erreichte Meilensteine zu teilen, so wichtig ist es auch, dass du deine Zweifel, offenen Fragen und Unsicherheiten ansprichst und dich somit deinem Gegenüber »verletzlich« zeigst. Yasemin beispielsweise erinnert sich an die gute Verbindung zu ihrer ehemaligen Kollegin und traut sich, mit ihrer Herausforderung auf sie zuzugehen. Sich verletzlich zu zeigen, ist ein wichtiger Schritt, um mit Menschen eine Verbindung aufzubauen. Kein Mensch ist perfekt und Sympathie entsteht vor allem dann, wenn Menschen sich authentisch verhalten und auch Unsicherheiten und Herausforderungen thematisieren. So kann man sich gemeinsam auf die Suche nach Lösungen begeben, und bestimmt hat dein Gegenüber selbst schon einmal mit einer ähnlichen Situation gehadert und kann dir helfen, deine Herausforderungen zu meistern.

Hab keine Angst, Menschen anzusprechen

Natürlich kannst du dich fragen: »Warum sollte mir jemand überhaupt zuhören? Warum sollte sich jemand Zeit für mich nehmen?« Die Erfahrung zeigt aber, dass man sich darüber keine Gedanken machen muss. Wie Yasemin erleben durfte: Die meisten Menschen helfen gern und ziehen selbst Kraft aus der Unterstützung anderer. Schlimmstenfalls hat man ein nettes Gespräch geführt, ohne dass es zu konkreten nächsten Schritten kommt. Klingt gar nicht so schlimm, oder?

ES BRAUCHT DOPPELTEN MUT, UM CHANCEN ZU ERGREIFEN

Wir können also davon ausgehen, dass Amy, Marvin und Yasemin nicht einfach nur Glück hatten, sondern dass sie ihr Glück aktiv in die Hand genommen haben. Denn nur weil sich eine Gelegenheit präsentiert, heißt es noch nicht, dass diese auch ergriffen wird. Der Punkt ist: Amy wusste nicht genau, wie es ihr in dem neuen Arbeitsumfeld gefallen würde, bevor sie den Job begonnen hatte. Und auch Marvin wusste nicht, ob seine Idee fliegen würde, als er sich entschied zu gründen.

Die Frage ist daher: Wie können aus Chancen Realitäten werden? Was ist die fehlende Komponente in der Gleichung? Mut.

- Mut, Entscheidungen zu treffen, abzuwägen und sich nicht von der Angst vor potenziellen Risiken abhalten zu lassen
- Mut, offen zu sein für Dinge, die sich ergeben, die auf dem Weg auftauchen, wenn man am wenigsten damit rechnet
- Mut, Verantwortung für den eigenen Weg, das eigene Handeln und die eigenen Entscheidungen zu übernehmen

Es erfordert nicht nur den eigenen Mut, nein, die Erwartungen anderer und ein scheinbar gesellschaftlich vorgezeichneter Pfad machen es uns noch zusätzlich schwer. Vermutlich warst du auch schon einmal in einer Situation, in der du dachtest: »Es wäre schon gut, wenn ich diesen Sommer dieses Praktikum mache« oder »Es wäre schon gut, wenn ich an diese Uni gehe« oder »Es wäre schon gut, wenn ich jetzt diese Stelle annehme«. Es erfordert also doppelten Mut: Mut, sich selbst für etwas scheinbar Risikoreiches zu entscheiden. Und zusätzlich Mut, sich aktiv gegen ein gesellschaftliches »Es wäre schon gut« oder die Meinung anderer zu entscheiden.

STELL DIR DEINEN WERKZEUGKASTEN FÜR MUTIGE ENTSCHEIDUNGEN ZUSAMMEN

Es wäre jetzt aber zu leicht gesagt: Hab Mut, mach einfach! Mutig zu sein, ist nicht immer leicht. Wir haben Angst, Fehler zu machen, scheinbar unkontrollierbare Risiken einzugehen oder getroffene Entscheidungen später zu bereuen.

Gern möchten wir dich ermutigen, deinen eigenen Weg aktiv zu gestalten und zu bestreiten. Lebenswege oder Karrierepfade müssen nicht immer geradeaus verlaufen. Wenn du dir dein Leben als einen Weg vorstellst, hat dieser eher die Form eines Baumes als die einer Autobahn. Es gibt viele Verästelungen, große und kleine Gabelungen sowie Äste, die wieder zusammenführen.

Sicherlich macht es Sinn, nicht einfach ziellos loszulaufen. Deshalb kann es nützlich sein, mit Werkzeugen wie einem Wertekompass oder einem

Nordstern zu arbeiten. Zu lernen, auf deine Intuition und dein Bauchgefühl zu vertrauen, kann dir ebenfalls bei Entscheidungsfindungen helfen. Das Ziel all dieser Schritte und Methoden ist es, dich zu bestärken und dir Selbstvertrauen zu geben, wenn gerade einmal alles schwierig erscheint oder du dich mutlos fühlst.

GLÜCK ALS ZENTRALES ZIEL

Strebst du an, ein stets erfülltes und glückliches Leben zu führen, macht es Sinn, sich regelmäßig zu fragen: »Bin ich glücklich mit dem Leben, das ich führe?« Natürlich wirst du nicht in jedem einzelnen Moment und an jedem Tag mit einem starken »Ja« antworten können. Wenn du allerdings über einen bestimmten Zeitraum (den du auch selbst festlegst) vermehrt feststellst, dass du auf diese Frage mit »Nein« antwortest, könnte es Zeit sein, etwas an deinem Leben zu verändern.

LEBEN UND HANDELN NACH DEM EIGENEN WERTEKOMPASS

Gerade der Generation Z wird nachgesagt, sie strebe nach Sinn und sie handle auch in der Arbeitswelt nach ihren eigenen Werten. Doch was heißt es eigentlich, »wertebasiert« zu handeln? Grundsätzlich bedeutet das erst einmal, dass du dir Gedanken machst, welche Werte dir persönlich wichtig sind. In einem zweiten Schritt richtest du deine Entscheidungen und dein Handeln nach diesen Werten aus. Mittlerweile gibt es zahlreiche Vorlagen, Tools und Anleitungen, wie du deine Werte identifizieren kannst und einen Wertekompass, also die Visualisierung deiner Werte, in einer Art Schaubild darstellen kannst. Dies kann dir helfen, Entscheidungen abzuwägen und zu erkennen, ob und wie sich diese mit deinen Werten vereinbaren lassen.

Wertekompass

DIE EIGENEN ENTSCHEIDUNGEN AN EINEM NORDSTERN AUSRICHTEN

Menschen neigen dazu, kurzfristiges Wohlempfinden über die langfristige Zielerreichung zu stellen. Damit dir das nicht passiert, kann es hilfreich sein, sich einen Nordstern, ein langfristiges Ziel, eine Art Vision für das eigene Leben zu kreieren. Auch im Sinne des aktiven Glücks kann es dir helfen zu wissen, wo du langfristig hinmöchtest. So kannst du Gelegenheiten, die sich auf dem Weg ergeben, danach abwägen, ob sie auf deinen Nordstern einzahlen oder nicht. Aber Achtung: So kann es auch passieren, dass du Gelegenheiten, die sich rechts und links des Weges ergeben, keine Beachtung schenkst, weil du deinen Nordstern zu stark fokussierst. Keine dieser Techniken hat den Anspruch, ein Allheilmittel oder die einzig wahre Methode zu sein. Nutze sie gern als Inspiration, probiere dich ein bisschen aus und schau, welche sich für dich am besten anfühlt und dich langfristig weiterbringt. Hör hier auf dein eigenes Bauchgefühl und deine Intuition. Das ist übrigens auch eine Komponente des aktiven Glücks.

ÜBERNIMM VERANTWORTUNG FÜR DEIN EIGENES WARUM

Manchmal mag es einem leichter erscheinen, den Ratschlägen anderer oder dem gesellschaftlich geebneten Mehrheitspfad zu folgen. Entscheidest du dich dafür, dein Glück selbst in die Hand zu nehmen und dein Leben aktiv zu gestalten, wird das fast unweigerlich bedeuten, dass du dich auch einmal abseits des gesellschaftlichen Mehrheitspfades bewegst oder Ratschläge aktiv ausschlägst. Das ist nicht immer leicht: Du wirst Kritik bekommen, du wirst dich unsicher fühlen und mit dir hadern. Vielleicht fühlst du dich auch teilweise überlastet, da du viel mit dir selbst und anderen diskutierst, hinterfragst und überdenkst.

Amy beispielsweise hat immer gedacht, dass sie nur in einer wohltätigen Organisation einen sinnstiftenden Job haben kann. Doch die Definition von Sinn und Impact – das eigene Warum – ist ebenfalls sehr persönlich. So ist Amy glücklich, als sie unerwarteterweise in ihrem neuen Job in der Großkanzlei ihre persönliche Erfüllung findet. Auch wenn es von außen zunächst wie purer Zufall wirkt, hat Amy sich aktiv bewusst gemacht, dass es nie die eine richtige Entscheidung gibt. Stattdessen ist sie in den Austausch gegangen, hat ihre eigenen Einstellungen hinterfragt und konnte so eine aktive Entscheidung treffen: Sie hat so Verantwortung für ihr eigenes Warum übernommen.

WAS, WENN ES MAL NICHT KLAPPT?

Wenn wir wie Amy vor einer wichtigen Entscheidung stehen, fragen wir uns häufig direkt: »Und was ist, wenn es nicht klappt?« Oft hilft es, sich dann die Frage zu stellen: »Was ist das Schlimmste, was passieren kann?« Du wirst sehen, dass die Antwort darauf meist gar nicht so »schlimm« ist. Was hätte Amy wohl gemacht, wenn sie ihren Job nicht gemocht hätte? Ganz einfach: Sie hätte reevaluiert. Dann wäre sie wieder in den Austausch gegangen und hätte ihre Herausforderungen und Bedenken mit Menschen aus ihrem Umfeld geteilt. Sie hätte selbst reflektiert, weshalb die Stelle doch nicht ihren Vorstellungen entspricht. Im schlimmsten Fall hätte sie noch einmal den Job gewechselt und vielleicht hätte sie dann sogar bei einer wohltätigen Organisation angefangen. Genau diese Situation ist ein gutes Beispiel dafür, dass der Lebensweg eher einem Baum als einer Autobahn ähnelt.

Werde dir der Tatsache bewusst, dass es nie die eine richtige Entscheidung gibt. Verantwortung für dein eigenes Warum zu übernehmen, das bedeutet, mutig zu sein, Veränderung als etwas Positives zu betrachten und bereit zu sein, aus Erfahrungen zu lernen.

MACH DINGE, DIE DIR SPASS MACHEN, UND SPRICH DARÜBER

Sich auf den Weg des aktiven Glücks zu begeben, ist ein Prozess. Das Wichtigste ist anzufangen, offener durch die Welt zu gehen und nicht zwanghaft einen Plan zu verfolgen. Mach Dinge, die dich inspirieren, die dich begeistern und die dir Kraft geben. Und dann sprich darüber. Erzähl so vielen Menschen wie möglich von deinen Ideen, Plänen und Vorhaben. Sei aufmerksam, hör auf dein Bauchgefühl und beginne, Chancen aktiv zu identifizieren, wahrzunehmen und zu ergreifen. Hab Mut anzufangen, dein Leben aktiv zu gestalten und einfach mal zu machen! Ob Amy, Marvin oder Yasemin, vielleicht bist du beim nächsten Mal die Person, die alle als den größten Glückspilz sehen.

WISSENSWERT

Person X kann dir bei deiner Herausforderung weiterhelfen.

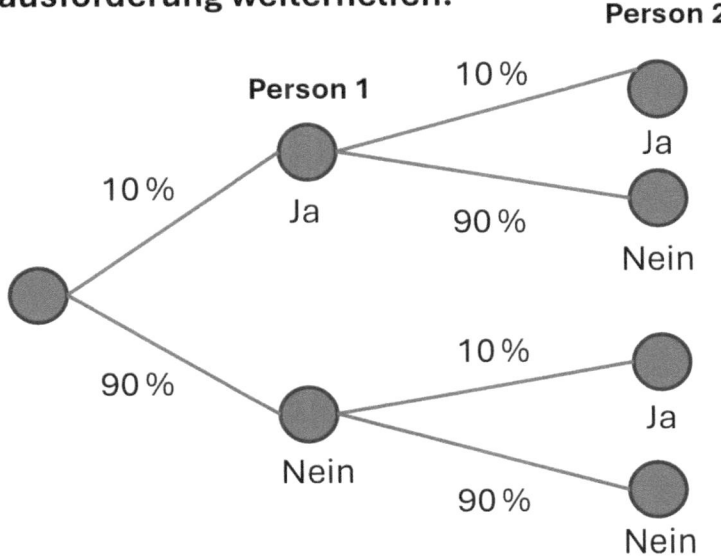

Selbst wenn du mit Mathe auf dem Kriegsfuß stehst, lohnt es sich, diese Rechnung anzusehen: Sagen wir, es besteht eine zehnprozentige Wahrscheinlichkeit, dass eine Person, mit der du sprichst, dir weiterhelfen kann. Sprichst du mit zwei Leuten über deine Idee oder dein Vorhaben, bedeutet das, dass du eine 19-prozentige Wahrscheinlichkeit hast, dass mindestens eine Person in diesem Kontext hilfreich für dich ist. Und jetzt kommt der Knackpunkt: Wenn du mit zehn Personen sprichst, steigert sich diese Wahrscheinlichkeit auf 65 Prozent — zack, du hast dein Glück vervielfältigt.

Für alle, die das gern mathematisch nachvollziehen wollen: Gemäß obigem Baumdiagramm zieht man den einen Pfad, auf dem niemand etwas Hilfreiches weiß (immer Nein: 90 Prozent), einfach von 1 (100 Prozent) ab und landet so bei:

$1 - (0.9 \times 0.9) = 1 - 0.9^2 = 0.19 = 19$ Prozent

$1 - (0.9 \times 0.9 \times 0.9 \times 0.9 \times ... \times 0.9) = 1 - 0.9^{10} = 0.65 = 65$ Prozent

UMSETZENSWERT

Wie wäre es, wenn du das nächste Mal in einer Runde, in der du wenige Personen kennst, anstatt wie üblich zu fragen »Und, was machst du so?«, diesmal fragen würdest: »Na, welches Thema nimmt bei dir aktuell die meiste Zeit ein?« oder »Für welches Thema begeisterst du dich aktuell besonders?« Du wirst sehen, die vermeintlich kleine Änderung der Frage kann ganz andere Antworten hervorbringen. So wirst du mit deinem Gegenüber von Dingen sprechen, die du sonst vielleicht nie erfahren hättest.

https://blogs.lse.ac.uk/impactofsocialsciences/2023/09/14/connect-the-dots-the-art-and-science-of-creating-good-luck/

NACHDENKENSWERT

Gibt es in deinem Leben Situationen, die du bislang als reinen Zufall interpretiert hast und die du jetzt anders einordnen würdest? Würdest du, nachdem du dieses Kapitel gelesen hast, etwas anders machen?

SCHLUSSWORT

WEGWEISENDE GESCHICHTEN UND MUTIGE STRATEGIEN FÜR EINE WELT IM WANDEL

Liebe Leserinnen und Leser,

mit diesem Buch haltet ihr einen literarischen »Anstupser« in den Händen, ein Werk mit praktischen und umsetzbaren Ratschlägen rund um das Motto »Mut & Machen«.
Alle neugierigen Gestalterinnen und Gestalter unter euch, die, die es werden wollen, und alle, die etwas verändern wollen, finden hier Impulse und Inspiration.

Den Anstoß für dieses Buch gab das 25-jährige Jubiläum des sdw Alumni e. V., eines Vereins für ehemalige Stipendiatinnen und Stipendiaten des Studienförderwerkes Klaus Murmann der Stiftung der Deutschen Wirtschaft (sdw) sowie für Geförderte des »Hans-Weiser-Programms«.

Den ehemaligen Geförderten der sdw liegen vor allem unternehmerische Werte am Herzen, also Werte wie Eigeninitiative, Kreativität und Risikobereitschaft. Sie geben uns die Möglichkeit und Kraft, unser Leben selbstbestimmt zu gestalten, Veränderungen und Hürden nicht nur hinzunehmen, sondern selbst etwas aktiv zu unternehmen.

Wer etwas unternimmt, strengt sich an, einen Status quo zu ändern, idealerweise langfristig zu verbessern. Dies bedeutet vor allem Mut und Verantwortung: Verantwortung für eigene Entscheidungen, Verantwortung für Resultate und auch Verantwortung für andere Menschen. In diesem Sinne sind unternehmerische Werte einende Werte, da sie auch Rücksichtnahme, Anpassungsfähigkeit und den Umgang mit Ungewissheit und Komplexität erfordern.

Unternehmertum, also auf ein gemeinsames Ziel eingeschworen zu sein und dies zusammen anzustreben, ist ein Motor für ein respektvolles Miteinander. Respekt ist sogar eine Grundvoraussetzung für erfolgreiches Unternehmertum. Denn Unternehmerinnen und Unternehmer müssen sich auf ihre Kundinnen und Kunden, Mitarbeiterinnen und Mitarbeiter sowie Geschäftspartnerinnen und -partner verlassen können.

Gerade in turbulenten Zeiten, in denen neben der Ungewissheit auch starke Gefühle wie Furcht zunehmen mögen, sollten wir uns auf unsere unternehmerischen Fähigkeiten fokussieren, auf ein respektvolles Miteinander und auf unsere Offenheit über den eigenen Tellerrand hinaus. Jeder Mensch verfügt im Großen wie im Kleinen über Fähigkeiten, etwas zu verändern, zu erschaffen und zu gestalten – gemeinsam sind wir darüber hinaus wirkmächtiger als allein.

Daher haben wir als Verein bewusst »Mut & Machen« als unser Jubiläumsmotto gewählt, um den eigenen Gestaltungswillen und das eigene Wirken hervorzuheben. Ganz in diesem Sinne haben wir nun das erste Buch unserer Gemeinschaft publiziert.

Unser Zeitplan war wahrhaft (wage-)mutig: ein Buch in unter fünf Monaten! Das Buch ist somit ein Paradebeispiel dafür, was alles gelingen kann, wenn alle an einem Strang ziehen. In unserem Fall agierten 25 Vereinsmitglieder als Mutmacherinnen und Mutmacher mit praktischen Anregungen, mit Einblicken aus spannenden und gewundenen Lebenswegen und mit ganz viel persönlichen Erfahrungen.

Denn wir allein entscheiden, ob wir uns in Passivität üben und Trübsal blasen oder ob wir uns stattdessen trauen, Verantwortung zu übernehmen und uns zu fragen: »Was kann ich jetzt tun?«. Genau darum gibt es dieses Buch und genau darum soll es in diesem Buch gehen: Mut. Machen. Mutmachen!

Herzlichst, Eure Carena

Carena Scheunemann
Vorstandsmitglied sdw Alumni e. V.

www.sdw-alumni.de

EIN HERZLICHES DANKESCHÖN

Dieses Buch ist ein lebendiges Beispiel dafür, dass wir gemeinsam Großes erreichen können, selbst wenn uns unsere Ängste überwältigen oder wir unsicher sind.

Als die Idee entstand, zum 25-jährigen Jubiläum unseres Alumnivereins etwas ganz Besonderes zu schaffen, war die Vision dieses einzigartigen Buchs schnell geboren!

Wer die früheren Bücher unserer »Initiative für Echtes Leben« kennt, wird sich an den »Quatschi« erinnern: Gedanken wie »zu aufwendig in der Umsetzung«, »Bekommt ihr die 25 Autorinnen und Autoren überhaupt so kurzfristig innerhalb einer Woche zusammen?«, »zu zeitintensiv«, »Wie wollt ihr das gesamte Buchprojekt denn innerhalb von fünf Monaten stemmen?« kamen hoch.

Unsere Erkenntnis: Mut und Machen! So passend zum Motto des Jubiläums! Wir möchten uns von Herzen bei allen Autorinnen und Autoren bedanken, die zur Fertigstellung dieses großartigen Projekts beigetragen haben und damit beweisen, dass Mut und Machen sich lohnen!

Allen voran danken wir Carena Scheunemann, die mit Absprachen, Umsetzungen und zahlreichen schlaflosen Nächten unermüdlich zum Erfolg beigetragen hat. Anja Vorlop-Raab und Rodia Dimbath befeuerten als Geschäftsstelle des Alumnivereins die Idee und unterstützten tatkräftig, wo immer es ging. Romy Möller referierte im Rahmen ihres Einführungsworkshops für die Stiftung über das Thema »Mut & Machen« und half mir, Sung, mit einer Visualisierungsübung über meine Ängste und meinen »Quatschi« bezüglich des Buchprojekts hinweg. Dr. Jörn Kobus und Alexander Wurz standen uns mit Rat und Tat zur Seite, zahlreiche weitere Autorinnen und Autoren aus der Gipfelstürmer-Familie ermutigten uns, dieses Buchprojekt als Ausdruck unserer Vision und Berufung zu sehen, die darin besteht, junge Menschen zu begeistern und zu ermutigen. Ein großer Dank gilt auch Rahel Dyck, die uns in Notfallsituationen unterstützt hat, wenn wir schnell eine Lösung und Überarbeitung brauchten.

Neben den praktischen Arbeiten am Buch und mentalen Hilfestellungen möchten wir uns auch bei den Menschen bedanken, die dieses Buch finanziell ermöglicht haben.

Alle diese wunderbaren Menschen haben uns wieder einmal gezeigt, wie wichtig das richtige Umfeld und Unterstützung sind. Dann ist alles möglich!

Und genau das brauchten wir, um dieses Buchprojekt zu vollenden. Der richtige Same war gesetzt, die Begeisterung geweckt, und unser Umfeld hat das nötige Wasser dazugegeben, um durchzustarten. Es tut gut, zu spüren, dass man mit Gleichgesinnten ein scheinbar unmögliches Projekt gemeinsam stemmen kann.

Diese Geschichte ist ein Aufruf an alle, die sich in schweren Zeiten befinden: Bleibt standhaft, sucht euch ein starkes Team und habt den Mut voranzugehen. Denn am Ende sind es genau diese Erfahrungen, die uns stärker machen und uns lehren, was es bedeutet, wirklich lebendig zu sein.

Herzlichst, Sung & Sabrina

Dr. Sung Han & Dr. Sabrina Han
Initiative für Echtes Leben

www.initiative-echtes-leben.de

DEIN TEAM

Alexander Wurz

🏀 open-i-consulting.com/
in Alexander Wurz

Anke Fehring

🏀 ankefehring.com
in Anke Fehring
📷 @ankefehring

Dr. Anne Bergmann

🏀 frau-macht.weebly.com
in Dr. Anne Bergmann

Anne Westwards

🏀 AnneWestwards.com

📷 @annewestwards

▶ @annewestwards

Augusto De Abreu

in Augusto De Abreu

Carena Scheunemann

in Carena Scheunemann

Christina Langer

in Christina Langer

Felix Leonhardt

🔗 Felix Leonhardt

Florian Scheible

🏀 snw-ing.de

🔗 Florian Scheible

Irina Vogelsang

🔗 Irina Vogelsang

Dr. Jasmin Prüß

🏀 dr-pruess.de

🔗 Dr. Jasmin Prüß

📷 @dr.jasmin.pruess

Dr. Jörn Kobus

🏀 Dr. Jörn Kobus

in dr-j.io

Katarina Körner

in Katarina Körner

Katharina Schwerdt

🏀 katharinaschwerdt.com

in Katharina Schwerdt

Marceline Dubianski

in Marceline Dubianski

📷 @lifeofmumpitz

▶ [@missmumpitzyt

Marie-Louise Schäfer

🏀 talentbegleitung.com

in Marie-Louise Schäfer

Monique Landberg

🏀 moniquelandberg.com

in Monique Landberg

📷 @moniquelandberg

Dr. Pia Christin Taureck

in Dr. Pia Christin Taureck

Romy Möller

🏀 romymoeller.com

in Romy Möller

📷 @romy.moeller

Dr. Sabrina Han

🏀 erfolgreich-schlafen.de

in Dr. Sabrina HAN

📷 @sabrina_fatiguecoach

Simon Baumann

in Simon Baumann

📷 @simon.baumann.317

Simon Usifo

🏀 usifo.de

in Simon Usifo

📷 @simonusifo

Dr. Sung Han

🏀 initiative-echtes-leben.de

in Sung HAN Dr. med.

📷 @sunghantastisch

Sven Jungmann

- svenjungmann.de
- Dr. Sven Jungmann
- @drsvenjungmann

Tara Gupta

- Tara Gupta

Vera Meinert

- Vera Meinert

Fotografen:

Romy Möller: Manuela-Asmus
Anke Fehring: Fotografin Stefanie
Simon Usifo: Natalie Halbing Päffgen

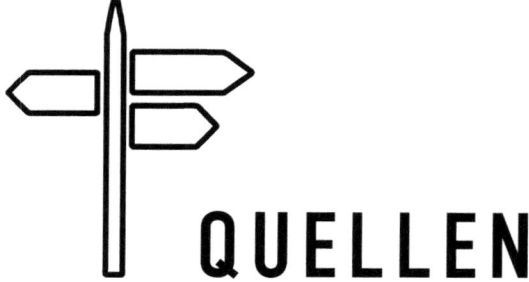

QUELLEN

[1] Pokorny – Indogermanisches etymologisches Wörterbuch: https://indogermanisch.org/pokorny-etymologisches-woerterbuch/index.htm, zuletzt abgerufen am 18.07.2024.

[2] Karriere Bibel: Mut: Bedeutung, Arten, Vorteile + Tipps für mehr Mut im Leben, https://karrierebibel.de/mut-courage/, zuletzt abgerufen am 18.07.2024.

[3] Karriere Bibel: 3-Zonen-Modell: So verlassen Sie Ihre Komfortzone, https://karrierebibel.de/3-zonen-modell/, zuletzt abgerufen am 18.07.2024.

[4] Dorsch Lexikon der Psychologie: Identität, https://dorsch.hogrefe.com/stichwort/identitaet, zuletzt abgerufen am 08.07.2024.

[5] Erikson, Erik H. (1973): Identität und Lebenszyklus, Suhrkamp, Frankfurt/M.

[6] Beck, Ulrich (1986): Risikogesellschaft – Auf dem Weg in eine andere Moderne, Suhrkamp, Frankfurt/M.

[7] Beck, Ulrich / Beck-Gernsheim, Elisabeth (Hrsg.) (1994): Riskante Freiheiten – Individualisierung in modernen Gesellschaften, Suhrkamp, Frankfurt/M.

[8] Keupp, Heiner et al. (1999): Identitätskonstruktionen – Das Patchwork der Identitäten in der Spätmoderne, Rowohlt, Reinbek.

[9] Keupp, Heiner: Identität, in: Spektrum.de, Lexikon der Psychologie, https://www.spektrum.de/lexikon/psychologie/identitaet/6968, zuletzt abgerufen am 08.07.2024.

[10] McAdams, Dan P. (1993): The Stories We Live By: Personal Myths and the Making of the Self, The Guilfort Press, New York & London.

[11] Bruner, Jerome (1987): Life as Narrative, in: Reflections on the Self (1987), The Johns Hopkins University Press, Vol. 54, No. 1, S. 11–32.

[12] Liebig, Stefan / May, Meike (2009): Dimensionen sozialer Gerechtigkeit, Aus: Politik und Zeitgeschichte, Bundeszentrale für politische Bildung, Bonn.

[13] Ellington, Charles P. / van den Berg, Coen / Willmott, Alexander P. / Thomas, Adrian L. R. (1996): Leading-edge vortices in insect flight, Nature, Vol. 384, No. 6610, S. 626–630.

[14] Zusammenfassung der Regret-Theorie (Bell, 1982; Loomes & Sugden, 1982) aus: Jungermann, H., Pfister, H.-R. u. Fischer, K. (2010). Die Psychologie der Entscheidung, Spektrum Akademischer Verlag, Heidelberg.

[15] Luckner, John / Nadler, Steve (1997): Processing the Experience – Strategies to Enhance and Generalize Learning, Kendall/Hunt Publishing, US.

[16] Wikipedia: Malala Yousafzai, https://de.wikipedia.org/wiki/Malala_Yousafzai, zuletzt abgerufen am 28.05.2024.

[17] Wikipedia: Luisa Neubauer, https://de.wikipedia.org/wiki/Luisa_Neubauer, zuletzt abgerufen am 28.05.2024.

[18] Blanding, Michael (2023): Thriving After Failing: How to Turn Your Setbacks Into Triumphs, https://hbswk.hbs.edu/item/failing-well-2-how-do-you-thrive-as-a-fallible-human-being, zuletzt abgerufen am 28.05.2024.

[19] Walton, Gregory Dr. (2012): Small interventions can cause big changes in performance, https://gender.stanford.edu/news/small-interventions-can-cause-big-changes-performance, zuletzt abgerufen am 28.05.2024.

[20] Edmondson, A. (2018): The Fearless Organization: Creating Psychological Safety in the Workplace for Learning, Innovation, and Growth, Wiley John + Sons.

[21] Dweck, Carol S. (2007): Mindset: The New Psychology of Success, Ballantine Books.

[22] VIA Institute on Character: Who are you at your best?, https://www.viacharacter.org, zuletzt abgerufen am 20.05.2024.

[23] Seligman, Martin (2011): Flourish – Wie Menschen aufblühen – Die Positive Psychologie des gelingenden Lebens, Kösel, München.

[24] Knörzer, Wolfgang / Amler, Wolfgang / Rupp, Robert (2011): Mentale Stärke entwickeln – Das Heidelberger Kompetenztraining in der schulischen Praxis, Beltz, Weinheim und Basel.

[25] Siehe 24

[26] Behrendt, Peter (2012): Freiburger Erfolgsfaktoren-Coaching – Vier Erfolgsfaktoren zur Etablierung von Konsistenz bei Coachees, Organisationsberatung, Supervision, Coaching, Vol. 19, S. 391–404, https://doi.org/10.1007/s11613-012-0296-7, zuletzt abgerufen am 20.05.2024.

[27] Siehe 24

[28] Niemiec, Ryan M. (2023): Mental health and character strengths: the dual role of boosting well-being and reducing suffering, Mental Health and Social Inclusion, Vol. 27(4), S. 294–316.

[29] Douglass, Richard P. / Duffy, Ryan D. (2015): Strengths Use and Life Satisfaction: A Moderated Mediation Approach, Journal of Happiness Studies, Vol. 16, S. 619–632, https://doi.org/10.1007/s10902-014-9525-4, zuletzt abgerufen am 20.05.2024.

[30] Siehe 22

[31] Niemic, Ryan M.: 10 Tips to Manage Your Stress, https://www.viacharacter.org/topics/articles/10-tips-to-manage-your-stress, zuletzt abgerufen am 20.05.2024.

[32] Lötscher-Gugler, Hedy (2000): Lernen mit Zauberkraft. NLP für Kinder, Walter Verlag, Düsseldorf. Zitiert nach Heimsoeth, Antje (2020): Mein Kind stark machen – Mentaltraining für Schule, Sport und Freizeit, Pietsch, Stuttgart.

[33] Heimsoeth, Antje (2020): Mein Kind stark machen – Mentaltraining für Schule, Sport und Freizeit, Pietsch, Stuttgart.

[34] Thiel, Vanessa (2019): Sozialkompetenzen stärken. Eine warme Dusche mit Zebra Franz. Köln/Stuttgart: Ernst Klett Verlag, https://zebrafanclub.de/sozialkompetenz-staerken-warme-dusche/, zuletzt abgerufen am 20.05.2024.

[35] AGGRO.TV (2010): SIDO – MEIN BLOCK (OFFICIAL HD VERSION AGGRO BERLIN), https://www.youtube.com/watch?v=H4odG4d_88g&pp=ygUPbWVpbiBibG9jayBzaWRv, zuletzt abgerufen am 10.07.2024.

[36] ArbeiterKind.de: https://www.arbeiterkind.de/, zuletzt abgerufen am 10.07.2024.

[37] Applicaid: https://www.applicaid.org/, zuletzt abgerufen am 10.07.2024.

[38] Swans Initiative: https://www.swans-initiative.de/, zuletzt abgerufen am 10.07.2024.

[39] Netzwerk Chancen: https://www.netzwerk-chancen.de/, zuletzt abgerufen am 10.07.2024.

[40] Bundesministerium für Bildung und Forschung: Begabtenförderung in Schule, Ausbildung, Studium, Promotion und Beruf, https://www.bmbf.de/bmbf/de/bildung/begabtenfoerderung/begabtenfoerderung_node.html, zuletzt abgerufen am 10.07.2024.

[41] Bourdieu, P. (2023): Die feinen Unterschiede: Kritik der gesellschaftlichen Urteilskraft (B. Schwibs & A. Russer, Trans.; 29. Auflage), Suhrkamp.

[42] Stifterverband für die Deutsche Wissenschaft e. V. (2021): Vom Arbeiterkind zum Doktor, https://www.hochschulbildungsreport.de/2021/chancengerechte_bildung, zuletzt abgerufen am 21.07.2024.

[43] Dr. Hirschfeld, Alexander / Gilde, Jannis / Walk, Vanusch/ Ansorge, Mia (2024): Start-ups und soziale Herkunft – Was Gründer:innen prägt und antreibt, Bertelsmann Stiftung (Hrsg.), Gütersloh.

[44] OECD (2018): A Broken Social Elevator? How to Promote Social Mobility, OECD Publishing, Paris, https://doi.org/10.1787/9789264301085-en, zuletzt abgerufen am 21.07.2024.

[45] Ullrich, Sebastian / Schalück, Marc / Sander, Thilo / Wieland, Jennifer (2023): Das schlummernde Potenzial der »First-Generation Professionals«, BCG Global, https://www.bcg.com/publications/2023/swiss-german-das-schlummernde-potenzial-der-first-generation-professionals, zuletzt abgerufen am 21.07.2024.

[46] Frankfurter Allgemeine (2023): Vom Flüchtlingskind zum Berater, https://www.faz.net/aktuell/rhein-main/frankfurt/vom-fluechtlingskind-zum-berater-so-gelingt-sozialer-aufstieg-18992059.html, zuletzt abgerufen am 21.07.2024.

[47] Brainy Quote: https://www.brainyquote.com/quotes/bil_keane_121860, zuletzt abgerufen am 15.07.2024.

[48] Glasl, Friedrich (2022): Selbsthilfe in Konflikten, Verlag freies Geistesleben.

[49] Von Schlippe, Arist (2022): Das Karussell der Empörung – Konflikteskalation verstehen und begrenzen, Vandenhoeck & Ruprecht, Göttingen.

[50] Siehe 49

[51] de Shazer, Steve (1985): Keys to Solution in Brief Therapy, W. W. Norten & Company.

[52] Ballreich, Rudi / Glasl, Friedrich (2022): Mediation in Bewegung, Concadora Verlag, Stuttgart.

[53] Pink, Sebastian / Leopold, Thomas / Engelhardt, Henriette / Staatsinstitut für Familienforschung an der Universität Bamberg (ifb) (Hrsg.) (2012): Sind Geburten ansteckend? Fertilität und soziale Interaktion am Arbeitsplatz, in ifb-Materialien, 5-2012, Bamberg.

[54] Bestmann, Anastasia / Dr. Bergmann, Anne / Dr. Leidgens, Verena / Öxler, Lisa / Röbbecke-Avsec, Ines (Hrsg.) (2023): frau macht – Inspirierende Erfahrungen und Geschichten, BoD – Books on Demand.

[55] Stamm, Margrit (2007): Schulabsentismus. Eine unterschätzte pädagogische Herausforderung, Die Deutsche Schule Vol. 1, S. 50 – 61.

[56] Quote Investigator (2014): https://quoteinvestigator.com/2014/06/28/success/, zuletzt abgerufen am 31.07.2024.

[57] Goodreads: https://www.goodreads.com/quotes/9093406-today-i-will-do-what-others-won-t-so-tomorrow-i, zuletzt abgerufen am 21.07.2024.

[58] A16z (2017): Don't Follow Your Passion, https://www.youtube.com/watch?v=uaSqh4DiQSw, zuletzt abgerufen am 21.07.2024.

[59] Florian Dilg (2022): Gebäudetyp E: experimenteller und einfacher bauen, www.dabonline.de/2022/09/27/gebaeudetyp-e-gebaeude-klasse-einfacher-guenstiger-schneller-bauen-innovationen/, zuletzt abgerufen am 07.07.2024.

[60] Cooley, Charles H. (1902): Human Nature and the Social Order, Scribner's, New York.

[61] Rink, Martina (Hrsg.) / Usifo, Simon (Hrsg.) (2023): People of Deutschland: 45 Menschen, 45 Geschichten. Über Rassismus im Alltag und wie wir unser Land verändern wollen, Eden Books.

[62] Zitate 7: Das Leben wird vorwärts gelebt und rückwärts verstanden, https://www.zitate7.de/5701/Das-Leben-wird-vorwaerts-gelebt-und.html, zuletzt abgerufen am 21.07.2024.

[63] Edmondson, Amy (1999): Psychological Safety and Learning Behavior in Work Teams, Administrative Science Quarterly, Vol. 44, Nr. 2, S. 350–383, Johnson Graduate School of Management, Cornell University.

[64] LeaderFactor (2015): Project Aristotle: A Case Study in Psychological Safety, https://www.leaderfactor.com/learn/project-aristotle-psychological-safety, zuletzt abgerufen am 21.07.2024.

[65] Siehe 61

[66] Gansel, Benjamin B. (2008): Analyzing University Spin-offs and Supporting Decision Making in New Venture Creation, Dissertation.

[67] Schumpeter, Joseph A. (1950): The process of Creative Destruction, in: Capitalism, Socialism and Democracy, 3rd Edition, Allen and Unwin, London.

[68] Schaub, Harald (1997): Sunk Costs, Rationalität und ökonomische Theorie, Schäffer-Poeschel, Stuttgart.

[69] Website Paul Watzlawick: Die Axiome von Paul Watzlawick, www.paul-watzlawick.de, zuletzt abgerufen am 14.07.2024.

[70] Hotelling, Harold (1929): Stability in Competition, The Economic Journal, Vol. 39, Nr. 153, S. 41–57.

[71] Die Welt (2006): Verbote bringen nichts, https://www.welt.de/print-welt/article223020/Verbote-bringen-nichts.html, zuletzt abgerufen am 16.07.2024.

[72] European Federation of Pharmaceutical Industries and Associations (2019): EFPIA Code of Practice, https://www.efpia.eu/media/fg2n40ks/efpia-code.pdf, zuletzt abgerufen am 16.07.2024.

[73] Wikipedia: Internetbuchhandlungen, https://de.wikipedia.org/wiki/Internetbuchhandlung, zuletzt abgerufen am 16.07.2024.

[74] The Nobel Prize (1994): Press release, https://www.nobelprize.org/prizes/economic-sciences/1994/press-release/, zuletzt abgerufen am 16.07.2024.

[75] A beautiful Mind: A beautiful Mind – The Story of John Forbes Nash Jr, https://www.abeautifulmind.com/, zuletzt abgerufen am 16.07.2024.

[76] Axelrod, Robert (2005): Die Evolution der Kooperation, 6. Auflage, R. Oldenbourg Verlag, München.

[77] Wikipedia: Tit for Tat, https://de.wikipedia.org/wiki/Tit_for_Tat, zuletzt abgerufen am 16.07.2024.

Lebe jetzt dein volles Potenzial!

INITIATIVE FÜR ECHTES LEBEN

Wie findest du heraus, was du wirklich von deinem Leben erwartest?

… und was ist, wenn doch alles anders kommt?

Zeit zum Durchstarten. Stell dich der vielleicht größten Herausforderung im Leben: dir selbst!

Hier findest du weiteren Content, um deine Gedanken, Wünsche und Ziele zu entdecken.

www.initiative-echtes-leben.de